全球教育治理量化
研究方法导论

胡 洁 著

ZHEJIANG UNIVERSITY PRESS
浙江大学出版社

前　言

2013 年 9 月 25 日，习近平主席在联合国（United Nations, UN）"教育第一"全球倡议行动一周年纪念活动上发表的视频贺词中说："百年大计，教育为本。教育是人类传承文明和知识、培养年轻一代、创造美好生活的根本途径。"（新华社，2013）教育于世界各国都毋庸置疑地作为共同利益而备受关注。伴随着全球化进程的不断深入与发展，教育亦逐渐成为全球治理过程中的重要一环。全球教育治理由来已久，虽其定义尚未完全统一（乔鹤、徐晓丽，2019；孙进、燕环，2020），但由于其在全球化进程中得到不断关注与发展，全球教育治理已然逐步成为备受全球关注的现象和实践。

追溯全球教育治理的发展与演变进程，不难发现各种社会主体和利益相关者在推进全球教育治理进程中发挥了不可或缺的重要作用，同时，这些社会主体和利益相关者也呈现出多样化的特点：除了主权国家及其政府机构外，政府间的国际组织、国际非政府组织、跨国公司、智库、大众媒体等亦都参与到了其中。各种社会主体和利益相关者通过组织或参与各类与制定及传播教育观念、原则及发展战略相关的国际活动或国际项目，管理全球教育事务。以全球教育治理的主体之一，形成于经济领域的政府间的国际组织经济合作与发展组织（简称经合组织，Organization for Economic Co-operation and Development, OECD）为例，自其设立起，经合组织便一直直接或间接地参与全球教育领域的相关事务。就其在分析、处理与解决世界教育问题方面而言，经合组织对于全球范围内教育的发展方面贡献了重要力量，在过去数十年的发展中也逐渐在全球教育领域起到了愈发规范性的作用。尤其值得一提的是，自 21 世纪始，经合组织进行的国际学生评估项目（Programme for International Student Assessment, PISA）、国际教学调查（Teaching and Learning International Survey, TALIS）和全球高等教育质量保障体系，在全球范围内影响深远。在数据资产管理方面行使权利和控制（许晓东等，2015），数字治理（Data Governance）正是通过这样一系列的活动集合为组织研究提供崭新的视角，进而为组织的进一步发展添砖加瓦。考虑到经合组织所组织实施的各类国际项目，其不可不谓是全球教育治理方面"数字治理"的践行者。提出于 1995 年的 PISA 作为目前世界教育界规模较大且具有广泛国际影响力的国际研究项目，是经合组织参与全球教育治理的重要工具之一，旨在通过在知识和技能方面提供兼具可靠性与国际比较性的数据进而形成对于整个教育体系的评价。PISA 每 3 年进行一次测评，通过随机抽样的方式对 15 岁的学生进行测试，对学生、教师和学校的背景信息进行问卷调查。在 PISA 2018 测试中，全球共计 79 个国家（地区）参与其中。作为参与全球教育治理的一项重要工具，近些年经合组织也在积极扩大 PISA 的测试内容及评估范围、力求覆盖更多的国家（地区）、增强 PISA 报告解释力等方面不断做出努力，希望以此进一步增强 PISA 测试在各国政府和学者间的关注度，从而不断增强经合组织在全球教育治理方面的影响力。当然，除此之外，每年发布的《教育政策分析》（*Education Policy Analysis*）报告、出版的《教育概览》（*Education at Glance*）亦是经合组织参与全球教育事务的重要举措，旨在发现并推广不同国家的成功教育经验，为世界教育问题建言献策。从影响力深远的教育项目到教育理念构建、教育指标研发、教育政策评议，经合组织通过各类举措积极参与到全球教育事务当中，为世界教育、各国政府及学者提供了一个国际平台。

"参与全球教育治理是教育对外开放发展到一定阶段的必然选择，也是改革开放事业进一步发展的必然要求。"（黄晓磊、邓友超，2019：43）作为发展中国家阵营中正在崛起的新兴大国（付睿、周洪宇，2019），中国正处于向教育强国转变的关键阶段，参与到教育的全球治理，中国势在必行。2021 年是中国共产党成立一百周年。在中国共产党的领导下，中国的教育事业迅猛发展，为积极参与全球教育治理做出了不可磨灭的重要贡献。自十八大以来，中国实施大国外交战略，积极参与到国际事务当中，为诸多全球性问题提供了中国方案，贡献了中国智慧，也让世界听到了更加坚定而有力量的中国声音。从培养能够参与国际事务、具备国际竞争力的国际化人才，到通过境外办学、合作办学等方式传播中国教育的成功经验，再到全球治理人才队伍建设，中国在全球教育事务方面表现踊跃。从《国家中长期教育改革和发展规划纲要（2010—2020 年）》中对于国际化人才的崭新界定与培养目标，到中共中央办公厅、国务院办公厅印发的《关于做好新时期教育对外开放工作的若干意见》中对于教育领域国际规则制定能力的目标确立与参与全球教育治理的积极要求，再到中共中央办公厅、国务院办公厅印发的《关于加强和改进中外人文交流工作的若干意见》中对于参与全球治理的人才队伍建设和人才储备的渴求等，中国逐步在积极探索，从参与全球教育治理到承担国际责任、履行国际义务和引领全球教育治理均参演了重要角色。譬如，通过对九年义务教育的普及以保障教育的公平性，逐步兑现对全民教育的承诺；通过城乡一体化的发展和教师队伍建设的强化以推动教育的包容性发展，在不断提升教育质量的同时也为联合国可持续发展目标中教育目标的实现添砖加瓦；通过与国际组织的深入合作，参与全球教育治理，为世界教育治理新格局的重铸贡献中国力量（滕珺、吴诗琪，2021），让世界看到中国在全球教育治理方面的新思维、新观点、新逻辑、新方案。

中国坚持以人民为中心，在为建构人类命运共同体而努力的同时，伴随着十八大以来"全球治理"理念的提出、"一带一路"倡议的谋划及高级别人文交流机制的建立，教育对外开放在诸多方面初见端倪，中国的教育对外开放已然进入了新时代（黄晓磊、邓友超，2019）。与此同时，伴随着中国对于全球教育治理方面各项政策与举措的不断实践，国际社会对于中国力量也愈发期待、渴求。做全球教育治理的积极践行者，提升制度性话语权，推动新型全球治理体系的建设（刘影、张优良，2020），全球教育问题需要中国方案与中国智慧。正因如此，中国的科研工作者更加需要深化对于全球教育治理诸方面的认识，强化对于全球教育治理方面的研究。

全球教育治理的深入研究对于中国参与全球教育事务、进行全球教育治理有着深远意义。量化研究和质性研究作为近些年国际教育科学研究领域应用最多且仍呈现增长态势的研究方法（王树涛、顾建民，2020），广受学界关注。量化研究通过适合的数学工具和完整的操作技术测量与分析所研究事物中可被量化的部分，进而运用数据解释现象，检验对以期检验理论的假设。量化研究正是对事物"本质"的把握，自20世纪初被应用于教育领域后，逐渐在国际教育科学研究领域占据主流（韩双淼、谢静，2021；郑佳，2021）。也正是由于其在数据的选择与处理、模型训练与优化、模型评估与性能度量等的研究过程中对于研究对象的可统计性、操作过程的相对固定性及实验结果的客观性等方面的要求，量化研究方法与手段在国际教育科学研究领域中越来越重要。近些年，伴随着计算机技术的普及与应用，研究方法不断更新，在科学化的同时兼顾多元化和精细化也愈发成为趋势。诸如多元统计分析等方法，在领域内崛起并迅猛发展。有学者在研究中指出，结构方程模型可谓是近十年发展最快的量化方法（陆宏，2010）。考虑到量化研究的发展趋势及其不可替代的重要性，本书也专门设立相应部分对于上述问题及方法分门别类地进行了讨论，以期为本领域内的量化研究方法提供借鉴性参考。

摆事实，讲道理。证据原则对于教育科学研究的重要性不言而喻。要推动全球教育治理研究的科学性，加强实证研究势在必行。近些年经合组织作为全球教育治理领域"数字治理"的践行者，其积极收集、整理和利用教育大数据的教育项目在全球范围内推动教育事业及全球教育事务方面的力量不容小觑。考虑到在分析和处理全球教育问题上存在相应的"事实证据"，全球教育治理领域对于科学性的探索和需求逐步成为分析教育客观规律、力图解释解决全球教育问题的一大趋势。在这一趋势的引领下，教育大数据在全球教育治理中登上舞台并逐渐扮演重要角色。在全球教育治理中，不同主体参与教育治理和全球教育事务离不开数据的辅助，而数据亦是全球教育规制赖以形成与完善的依据（乔鹤、徐晓丽，2019）。因而教育大数据在全球教育问题方面的重要性不言而喻。例如在经合组织，联合国教育、科学及文化组织（简称联合国教科文组织或教科文组织，United Nations Educational, Scientific and Cultural Organization, UNESCO）、欧洲联盟（简称欧盟，European Union, EU）等国际组织对"核心素养"的界定、产生与发展践行的过程中，数据对于标准和指标的制定、实践结果的监测和评价等起着相当重要的作用。当前，全球顶层的游戏规则制定尚存在诸多不确定性和多样性，在全球教育治理方面亦是如此。在此背景下，多维又翔实的教育大数据或可为责任与话语权的强化增添力量。全球教育治理的量化研究离不开教育大数据作为依托，教育大数据的选取与处理则离不开科学量化分析方法，计算机技术在教育领域的地位逐渐确立，成为教育过程的重要组成部分之一。通过对人类思维和学习因素等数据的积累和挖掘，将离散的数据线性化，进而揭示教育的客观规律，这在理解全球教育问题、参与全球教育治理方面至关重要。同样，这对于中国在全球教育事务中从参与者到领跑者的角色转变、提升中国教育的话语权也具有重要启示意义。

基于此，考虑到全球教育治理研究将会对中国深化全球教育治理事务的参与提供重要指导意义，本书以全球教育治理与教育大数据为理论基础，以量化研究为基本研究思路，聚焦全球教育治理与教育大数据领域的研究方法，探索这一领域量化研究方法的可操作性与实践性。这不仅顺应当前全球教育治理领域对于实证主义量化研究的趋势，也符合中国在全球教育治理方面从"参与者"到"引领者"的角色转变这一国家重大战略需求，为进一步深化全球教育治理研究提供量化研究方法与实践的帮助。

全书共分为六个单元，每单元又分为若干节，从厘清现状出发，到不同量化研究方法的介绍，结构内容紧凑，适合在全球教育治理与教育大数据领域量化有研究需求的研究人员、教师及学生使用。考虑到科学性、可读性和操作性，本书力求做到语言平易近人、通俗易懂，每节及每单元后均配备丰富的应用练习，旨在帮助读者落地实践，强化理解。

第一单元为"全球教育治理与教育大数据"。随着世界各国（地区）在全球教育治理领域合作的不断深化，现代教育治理成为实现全球教育现代化的必由之路。步入大数据时代，大数据的价值在教育治理领域正走向一个全新的高度，对现代教育治理产生了深远的影响，为现代教育治理的发展提供了一个新契机。大数据作为推进教育变革的科学力量，不仅仅在技术层面带来影响，更对文化和理念产生冲击。准确把握数据驱动现代教育治理的核心理念，将是推进教育治理现代化进程的关键。本单元主要对全球教育治理与教育大数据进行介绍，帮助读者了解教育大数据在全球教育治理过程中所发挥的独特优势，为学习教育数据分析方法奠定基础。

第二单元为"机器学习算法与教育数据挖掘"。后疫情时代，计算机技术日益成为教育过程中的一个重要组成部分。对人类思维和学习因素等数据的积累和挖掘，将离散的数据线性化，揭示教育的客观规律，对于全球教育治理来说至关重要。考虑到由于目前的全球教育治理数据呈现海量、多层和多维等特殊性，传统的研究方法逐渐难以满足数据分析的要求，因而将机器学习的方法引入全球教育治理的理念逐渐受到教育界的广泛关注。机器学习应用是一个系统的工程，包括算法应用在内的诸多环节与步骤。本单元旨在讨论机器学习的一些基本概念，阐述机器学习算法的原理和用途，并对不同算法包括决策树、分类与回归树、提升树、梯度提升树及 K 均值聚类算法等进行详细的比较，并以支持向量机（Support Vector Machine，SVM）为重点，旨在通过利用机器学习算法对 PISA 数据集等进行分析提供指导。同时介绍机器学习的 Python 程序语言实现，对机器学习在全球教育治理中的优势及运用做了简单阐释。

第三单元为"EBDCES：一种基于教育大数据的学生核心素养评估软件"。对诸如国际学生评估项目、国际阅读素养进步研究和国际数学与科学趋势研究项目等国际权威大型教育数据库进行分析是一项复杂的工程，包括数据提取、数据合并、数据清洗和数据分析等诸多环节与步骤。对于不同类型的教育数据，挖掘相关研究，掌握数据提取和处理的一般方法流程是非常必要的。基于此，本单元主要对 EBDCES 软件进行系统介绍。该软件提供对 PISA 的二次分析，为学生核心素养相关的复杂维度的特征选择进行多角度评价并提供最佳特征选择方法。

第四单元为"结构方程模型和多层中介分析方法"。本单元简要介绍了结构方程模型和中介分析的理论基础与优势特点，并探讨了为什么二者可以应用到 PISA 研究中。实践操作紧随理论介绍，本单元还详细介绍了如何在 R 语言环境中使用 lavaan 软件包进行结构方程模型建模并进行中介分析，从安装到基础模型语法的介绍再到估计法、标准误和缺失值的处理，通过验证性因子分析和简单的结构方程模型的实例加深读者对 lavaan 软件包的基础理解，继而进阶到更为复杂的讨论如分组问题、分类变量问题等。本单元最后以讨论多层模型为结尾，通过介绍多层线性回归、多层结构方程模型和多层中介分析，为读者处理像 PISA 这样具有多层次特点的大数据提供实际操作上的指导。

　　第五单元为"多层线性模型分析方法"。全球教育治理的公开数据（如 PISA）具有多层次的嵌套性特征，传统的回归方法难以满足数据分析要求，易产生聚合型偏差，而多层线性模型对参数估计的精准度较高，更适合用于对数据的分析。本单元简要介绍了多层线性模型的历史发展、理论基础、基本原理和用途，并主要探讨了多层线性模型的优势特点。与此同时，本单元还详细介绍了建立多层线性模型的具体操作过程，从安装多层线性模型软件到多层线性模型的建模步骤和操作流程及如何进行多层线性模型的检验，通过残差提供的信息判断出数据的可靠性、精准度及干扰性。本单元旨在通过利用多层线性模型的系统介绍及操作步骤，为学习者对具有学生、家庭、学校、国家多层嵌套性的数据分析提供理论和实际操作的指导。

　　第六单元为"全球教育治理量化研究的经验启示"。本单元立足时代背景，在参与全球教育治理及全球教育治理量化研究等方面提出未来愿景，以期为推动中国参与全球教育治理、促进全球教育问题解决、推动全球教育事业发展等建言献策。

　　综上所述，本书从对全球教育治理与教育大数据的介绍出发，通过对国际组织科学数据比较分析和对全球教育治理发展理解与认识的解析，探索全球教育治理与教育大数据的现状与需求。通过系统分析介绍人工智能机器学习算法、学生核心素养评估软件、结构方程模型和多层中介分析方法、多层线性模型等，探讨不同量化研究手段和方法在全球教育治理领域的实施可能性与可行性，以期以量化研究方法为该领域内今后的教育教学、学术研究和人才培养提供科学参考和借鉴依据。

目　录

第一单元

全球教育治理与教育大数据

随着世界各国（地区）在全球教育治理领域合作的不断深化，现代教育治理成为实现全球教育现代化的必由之路。步入大数据时代，大数据的价值在教育治理领域正走向一个全新的高度，对现代教育治理产生了深远的影响，为现代教育治理的发展提供了一个新契机。

在当今时代，要想对教育行业进行创新和改革，势必要利用大数据手段，从技术的角度入手去创新教育观念，变革教育方式，更加准确地把握在数据时代之下教育所生成的新动力、形成的新面貌，这对于我国的教育治理变革来说是非常重要的。本单元对全球范围之内的教育治理和教育如何与大数据手段结合进行介绍，目的是帮助读者了解在教育行业里大数据手段在全球教育治理过程中所发挥的独特优势，为学习教育数据分析方法奠定基础。

第一节　全球教育治理与教育大数据简介

一、全球教育治理简介及发展

随着全球化进程的不断加速，国际社会也越来越关注全球范围的社会治理。全球治理内容广泛，囊括全球经济、政治、安全、军事、环境等领域，也就是说，要在全球范围之内达到提前制定好的目标，这个目标中所体现出来的治理理念价值应该是超越国家层面、种族层面及经济层面的，是能够普及到全世界的。教育作为深刻影响人类社会的重要领域，已经突破国界的限制，愈加受到国际社会的关注和重视，全球教育治理逐渐成为全球治理领域的重要一环，对于促进全人类的发展具有重要作用。

通俗来说，全球教育治理指的就是全球范围之内教育方面的治理，是包含于全球治理当中的。全球治理概念出现于冷战后，主要是为了促进国际合作，共同应对全球事务而提出的。最早在 20 世纪末期，全球治理的相关理念开始在德国出现，在当时引起了国际社会的轰动，并得到了时任联合国秘书长加利的支持（孙进、燕环，2020）。经过 20 多年的发展，全球治理已经被世界各国广泛接受。根据相关部门的说法，全球治理囊括的范围很广，涉及个人和各个公共领域。从整体的角度来看，全球治理具有持续性，其中全球范围之内发生的冲突和利益是能够相互调整至合适的，而且在某种条件之下还能够达成合作。全球治理既可以形成成文的、正式的制度，也可以是国家与国家之间的共同理念。从这里不难看出，全球治理具有以下几个基本性质：第一，从本质的角度来说，全球治理应该拥有相对完善的体制机制，不应该向政府的权威看齐。第二，从结构的角度来说，全球治理是复杂的，全球治理当中行动者的行动是多种多样的。第三，强调程序性和实质性基本原则的同等重要性。第四，全球治理与全球秩序之间有着密切的联系，其中包括全球政策制定不同阶段的条约安排——有一些是基本的，另一些是程序性的。

全球治理的概念出现得相对较晚，它取代了以前以国家为中心的理解全民教育等全球教育治理的方式。这一概念的出现解释了与三种现象的关系（这三种现象与全民教育架构的出现密切相关）。第一，冷战的结束标志着对教育和其他捐助领域的援助从双边转向多边。第二，当代全球化的发展与国家边界的开放及区域和多边机构的加强有关。这些机构虽然受到国家政府（特别是强大的国家政府和政府联盟）的影响，但在一定程度上运作相对自主。第三，详尽的学术研究表明，像全球教育治理这样的全球性问题是由与这些机构的组织结构、宗旨、规范和价值观的特殊性相关的紧张和矛盾形成的，也是由公开的国家或全球利益形成的。用这些术语理解的全球治理是有争议的，因为全球流动和网络的影响是在区域和地方一级调节和改变的。重要的是，出现了一个全球性的民间社会，它有时挑战和修改占主导地位的全球议程，这对全球教育治理的形成方式产生了影响。在教育领域的跨国治理网络越来越多且相互重叠的情况下，各国宣称自己的主权是一种谈判工具，在这种工具中，权力在一系列全球、区域和地方行为者、进程和机构之间进行交换、分享和分配（Klerides, 2021）。

在理论层面上，冷战的结束和全球化进程的深化越来越多地被解释为国际关系的建构主义理论概念结构和过程，全球教育治理是其中的一个例子，被视为影响包括国家政府在内的不同级别的行动者的行动。综上所述，可以将全球教育理解成教育领域的一种从治理制度角度出发的典型案例。在专业的领域当中，制度通常为一套原则和规范，而这种原则和规范一般都是不容置疑的，行为者的期望围绕这些原则和规范使相关的领域得到某种程度的统一。从这个意义上说，全球教育涉及全球、区域和国家各级主要政府和非政府机构围绕一系列独特的国际协定、框架文件、议定书和报告的融合，这将在下文得到讨论。值得注意的是，全球教育已经从以前的教育和发展制度中脱颖而出。全球教育与其他治理制度的并驾而行也是如此。致力千年发展目标的教育制度、经合组织的国际评估和教育政策发展等系列全球教育治理与其他部门治理（例如，全球防治艾滋病毒/艾滋病运动和全球市场监管制度等）形成合力。在全球治理理论的蓬勃发展之下，全球教育治理理论作为解释全球范围内普遍存在的教育实践，指导解决全球教育问题的重要理论，也引起了学术界和国际社会的广泛关注。

就全球教育的发展而言，它表现为西方国家的利益在世界银行（全称国际复兴开发银行，International Bank for Reconstruction and Development, IBRD / World Bank）等全球金融机构的治理结构中占据历史主导地位。同样，正如我们将在全球教育讨论的发展中看到的那样，具有影响力的经合组织是由高度工业化国家组成的专属俱乐部。有人认为，全球教育的论述也是不同机构之间及多边组织和全球民间社会之间争论的结果，每一个机构都拥有不同的机构权力（Tikly, 2016）。

在相关领域，最早将关注的目光放在全球范围之内教育治理相关问题上的是加拿大的一位著名学者。最早在 20 世纪末期，该学者便受相关人士启发，将教育与全球治理相结合提出了"教育多边主义"，并且将这个概念阐释为一种体制形式。这种体制形式的主要作用是对国家与国家之间的教育关系进行协调，并且在这个过程当中还要以国家的行为原则为基础（Mundy, 2007）。

在 2009 年，联合国教科文组织从治理的角度出发，发布了有关于全民教育的相关报告。报告指出，教育治理不仅涉及与国家行政和管理相关的系统，而且还与国家相关政策的制定及一些资源的分配有关。所以从这个角度上来说，不仅国家政府要对教育负责，国家教育的相关部门也要对教育负责。从治理的角度来说，教育会涉及国家的决策，而当这些决策出现在全球范围之内的时候，相应的教育也成了全球范围之内的教育，治理也就成了全球范围之内的教育治理。

德国的相关学者最早提出了"国际教育政策"。当时，这位学者正准备对全球范围之内的教育治理相关问题进行研究。德国的相关学者对全球范围之内的国际组织如何参与世界教育事务的相关问题提供了建议，提出要将国际范围之内的教育治理研究与德国的相关政策研究结合在一起，共同看待。从这个角度出发，德国学者针对教育和治理提出了国际教育治理的相关概念。

在我国学术界，相关领域的研究学者对全球范围之内的教育治理观念进行了更加深层次的分析，并且在此基础上对全球教育治理下了定义，认为全球教育治理指的就是全球范围之内的各个主体共同参与教育的发展，并且在此基础之上对全球的教育治理起积极的推动作用。

联合国教科文组织中国全国委员会秘书长杜越认为，全球教育就是一种管理方式，管理的对象是全球范围之内的教育事务，主体是国际上的各个社会主体，通过各种不同的方式实现对教育的管理，并且最终达到理想的教育目标。在此过程中，如果想要对全球教育实行有效的治理，那么治理的主体一定是成熟的、不断发展的。另外，还必须具备新颖的体制机制（杜越，2016）。阚悦等认为，全球教育治理是在国际政府间组织的推动下，在全球化时代发展起来的一种特殊现象。对全球教育治理的理解和界定认为，全球教育治理是建立在全球化背景下多主体参与、国际组织协调合作的基础之上的（阚阅、陶阳，2013）。

华中师范大学教授周洪宇综合学术界有关全球教育治理的概念，得出了新的结论。他认为，在全球范围之内对教育进行治理指的就是全球范围之下的行为主体通过全球既定的制度和达成的共识，通过各种方式，以自愿和平等为基本原则，对国际范围之内的教育事务进行共同的管理。这样做的目的主要是应对不断发展的时代给教育带来的挑战，使全球的教育得到更好的发展。目前，全球范围之内教育治理发展的主体越来越多元化、治理方式越来越多样化。在全球范围之内对教育的治理应该坚持遵循"共商、共建、共享"理念，构成加强全球教育治理、更新全球范围之内对教育的治理的相关体制机制，三者缺一不可。

与传统教育治理相较而言，全球范围之内教育治理的主体更具有多样性。一般来说，在全球范围之内与教育治理有关的主体可以分为四类：第一类是主权国家；第二类是政府性质的国际组织，这一主体包括各个国际组织与世界机构等；第三类是一些非政府性质的、国际性的组织；第四类是全球范围之内对与教育有关的相关事务具有较强积极性的一些机构。

在对全球范围之内的教育事务进行治理的过程当中，主权国家扮演着非常重要的角色。对于全球范围之内的教育治理来说，主权国家参与治理的相关活动，对治理活动予以实施，同时也是治理的对象。通常来说，主权政府都是推动全球范围之内教育治理的主要力量，这主要是主权政府的性质导致的，因为只有主权政府才能够更加容易地使用和调动社会资源。所以，全球范围之内的有关于教育治理的相关概念必须得到主权国家的认可，只有这样才能够使治理更加容易和高效。

在全球教育治理方面，最具国际话语权的是联合国教科文组织。这主要是因为：一方面，联合国的相关系统在国际范围之内一直占据着领头羊的地位，从成立至今，联合国教科文组织对国际范围之内的教育事业做出了较大的贡献，对于国际事务也较有话语权；另一方面，联合国教科文组织还包含着数量较多的成员，在世界各地有大量的区域和国家办事处，而且每一个成员都有属于自己的从事专门相关工作的委员会对相关事务负责，这对于国际事务的成功完成来说是非常重要的。在参与方式方面，联合国教科文组织的理念较为新颖，会较为积极地制订教育的未来发展计划，并根据事物的发展情况发表报告、举办会议。这些成功的案例都说明全球范围之内教育事业的发展必须从联合国教科文组织开始。

对于全球范围之内的教育治理来说，经济合作与发展组织是最主要的治理机构之一。该组织有着完备的参与条件，比如其学者团队和数据库能够针对相关的问题进行较大范围的测试（如一系列的评估），能够针对相关的测试结果发布报告，还能对教育领域中最重要的指标进行记录，帮助各个国家进行教育经验的推广。该组织在很大程度上扩大了PISA 的考试范围，使自己在全球范围之内的教育治理当中具备了更深刻的影响力，并通过扩大自己的覆盖范围，加强对 PISA 报告的解读能力。PISA 考试引起了各国政府和学术界的广泛关注。参与测试的各个国家或地区都非常重视这个考试，并且将 PISA 考试的成绩纳入教育改革的相关指标当中。因此，PISA 已经成为该组织参与全球范围之内的教育治理最为重要的工具。

20 世纪以来，随着联合国教科文组织、世界银行、经合组织的兴起和发展，欧盟和其他国际政府间组织大大加快了全球教育治理进程。这些国际组织为全世界教育公共政策的制定和实施做出了贡献，通过协调众多会员起草各种有关教育的公约，制定教育日历，组织关于教育主题的主要国际会议、论坛和宣言来改变教育。对于区域治理来说，欧盟是最重要的几种力量之一。对于全球范围之内的治理来说，欧盟是最为重要的参与者（乔鹤、徐晓丽，2019）。联合国教科文组织自成立以来发表了许多具有全球影响力的报告和宣言，引领了全球教育价值的趋势。经合组织的身份也借此从一个国际教育统计局演变为一个全球教育治理者（丁瑞常，2019）。经合组织已经具备制定全球教育议程、教育规则，并实现世界教育运行规则的能力，而且这些政策正在形塑世界各国对教育的认知，并对各国教育政策的制定产生了重要影响，促进了各国的教育公平和教育质量，使各个国家（地区）都更加积极地修改本国（地区）教育方面的课程标准。比如许多国家（地区）充分利用 PISA 考试，根据其结果修改甚至重新制定相关教育政策或教育标准。总而言之，以国际组织为代表的全球教育治理正在发挥着愈来愈重要的作用。在全球范围内，国家与国家之间的高等教育合作是非常重要的，只有充分进行这种教育形式的合作，才能够最大限度地发挥出国际组织的作用，进而实现最为有效的治理（周光礼，2019）。

国家之间的合作离不开银行的帮助。银行对国家提供的最大帮助就是提供资金，而世界银行就是能够为国家提供资金的最大的国际组织。从 20 世纪 60 年代开始，世界银行就越来越多地参与全球范围之内教育领域的改革。银行的参与主要包括提供教育方面的援助贷款等，并通过制定教育战略，与一些经常活跃于国际社会的组织建立了合作关系。世界银行在其不同时间段的有关教育的一系列报告中，不断明确其战略优先事项，对实施国际事务的相关工具进行了拓展，更新了教育方面的相关理念，拓展了人才培养方式，并且为从经济银行转变成知识银行做了许多努力。总的来说，在跨境教育方面，世界银行功不可没（World Bank, 2005）。

在全球层面，截至 2015 年，联合国已经成立整整 70 年了。联合国会员中有将近 170 个国家（地区）的领导人进行过会晤，通过了有关于可持续发展的相关文件，并且为世界范围内未来 15 年的发展制定了相关的目标。以此为基础，联合国决定尽其所能为所有人都提供更加平等的、高质量的教育，并且针对教育制定了相关的行动框架并发表报告，明确界定了 2030 年全球教育的未来计划——联合国教科文组织"教育 2030 框架"（Education 2030 Framework for Action）。基于这一新理念，全球教育治理将呈现出不同于以往的新模式，教育将成为全球可持续发展的核心和关键。

经合组织发布的《经合组织 2030 年教育计划》（*OECD Future of Education and Skills 2030*）指出，未来教育将在以下各方面发生变化：教育目标与课程、学习模式、教学模式和教师教育培养模式、学习与教学、学生成果的预期等。欧盟对联合国《2030 年可持续发展议程》（*The 2030 Agenda for Sustainable Development*）做出了积极回应，于 2017 年 6 月 26 日发布报告《欧洲发展新共识"我们的世界，我们的尊严，我们的未来"》（*The New European Consensus on Development "Our World, Our Dignity, Our Future"*），指出："为了青年就业和长期发展，优先考虑人人获得优质教育。欧盟及其成员支持包容各方的终身学习，并支持公平和优质的教育，特别是儿童和小学；还将改善中等和高等教育、技术和职业培训及工作场所、紧急情况和危机情况下的成人学习；特别注意改善女孩和妇女接受教育和培训的机会。欧盟成员将加倍努力，确保每个人都有必要的知识、技能和能力来享受有尊严生活的权利，作为负责任和有效的成年人充分参与社会，并为健康的社会、经济和社区环境做出贡献。"每一个国际组织都有自己的核心素养，欧盟也不例外。欧盟的核心素养主要指个体想要融入社会所需要具有的素养（乔鹤、徐晓丽，2019）。社会变革加速，对教育人本主义和人的全面发展的不断追求和探索，促使世界各国的国际组织积极寻求教育改革的思路、手段和方法，发展素质教育，以应对社会的发展，体现出参与全球教育治理的主动态势。

除此之外，在国际范围之内不具备政府性质的相关组织通过各种不同的方式，深入国际范围之内的各个领域当中，并且在此基础之上对国际范围之内具备政府性质的相关组织建立必要的合作，在全球教育治理领域也发挥着与日俱增的影响力。

在 21 世纪初期，世界银行发起了有关教育发展的倡议，全球教育伙伴关系组织（Global Partnership for Education, GPE）就起源于此。在 21 世纪 10 年代，由于结构和性质的变化，全球教育伙伴关系组织正式成立，成为世界范围之内教育领域的新起之秀，为教育活动提供了经济上的支撑、政治上的合作，并且还建立了必要的联系，在世界范围之内积极参与全球教育方面的治理，尽自己最大能力对教育进行普及，这对于世界上一些经济发展较慢国家的教育发展来说是非常重要的。

在 20 世纪末期，全球教育运动联盟（Global Campaign for Education, GCE）由以下三个跨国倡议网络成员组成：国际乐施会（Oxfam International）、国际教育协会（Education International）与行动援助组织（Action Aid）。它们共同的活动宗旨就是推动教育的发展。该联盟有着自己的教育理念，不断更新其教育观念和活动机制，并且在此基础上产生了许多新的教育活动，最大限度地使民众参与到教育中来，为教育的发展营造了良好的思想氛围。

在全球范围之内的教育治理当中，对教育事务参与最多的组织就是跨国公司，而跨国公司如果想要参与全球范围之内的教育事务，就必须有相对公正合理的环境支持。所以，跨国公司为了维持自身的发展，通常会为了维持社会秩序做出更多的努力。未来的企业对世界各个国家与教育有关政策的影响会越来越大，慢慢地也会成为全球范围之内对教育进行治理的主体。华为、英特尔等众多活跃在全球教育领域的跨国公司就是这样的例子。

英特尔为了解决全球范围之内教育发展过程当中出现的问题，专门成立了一个部门。比如在 20 世纪末期，英特尔启动了一个项目，在全球范围之内培训了大量的教师，并且为该项目创建了相应的管理引擎。这个管理引擎不仅能够对项目进行管理，还能够为这些教师提供交流和学习的机会，最大限度地解决了教师在工作当中的计算机障碍问题。

在当前的治理体系当中，智库是最为重要的组成部分，其在全球范围内的教育治理当中扮演着重要的角色。在日常活动当中，智库的主要工作就是组织会议、发表研究成果。智库本身就是一个平台，能够为相关人士提供交流的机会。有许多知名学者和社会人士对智库的日常发展秩序进行维护，这对于智库的发展来说也是非常有帮助的。美国最著名、最具影响力的智库将治理研究作为其五大研究领域之一，并特别关注全球教育治理。国际教育政策与合作网络（Network for International Policies and Cooperation in Education, NORRAG）将自己定位为"连接研究的知识中介机构"，目前，NORRAG 在全球 171 个国家拥有 5000 多名注册会员。自 2010 年以来，NORRAG 就"全球教育治理"等主题举办了几次学术研讨会、研讨会和宣传活动，定期出版时事通讯和工作手册。

而在全球范围之内的教育治理当中，媒体的作用也是不可忽视的。媒体本身就是一种传播工具，具备先进的传播手段，能够带来较好的传播效果。所以，对于教育的发展来说，媒体具有非常大的作用，能够在很大程度上影响到各个国家的决策。在对全球事务进行治理的过程当中，上面所提到的主体应该互相联系，共同合作。

随着教育领域事务的国际化程度不断提高，教育领域本身也展现出了新的面貌，越来越多的国家参与到教育事务当中。最开始，教育只是一种自发的行为；到后来，教育行为逐渐变得有组织、有章法，相关的条件也得到了完善（张俊宗，2020）。全球教育治理机制属于国际机制的一个特殊类别。一般来说，国际机制是原则的体现，这些原则在不同程度上表达出了国际范围之内国际事务参与主体的期望。国际机制的范围较大，既可以是国际范围之内的法律，也可以是没有明文规定的惯例和共识。

相关领域的著名学者在对全球范围之内教育治理的进程进行分析时，对能够影响全球范围之内教育治理相关活动的两种相关体制机制进行了区分，即一种是正式的，另一种是非正式的。正式的机制主要包括国家明文规定的法律及各种条约甚至是政策等，而非正式的机制最主要的有三种。第一是"最佳做法"，通俗来说，就是通过最好的办法将模式转化为全球性的，进而对具有政府性质的相关组织的工作进行安排，并且产生相应的影响；第二是"胡萝卜加棍棒"，通俗来说就是恩威并施，通过各种各样的奖惩措施给相关组织施加压力，并且产生影响；第三是"数字治理"，顾名思义，数字治理的主要方式就是数字测量和计算，通过数字计算去获得相应的数据，并且对相关指标产生相应的影响。在全球范围之内的教育治理当中，正式机制具有规范作用，这种规范作用是带有强制性的。而非正式机制则不同，主要是通过一些非国家手段对国家范围之内的教育政策发展的未来方向产生影响。在全球范围之内的教育治理当中，非正式机制所起到的作用是非常大的。

日本著名学者黑田一雄（Kazuo Kuroda）对全球范围之内教育治理的相关活动进行了分析，将其分为四种类型：在国际法律基础之上对全球进行治理；全球治理发展和采纳具有国际影响力的新思想；通过在相关国际会议上就相关政策达成共识，并且制定相关的合作制度对全球进行治理；通过制定相关的指标和标准对全球进行治理（Kuroda, 2014）。

一个典型的例子是联合国教科文组织提出的"全民教育"（Education for All）概念。在20世纪末期，泰国在自己的教育活动大会上第一次提出了与全民教育有关的计划，这次大会还针对全民教育活动通过了相关宣言。对于一个国家来说，全民教育活动能够最大限度地满足基层民众的学习需求，所以这一宣言也成为全球教育活动的理论基础。该计划针对全民教育的相关活动规定了基本原则，制定了基本目标。自从20世纪初期开始，联合国的相关组织每年都会出版相关报告，对全民教育活动的完成情况进行监测，向全世界公布全民教育在各个国家中的发展。虽然在整体的教育当中，全民教育能够完成的目标还非常有限，但是从价值的角度来说，全民教育的价值是无限的，全民教育因此得到了国际社会的认同。

举办国际会议和多边论坛是发展和促进教育概念和方法的重要手段，例如世界高等教育会议、教育促进可持续发展会议、世界学前教育会议和世界全民教育会议。在八国集团（Group of Eight, G8）和二十国集团（Group of 20, G20）等多边首脑会议和论坛上，教育多次被列入世界性的发展议程。

可持续发展的一个最重要的基础就是以人为本，表现在教育领域就是将教育作为手段帮助个人进行发展。在所有参与全球范围之内教育治理的主体当中，其治理观念都是以人为基础，尊重人的价值和权利。联合国教科文组织一直都非常关注全球范围内的教育治理问题，希望实现人人平等，为所有民众提供优质的教育资源，使终身教育成为常态，最大限度地提高全球范围内的教育质量。

在全球范围内的教育治理当中，为了更好融合文化性质和工具性质，利益相关者需要在对全球范围内的教育进行治理的过程当中协调二者之间的关系。不仅要强调教育带来的经济发展，而且还要注重教育领域能够给人类带来的经济效益之外的东西，同时考虑到短期和长期利益。在21世纪之前，人文价值观教育全球治理的主导作用还不能充分发挥，如世界银行所考虑到的主要是经济方面的回报，这一观念如今也得到了转变。

在全球范围之内参与教育治理的相关人员可以通过不同的方式，实现不同层次的全球教育治理。通过评估教育项目，使自己的教育理念范围得到扩大，并与其他共同进行治理的主体进行有效的、良性的互动。

在对全球范围内的教育治理的实践中，每一个主体都经历了几乎相同的过程，其互动都是从简单逐渐走向复杂，再归于简单，从只考虑自己的利益，到考虑共同体整体的利益。

自1945年以来，联合国教科文组织一直是唯一一个专门负责协调全球教育问题的官方国际组织。其作用不仅限于教育领域，还涉及了许多其他的领域，维护着全球公共利益。在促进经济发展的过程当中，经济和劳动力是不可或缺的，这一点毋庸置疑。所以早在20世纪60年代，一些组织就针对知识和劳动力创立了相关的研究中心，并且为这类研究中心寻求合理的地位（孔令帅、武凯，2008）。参与全球教育治理，还包括给一些经济发展较差的国家提供贷款，并就受援国的教育发展提供咨询意见。在全球范围之内的教育治理工作当中，三个权威性较强的组织在早期的治理过程当中都各自为政，发展也是相对独立的。虽然这能够保证组织与组织之间的独立性，但是也割裂了不同组织之间的联系。

国际组织、民间社会组织及各国政府在全球教育治理机制中积极互动，参与教育治理。国际范围之内有许多教育组织，其中以联合国教科文组织为代表，这主要是因为联合国教科文组织在全球范围内的教育治理工作当中发挥的作用是非常重要的。而在同时间的治理工作中，其他的一些组织发挥的作用要小于联合国教科文组织。经合组织主要是在评估阶段发挥作用，世界银行也一样，其主要作用是为教育的相关项目提供评估平台。

在全球范围之内的教育治理工作当中形成一个完善的体制机制是非常复杂的过程。通过这个过程，全球教育治理问题在更多的利益相关者之间达成共识。在最开始对教育进行治理的过程当中，参与治理的主体主要考虑自己国家的目标，这也就使得治理的效果有限。而且在当时，教育发展的问题没有那么明显，所以也没有多少国家对教育问题有足够的关注。在全球范围之内，国家政府是治理国家教育最基本的主体，其主要关注国家教育的改革与发展，而不是全球教育的发展。如果没有关于全球教育治理的对话平台，全球教育治理措施就仍然停留在教育治理的表面，就没有深入的互动机制来处理这些问题。

在机制方面，不同的主体从自己的角度出发，形成不同的体制机制。这虽然给交流造成了一些差异，但是同样也为交流提供了更加多种多样的基础，随之而来的就是扩大了教育的覆盖范围。这一变化响应了全球化进程中"普遍性和一体化"的呼吁，鼓励"所有国家根据自己的方式和方法改变自己的发展道路"并鼓励利益相关方从分担责任的角度思考共同的未来（袁利平、师嘉欣，2021）。

由于每一个国家的治理目标都是不同的，所以，为了实现这些不同的目标，不同的主体所运用的手段和方式也是不同的。有的主体会倾向于通过调查进行教育治理；有的主体会选择构建平台，创建合作进行治理；有的主体更喜欢制定协议和规范，以更好地规范治理措施，创建更为有效的教育监管体制与机制，提高教育治理的质量和效率，在经济和其他方面为教育提供不同的支持。全球范围之内的教育治理机制在很大程度上使教育治理的方式得到了丰富，使全球范围之内的教育治理更加规范和合理，使国家与国家之间的合作更加深入。治理机制需要不同性质的组织参与，在包括政府在内的利益相关者之间形成复杂的治理网络，成立私营部门和服务部门及网络化和民主化是参与全球治理的"最低限度方案"（约瑟夫，2003）。

在全球化背景下，共同的世界教育问题的存在是全球教育治理产生的现实基础和逻辑起点，全球教育治理为解决世界教育问题提供了思路和工具。贫困儿童教育、女童教育、职业教育、高等教育、全民教育、终身教育、创新教育等在一定程度上具有共性，可以通过全球教育治理加以协调，环境保护与人类和平共处可以融入全球教育治理之中。通过协调发展全球教育，可以消除贫困，提高人类生活质量，促进世界和平与繁荣。

各国也可以从全球范围内吸收和借鉴他国教育的实践经验。发达国家许多有益的经验可以为发展中国家提供借鉴。发展中国家也可以互相交流、学习教育实践和经验。

全球教育管理是全球管理的重要组成部分，也是未来教育发展的趋势之一。全球性教育问题，如学习危机、全球公民教育等，依然存在。复杂的形势和客观全球化的教育理念、方法和行为也要求各个国家和国际政府间组织、民间社会组织在全球教育管理中发挥更加重要的作用，因此要积极整合、发挥跨国公司和个人的力量，通过共商、共建、共享，实现全球教育领域的善治。

全球教育管理这一全球化时代的理念和方法的重点是解决全球教育问题，通过全球教育制约机制和制度规则提供全球教育公共产品，协调不同的利益冲突和需求。其目标是实现教育的全球公共利益。

随着信息技术和互联网的飞速发展，在信息技术、大数据和人工智能的支持下，全球教育治理将变得更快、更高效、更智能。共享全球教育相关数据、资料和信息将推动全球教育信息化、智能化治理的发展。当然，全球教育治理应以尊重经济和政治形态为基础，尊重各个国家的历史和文化传统。

全球教育治理主要是通过国家、国际组织、公民组织、跨国公司等多元主体的广泛参与来实现的。具体而言，全球教育治理的途径有几种：一是建立全球对话与沟通论坛，建立教育共识，搭建实施全球教育治理的平台；二是颁布宪章、宣言、条约和协定，制定国际通识教育标准；三是提出新的教育理念，引导国际教育，引领世界教育发展；四是开展全民教育、终身教育、全纳教育等全球性教育运动，促进教育平等的实现；五是制定国际教育指标和标准，建立监测机制，监测世界教育发展；六是组织实施教育援助，帮助欠发达国家摆脱教育贫困；七是加强国际教育领域的合作。

在对全球事务进行参与和管理的过程当中，中国的宗旨是追求国家与国家之间的平等，承担自己应该承担的责任，致力于推动全球管理结构和体系的改革和完善。每一个国家的政治制度都是不一样的，经济也有着不同的面貌，这也在很大程度上反映出世界文明的多样性。中国参与全球教育管理的途径是充分发挥知识的影响力，在全球教育事务中更加注重价值观和理念的引领，并在自我发展和全球教育管理责任之间寻求平衡。在现有的国际教育体系中，我们不仅要尊重制度和规则，还要建立新的制度和规则，以适应不断变化的形势，更好地体现发展中国家在教育领域的利益。我们不仅要注意国家权力的运用，还要注意国际政府间的协调。重视职业非政府组织的培育，为中国参与全球教育管理提供有力支持。

全球教育治理应遵循多元性、包容性、适切性、互动性、前瞻性等原则。全球化不是同质化的同义词，也不是均衡发展的过程。不同的价值体系导致对同一事物或同一现象的不同看法，理解的多样性反映了人们对同一事物或同一现象的不同认识和追求。多元化意味着全球教育治理应保持治理的本质，多主体参与，充分发挥各主体的优势，共同为全球教育治理做出贡献。全球教育治理是国际组织和主权国家权力的双向延伸。全球教育治理在国家机构、政府间合作组织、跨国企业、跨国社会运动和非政府组织的参与下，实现参与主体的多样化。包容是指在保留差异、宽容和理解的同时，寻求共同点，以开放的发展观和价值取向，进一步体现利益公平、机会平等、规则公平、分配公平等共享发展理念。全球教育治理是指需要有宽容、开放、理解和公平的理念，适应不同学科的价值观和理念，适应教育生态多样性的存在，充分尊重不同国家和地区的教育理念和政策选择，充分考虑各国教育政策的适应性、教育经验和国情，充分尊重各国的政治经济形势、历史文化传统等因素。互动性意味着全球教育治理应强调所有参与者之间的沟通和交流。国家与国际组织、民间组织和跨国公司之间的多层面互动可以确保有效的治理。教育不仅需要适应，而且需要领导。面向未来意味着全球教育治理不仅要立足于现实，而且要超越现实。考虑到社会发展的趋势和未来的可能性，以及可预见的国际教育规则，必须提前制定教育政策和教育方案，以指明全球教育治理的方向，引导快速发展的全球化进程。只有遵循上述原则，全球教育治理才能保证教育的可持续发展。要正确运用治理方法，确保治理的预期结果，确保治理目标的最终实现。

进入 21 世纪后，随着融入全球化进程的加快，中国参与全球教育治理已成为一种必然趋势，分享中国教育改革和发展的实践经验和理论成果，本身就是对人类命运共同体建设的贡献。在参与全球教育治理的过程中，中国和所有利益相关者必须坚持"协商、共建、共享"的全球教育治理愿景，构建造福全人类的全球教育命运共同体。国际组织和其他行动者应在平等的基础上就全球教育的主要思想、教育改革、教育规则等进行协商，相互沟通，制定具体的解决方案和方案。一旦确定了想法和方案，全球教育治理的责任将根据国家或组织的情况由各方分担，各方共同参与和建设。全球教育治理的成果，包括标准和规范、理论和实践经验、数据库等，应由所有国家和利益相关方分享，这将使每个国家和个人受益，并促进各方获得公平的、高质量的教育机会和资源。

二、教育大数据简介及发展

随着社会经济、科技的不断发展，进入 21 世纪后，大数据、人工智能、云计算、区块链等高新技术在互联网基础上不断形成突破，对人类社会的发展和治理产生了深远的影响。可以预见，这将是一次全面而深刻的系统性变革，不仅会从根本上改变人类的生活方式和工作方式，而且对人类社会的治理也有着重要的意义。因此，将大数据引入全球教育治理领域，将更容易、更有效地收集全球教育信息，在此基础上进行分析，将大大提高世界教育研究的效率和科学性。

教育大数据，顾名思义就是教育行业的数据分析应用。国际商用机器公司（International Business Machines Corporation, IBM）提出，大数据需要具备 5V 特点：即 Volume（大量）、Velocity（高速）、Variety（多样）、Value（低价值密度）、Veracity（真实性）。人们普遍认为，教育大数据的定义有三个含义：第一，教育大数据是教育领域的大数据，是面向特定教育学科的多类型、多维度、多形式的数据集；第二，教育行业之内的大数据是以教育为基础，为教育过程服务的，通过利用教育方面层出不穷的技术来提高教育决策的精准性和效率；第三，教育大数据是以数据为基础的，通过现代信息技术来实现协同和共享的（杜婧敏等，2016）。从广义的角度来看，人们在进行教育活动的过程当中所产生的所有数据都属于教育大数据；从狭义的角度来看，教育大数据仅仅指的是由学生产生的、活跃于课堂或学习平台的数据（吴传荣等，2021）。

在传统的教育活动中，采集数据是一项比较困难的工作，而教育大数据则不同——教育大数据相对来说比较高效，并且具有连续性和可扩展性。传统的教育数据大多是分阶段收集的，而且大多数是在用户知情的情况下收集的，分析方法一般是简单的统计方法。而教育大数据收集的是整个教学过程的静态和动态数据。整个教学活动的所有数据，如教材、互动思维、学生在每个知识点的停留时间等，都可以连续记录，不影响教师和学生的活动。

教育大数据是教师与学生在整个教育教学活动中所产生的所有的行为数据，可以看作大数据的一个分支（刘帅兵等，2021）。教育大数据的理论价值在于它能创新教育观念和教育思想。传统的教育一般以教师的经验为基础，决定学生的学习计划和学习方式。虽然这种教师评价方法总体上是正确的，但对于一些特殊学生来说，单凭主观评价是不完整的。一些实验过于主观化，缺乏科学支撑，无法形成系统。大数据的引入给教育观念和教育思想带来了巨大的变化。教育依靠大数据，更理性地实践不同的教育理念，为更有效的教育和学习提供解决方案。

在实践层面上，教育大数据推动教学模式改革，实现个性化学习。利用大数据技术对教学大数据进行分析和预测，有利于促进学生的个性化学习。以微型教室和逆向教室为主，以大数据为基础，教育者可以通过学生的浏览记录、点击频率、视频暂停点等数据分析其兴趣点和学习材料的优缺点，可以根据学生的行为特点设计更加符合学生年龄和个性的学习活动及课程。在大数据的推动下，教育者可以更好地了解自己和学生。教育大数据为不断提高教学活动和教学质量，为智能校园的设计和规划提供了新的教育手段和思路。

通俗来讲，数据就是一种符号，是用来对事物的形态进行识别和记录的。数据记录的范围包括事物的基本性质、当前的状态及其与其他事物的关系，当这样的数据以信息的基础身份出现的时候，数据的基本形式可以理解为数据的表现形式。

数据的基本形式一般分为数字数据和模拟数据。数字数据一般表现为取值离散的变量或数值，如各种统计或测量得到的数据。模拟数据是在连续范围内的变量或数值，如声音、图像、文字等一般用模拟信号表示。

在教育研究中，数据一般包括基础设施建设数据、人力物力数据，以及在教育教学活动中产生的各种数据，如学生工作记录、考试内容和师生之间的沟通等。教育数据可以分为五个层次：个人层面的教育数据、课程层面的教育数据、学校层面的教育数据、区域教育数据和国家教育数据。后三个层次的数据通常集中在教育管理和教育政策上，而前两个层次的数据则更多地集中在对教学活动的研究上。

在教育信息化进程中，教育教学活动引入了更多的硬件设备和辅助软件，更加强调软硬件在教学活动中的辅助作用。人们希望科技创新能减轻教学负担，帮助教师改进教学设计和教学过程，帮助学生更好地获取知识。注册用户之间的交互也开始得到关注。在教育过程中，这种互动体现在教师和学生在教学活动中的反馈上。

在"互联网+"教育的思潮下，教育领域产生了丰富的网络数据，与传统的教育普查数据相比，大数据环境下的学校数据可以从各种网络和硬件数据中获取。例如，所有教师的入职、调动和退休记录都存储在人事部门的数据库中，教育经费分配记录保存在财务部门的数据库中，学生体检信息保存在学校医院的数据库中。庞大的数据网络有助于分散和减少数据普查的工作量。学生的校园生活数据更加丰富。通过校园内的各种终端，可以获取学生的饮食记录、网站链接文件夹和其他数据。

大数据时代，万象丛生，数据的来源直接影响数据分析结果的可靠性。现今，除了上述的数据来源外，国内常见的数据来源还有：各类教育管理数据库系统数据、各教学管理平台数据；国家统计局发布的数据，如各地区GDP、各阶段在读学生人数、在岗教师人数等；Web服务日志；DNS服务日志；商业机构数据，如艾瑞咨询集团存储的数据等；课堂实录；微课、微视频；网络课程平台数据；教务管理系统；实验教学管理系统；等等。在国外的教育大数据中，则可以经常见到以下数据来源：Student Test Data, Social Media Data, Campus Sensor Data等。

这些数据的来源涉及不同的数据获取技术和应用情境，是教育大数据研究、应用的重要来源。通过日益革新的技术，研究者们能够使用各种数据分析技术对这些庞大的教育数据进行深层次的挖掘和分析。

美国的相关部门在一份报告中明确表示，大数据应用于教育领域直接的体现是教育数据挖掘（Educational Data Mining, EDM）和学习分析（Learning Analysis, LA）。教育数据挖掘的重点是利用各种数据分析方法，对教学过程中产生的大量数据进行分析，包括建立学生模型进行预测、测量、收集、分析、处理，根据学生的知识掌握程度、学习态度和元认知对学习环境数据进行分析和预测，以判断学生的后续学习行为，预防学习中的潜在问题。

根据数据分析的层次，施聪莺、徐朝军等学者将教育大数据的研究分为四大层次：第一，现状描述；第二，成因分析；第三，趋势预测；第四，决策管理。帕蒂尔（Patil）是美国历史上第一位首席数据科学家。为了更好地解释数据分析，他将数据分析分成：描述性分析，旨在用数据描述问题，重点关注事实的发生和通过数据收集和呈现产生的数据，描述数据库的基本情况；诊断性分析，主要分析相关参数之间的关系，探究事实发生的原因；预测性分析，即通过大量的综合分析，从过去或现在的数据中获得事物发展的潜在模式和规律，以预测未来的发展趋势；规范性分析，即重点研究如何通过各种手段调整预测结果，通过调整相关的可控变量来达到预期结果并提出可直接用于决策的建议或方案，这一阶段也是实现"信息"向"智慧"转变的阶段（施聪莺、徐朝军，2019）。

教育大数据研究的第一层次是现状描述。教育现状调查是了解教育体制实施情况的必要手段，是寻求有效教育改革的必由之路，可以让我们更好地了解教育现状，分析当前教育中可能存在的问题。

在传统的教育现状调查中，行政部门通常会组织全国性的教育概况调查，包括各级学校的数量、学生人数、教师人数、设施建设等。调查数据量大，覆盖范围广，需要大量的人力和物力资源。教育部一般每年对教育总体情况进行统计调查。对于更具体的指标和概况，教育研究人员一般自行组织调查研究。个别研究小组或小团体通常使用问卷调查和访谈对小样本数据进行研究，这对某些数据造成了限制。

大数据技术为教育现状的调查提供了更多的解决方案和思路。在信息时代，教育数据的生成速度快，种类多，规模大。教育管理数据和个人教育数据可以更快地得到采集和存储，通过数据分析可以得到各种描述性的结果，能够可视化分析教育现状。同时，大数据的时效性、交互性、结构微观性等特点为教育科研人员开展各类研究和教学提供了有效的支持，也可以更全面、更有效地描述当前的教育状况。

教育大数据研究的第二层次是成因分析。在数据挖掘中，相比分析数据之间的因果关系，更应注重分析因素之间的相关关系。在以往的教育研究中，一般都是在"黑盒"中探索变量间的因果关系，试图通过因果相关来解释现象之间的联系。大数据思想为教育研究提供了新的研究视角。当具体逻辑不确定时，首先要研究现象之间的关系。在大数据时代，新的分析工具和方法提供了一系列新的视角和有用的预测，可以看到许多以前没有注意到的联系，更重要的是，可以帮助我们通过探索"是什么"而不是"为什么"来更好地理解世界。事实上，因果关系是一种特殊的关系。在教育领域，我们可以以相关关系为切入点，找出并认识因果关系。这一思想有助于我们理解和分析教育。教育大数据则为我们的研究提供了基础。从复杂的教育数据中发现相关关系，诊断存在的问题，是其最重要的应用之一，有助于从多个角度分析教育效果，帮助研究人员拓展视野，发现以前从未注意到的现象和原因。

教育大数据研究的第三层次是趋势预测。在数据挖掘中，对未来数据的预测是实现数据挖掘预期结果的重要手段，是数据挖掘实际应用的关键步骤。利用教育数据预测教育趋势，分析教育未来，更具有科学性，并且更为困难。基于大数据的教育管理分析对学生的学习和需求具有预测作用。教育舆论与教育决策使教育管理更具前瞻性。

对于教育管理者来说，可以利用教育大数据分析技术进行风险预测，创新课堂教学模式，提高知识服务的准确性、科学性和艺术性。通过对教育管理数据的分析和对教育发展趋势的预测，有效地避免可能出现的教育问题，解决突发的教育矛盾。智能校园产生的大数据也可用于监测教育舆论，及时反映公众舆论。

决策管理是教育大数据研究的第四个层次，实际上是教育大数据研究"趋势预测"的下一个阶段，大数据可以最大限度地提高决策的科学性。

在海量数据密集的基础上，充分的教育信息和科学的数据处理，可以保证教育决策和管理服务，使教育管理能够充分利用教育系统的内外部资源，更好地实现教育发展的目标。

随着大数据时代的到来，教育在未来发展的过程当中所面临的困难也越来越多。在当今时代，将现在的技术手段与教育相结合已经成了必然的趋势。教育大数据的理论建设需要从微观理论、中观理论、宏观理论三个层面进行完善。微观理论包括学生行为与学习效果的关系、学生行为与学习效果的关系等；中观理论包括教学过程分析、学生成长分析、教师发展分析等；宏观理论可以理解信息教学的发展、大数据背景下的教育管理改革和数据管理政策改革。

教育大数据是教育领域大数据技术和思想的体现，其价值体现在教育领域的各个方面。这些价值需要各种理论支持和实践验证。教育领域的研究者和实践者必须积极探索大数据技术与教育的最佳结合点和实施点。因此在构建教育大数据理论的过程中，研究人员必须结合教育大数据的特点和教育本身的特点，探索教育大数据存在的可能性，并对提出的假设进行严格的逻辑验证，以支持后续研究。

教育大数据理论研究主要包括教育大数据概念与内涵、应用价值与前景、未来挑战等（李凤霞、徐玉晓，2019）。随着教育大数据技术的发展，教育大数据技术的研究也必须关注教育数据的结构性和非结构性特征。要结合教育科研对象，对数据处理的各个阶段（采集、处理、管理）进行研究。

首先，应该进一步对教育所涉及的数据标准进行完善。教育大数据的来源是多种多样的，而在这个过程当中，汇集数据就需要一个统一的标准。教育部在 2012 年颁布了有关教育数据标准的文件，虽然本标准对统一教育管理信息具有重要意义，但是教学环境和教学过程数据的标准还存在许多不足。这成为教育大数据应用的瓶颈之一，但也为教育大数据的研究提供了方向。

其次，在大数据采集阶段，需要保证数据采集的覆盖面，注重自主性数据和教育数字化本身产生的数据。"十二五"规划期间，我国教育管理公共服务平台基本建成，教育管理数据的收集具备了良好的条件，各高校和部分中小学开始进行智慧校园建设。同时，大数据提供了物联网检测技术、视频记录技术、图像识别技术、平台采集技术等多种采集技术，为教育数据的采集提供了一定的技术支持，因此如何保证数据的覆盖范围，获得更全面、更准确的教育数据也是大数据技术的研究方向之一。

再次，教育大数据的处理技术研究需要考虑如何将已经成熟的各类数据处理技术应用到教学领域，同时也需要针对教育数据的特性对各种新技术进行研究。教育大数据处理技术包括数据分析技术、大数据可视化技术和数字媒体处理技术。如何改进各种数据分析技术，使之适应教育非结构化数据，获取对象之间的关系；如何利用可视化技术更好地呈现教育数据和分析结果；如何在大数据环境下优化各种算法和技术，这些都是教育大数据技术研究的一部分。

最后，教育大数据的组织管理技术囊括了数据存储、处理过程中的组织和管理，也包括了对于大数据共享情况的管理。教育大数据组织管理的技术不仅包括了技术层面的研究，也包括了对于整个过程结构的研究。

大数据在教育中的应用实践也是教育大数据研究的重点之一。数据在实践中的应用可以客观地反映数据的实际意义，体现数据分析的实际效果。教育大数据的应用实践可分为微观教育大数据的应用和宏观教育大数据的应用。微观教育侧重教学过程和教学活动，而宏观教育大数据的应用则侧重教育管理和决策。

教育大数据在微观教育中的应用主要体现在教学评价和学习评价上，可以从学习者、教师和教育影响三个方面进行评价。要研究教师在教学过程中的肢体语言与教学效果的相关性，可以通过视频采集技术和物联网感知技术来有效地获取和分析教师的各种肢体语言。此类研究有助于规范课堂上的各种行为，为教学活动提供更多的思路。大数据预测分析可以帮助学生根据自己的个人数据和广泛的相关数据分析自己的能力和趋势，帮助学生了解自己的发展；为学生提供有效的学习路径规划，帮助学生提高学习能力。此外，可以在教育大数据的背景下，研究数字课程的建设和发展，为数字课程的建设和发展提供新的方向。数字课程的建设不仅仅是基于固定的模式和理念来提供资源，在各种数据的支持下，教学设计师可以设计出更有针对性的课程内容，学生的个性化学习也会得到更多的、多样化的资源支持。根据学生的学习行为分析学生的学习路径，有助于网络课程个性化推荐系统的发展。

宏观教育大数据的应用主要体现在对教育管理的支持和教育管理水平上，如对教育发展的预测。通过对学生在校行为的监测、对教师学术研究质量的评价和舆论监督，可以对学生的异常行为、教师学术发展等情况进行预测。这有助于从各个方面分析和预测学校教育的发展，并对学校教育管理和决策支持进行研究。通过对学校设施建设、师资队伍素质、学生学业能力水平等数据的分析，对学校进行评价，有助于提高教育投资的准确性。教育大数据还可以支持在线教学和研究的发展和评估，例如研究区域教育数据的形象建设。区域教育发展是教育和教育政策研究的重点之一，通过收集区域各级各类机构和行政机关的数据，整合区域教育数据，探索区域教育数据背后的深层含义，构建区域教育形象，有助于教育管理决策。

目前，教育大数据政策研究主要包括教育大数据权属分配政策、教育大数据安全政策、教育大数据共享政策和教育大数据管理政策等方向。

教育大数据的合理开发与利用是教育改革的科学力量。目前，我国的教育事业发展较为成功，为国家提供了所需要的人才，取得了巨大成就。但是，也存在不少问题，如：素质教育难以推进；中小学生学习负担过重；教育发展不均衡；学生创新能力严重不足；高等教育质量不高，毕业生难以满足社会需要等。如何解决上述问题？"改革是教育事业发展的根本动力。"（韩家慧，2018）教育改革与国家的经济、社会、文化等因素密切相关。教育改革要有效、科学、有序，必须充分考虑各种因素。大数据分析和挖掘技术的优势是相关性分析，而对教育大数据的相关性分析则是对教育大数据的复杂性和差异性进行分析，发现不同数据集之间存在的显著的相关性。通过科学的数据分析，从不同的角度审视问题，了解不同地区、不同阶段的教育发展规律，找出问题的根源，做出科学的教育决策，采取相应措施解决问题，并从宏观和微观两个方面研究教学体系和制度。

对于智能教育的发展来说，大数据是非常重要的，因为智能教育就是依靠信息而发展的，是目前为止教育发展的最高阶段。近几年，全球范围之内一些经济发展较快的国家已经针对智能教育的发展提出了相应的计划。这标志着智能教育时代即将到来：教学形式不再是先教后学，而是把问题带到课堂探究性学习中去。另外，在智能教育模式下，未来课程学习的发展将更加趋于智能化，在现代手段的影响之下，获取相关领域最前沿的研究成果将变得更加容易，也可以更轻松地将这些成果转化为资源，这也在很大程度上更新了学习的形式，使学习形式变得更加灵活。在这种教育模式之下，市面上出现了许多不付费就能够使用的教育平台，这也在很大程度上使优质的教育资源走入寻常百姓家，打破了教育资源一家独大的局面。智能教育的前提就是利用目前为止市面上最先进的现代技术教育。大数据能够最大限度地整合目前为止在教育领域所存在的各种资源，为智慧教育的发展提供基础和支撑，因此智慧教育是不能离开大数据的发展而发展的。

各大高校如果想要有效地对人才进行培养，那么就要利用现在的大数据手段对实验室进行更深入的管理，将实验室中的理论与社会实践相结合，更大程度地提高学生在专业方面的能力——这对于学生的发展来说是非常重要的。但是到目前为止，我国实验室的管理仍然没有转向精细化。在学校里，相关部门如果想掌握实验室到目前为止的发展状态，就需要查看相关人员的报告，因为没有相关图表对发展状态进行更加科学的显示。而利用信息技术和物联网技术改造的新实验室，可以实现实验室管理的数据化。新实验室的实验设备利用物联网技术改造后，可以通过网络与后台管理软件进行实时交互，记录的信息包括：切换时间、工作时间、实验数据、设备工作电流／电压、用户类别、用户面部图像／视频捕获等。大学实验室数据通过网络永久存储在后端服务器上。建立大学的实验活动数据库，并对这些数据进行分析和挖掘，可以准确了解实验室的运行状况，从而制作不同类型的图表，体现设备完好率、利用率、实验课程教学内容、各实验课程的用户信息等，以利于这些实验室进行现代化改造，实现对实验室的高效、科学、准确的管理。

大数据意味着对大量有效数据的探索，旨在评估正式绩效和未来绩效，通过改进收集程序，预测和识别与学习、教学和研究相关的前瞻性问题。此外，一些研究人员指出，高等教育必须将分析工具纳入系统，以提高生产率。大数据的潜在优势特性将会对未来的教育发展产生重要影响。

教育大数据对教育反馈尤为重要，因为学习者往往会在某个方面失败，但他们不知道失败原因。当学习者通过教育大数据了解了自己的学习情况，就可以及时纠正错误，解决问题，获得成功。改进的在线学习模块允许对学习者进行逻辑评估数据挖掘，分析软件可以为学习者和教师提供关于学习成绩的即时反馈。这种方法可以分析潜在的趋势，以预测学习者的成绩、辍学率等，从而获取最有效的教学方法。

通过在电子学习中使用大数据，教师可以看到课程或考试的哪些部分太容易了，哪些部分太难了，以更好地帮助学习者。教师还可以分析学习路径的其他部分，如偏好的学习风格及一天中学习效果最好的时间。

通过允许设计个性化课程以调整学习者的个人需求，大数据可以在我们处理电子学习设计的方式中取得成功。这将使电子学习开发者能够提升有效和卓越的电子学习课程的标准。

来自许多部门的专家必须聚集在一起，以保持学习管理系统的最佳功能，这也是一个鼓励合作、团队合作和跨学科的大数据思维过程。

教育大数据还在以下几方面具有优势：改善行政决策和提供组织资源；创新和改革学院和大学系统；通过社交网络与技术和信息网络的结合，帮助建立对复杂问题的认识；通过假设情景分析，帮助领导者做出整体决策；探索复杂学科中的不同组成部分（例如记住学习者、降低成本）是如何联系在一起的，并发现不同基本组成部分的影响；通过提供最新信息并允许对挑战做出快速反应，提高管理效率和生产率；帮助领导控制教职员工活动创造的硬性（如研究、专利）和隐性（如教学质量、声誉、简介等）价值；评估典型的评分技术和工具（即部门考试和执照考试）；课程的测试和评估。这些功能不需要学习分析；然而，增加收集数据的数量和种类可以显著增强这种方法。

随着教育迎来一个技术丰富、数据丰富的系统，大数据也给教育利益相关者带来了独特的担忧。但是与此同时，大数据的安全性还有待完善，所以大数据的应用者也会不断地权衡大数据的便利性和安全性，这也在很大程度上阻碍了大数据手段的应用。在教育领域当中，大数据的应用出现了越来越多的挑战，其中包括数据的安全、个人隐私的保护等等。

大数据在教育中的使用有高度的安全隐患和隐私问题。首先，随着大数据以前所未有的规模积累，以及人们在数据数字化方面的持续努力，我们不缺乏存储、处理和访问学生学习数据的途径，但同时必须防止这些数据被滥用或误用。通常，学生学习数据被收集并存储在不同的小仓库——学区办公室、在线学习系统和移动设备中，这些小仓库之间互不连接。数据孤岛之间是断开的，这一方面有利于数据安全，因为单个数据库中数据安全漏洞的影响是局部的，不会触发整个数据系统的数据漏洞；另一方面可能会通过阻止不同数据库的链接来破坏数据的丰富价值。保护和共享数据之间形成了微妙平衡，这对于开发允许链接和打破不必要的数据孤岛的数据提出了安全协议方面的技术和法律挑战。在教育中应用大数据的另一个挑战是，从长远来看，随着学生在教育系统中的发展或进入工作场所，他们的学习数据和私人信息可能会被用来对付他们。当大数据通过提供由自适应学习算法优化的学习材料来让学生按照自己的节奏学习时，学生的学习成绩会得到持续的数字跟踪。这种追踪对学生造成了潜在的有害后果。我们不能把学生束缚在他们的过去，忽视学生进化、成长和改变的能力。因此，迫切需要政策和立法来防止学生学习数据被滥用和误用。

其次，在没有知情同意的情况下为研究目的访问个人数字数据，引发了关于在大数据时代开展涉及人类的研究的不断演变的伦理界限的辩论。最近的一场辩论是由一项关于情绪传染给脸书（Facebook）的实验引起的。克莱默等人（Kramer et al., 2014）认为，他们的实验——其中一些脸书用户的新闻提要内容被操纵——符合脸书的数据使用政策，该政策是所有用户在脸书上创建账户之前都同意的，然而那些参与克莱默等人研究的脸书用户可能没有被完全告知自愿参与实验。法律法规往往赶不上互联网的迅猛发展。迄今为止，还鲜有相应的法律法规来保护互联网上大规模社会实验的人类参与者。当参与者，特别是学生，参与并不完全知情的实验，却被要求表示知情同意时，这尤其会产生伦理问题。因此，当务之急是在推进科学发现和创新的同时，解决获取个人数字数据的责任和问责问题。

需要对能够正确使用大数据和分析的分析专业人员进行更多投资，使其能够监控整个过程，从定义重要问题到开发数据模型或设计数据传递工具、建议和报告。此外，知识渊博的设计者和熟练的数据库管理员需通过软件外壳完成、并通过许多文件和格式合并数据。除了数据库开发所需的专业知识，与大学合作的设计师还必须了解适合实际应用的学习者行为。良好的统计、决策树和策略映射知识对于开发构建预测模型的算法也很重要。

在教育中应用大数据时可以观察到的主要问题涉及数据分析、隐私及学习者对其个人行为记录的权利。传统的课堂方法总是评估学习者的表现和学术行为，而学习分析是在一个完全不同的水平和尺度上跟踪学生的行为，应该得到评估。但实际上，学习分析可能会危及学习者的成功，大数据方法也可能被视为对隐私的"冒犯"，一些学习者宁愿选择拒绝被强加。研究者必须考虑一些重要的问题：是否应该向学习者表示他们的活动正在被关注？教师、学生、家长等各方需要多少信息？学院附属机构应该以何种方式做出回应？学习者有寻求支持的要求吗？应如何采取保护措施，以确保收集学习者个人数据时不会对其造成伤害？

解决这些问题的一个令人鼓舞的方法可能是在数据的源头对其进行掩蔽。掩蔽是一种创造性的方法，它将在使大规模数据应用成为可能的同时保护学生和教师信息的可信度。ETL 是英文 Extract-Transform-Load 的缩写，用来描述将数据从来源端经过抽取（Extract）、转换（Transform）、加载（Load）至目的端的过程。ETL 软件应用程序的新性能允许敏感数据在进入数据仓库时在数据库级别被掩蔽。通过这一方法，即使有人获得了对数据库的物理访问权限，像身份证号码这类敏感信息仍然无法被获取，因此该类数据得以保护。

小节练习

一、单项选择题

测试题 1：全球治理的本质是以（　　）为基础的。

A. 政府权威

B. 全球治理机制

C. 国际组织

D. 国际会议和国际论坛

测试题 2：参与全球教育治理的主体有（　　）。（多选）

A. 主权国家

B. 政府间国际组织

C. 国际非政府组织

D. 智库

测试题 3：与传统教育治理相较而言，全球范围之内的教育治理主体最突出的性质是（　　）。

A. 单一化

B. 固定化

C. 多元化

D. 创新性

测试题 4：对于全球范围之内的教育治理来说，主权国家既是（　　）和（　　），又能够被全球范围之内的教育治理。

A. 参与者，实施者

B. 管理者，参与者

C. 推动者，实施者

D. 参与者，主导者

测试题 5：经合组织作为全球教育治理的主要机构，是"（　　）"的积极参与者。

A. 数字教育

B. 数字治理

C. 全球治理

D. 数字创新

测试题 6：联合国教科文组织自成立以来发表了许多具有全球影响力的报告和声明，

引领了全球教育价值的趋势，包括（   ）。

A.《学会生存：教育世界的今天和明天》

B.《教育——财富蕴藏其中》

C.《反思教育：向"全球共同利益"理念的转变？》

D. 以上均是

测试题 7：基于联合国教科文组织的"（   ）"新理念，全球教育治理将呈现出不同于以往的新模式，教育将成为全球可持续发展的核心和关键。

A. 教育 2030 框架

B. 教育 2035 框架

C. 教育 2045 框架

D. 教育 2050 框架

测试题 8：每一个国际组织都有自己的核心素养，欧盟也不例外。欧盟的核心素养主要指个体想要融入社会所需要具有的素养，其中包括（   ）。

A. 知识、技能与认知

B. 知识、技能与态度

C. 技能、态度与手段

D. 技能、态度与方法

测试题 9：国际非政府组织通过（   ）方式，在全球教育治理领域也发挥着与日俱增的影响力。

A. 宣传

B. 游说

C. 咨询

D. 以上均是

二、填空题

测试题 10：在参与全球管理的过程中，中国强调_____、_____、_____、_____和_____是全球管理的核心，致力于推动全球管理结构和体系的改革和完善，国际政治的多样化和世界经济的全球化，反映了国际关系的民主化和世界文明的多样性。

测试题 11：在最近的几年，随着现代信息技术手段的发展，技术手段给各个领域提供了不同程度的支持，全球教育治理将变得_____、_____、_____。共享全球教育相关数据、资料和信息，推动全球教育信息化、智能化治理的发展。

测试题 12：_____和_____作为一种经济方面的资本，能够很大程度上促进经济的发展。并且，在多年来的发展当中已经被各个跨国组织认可。在 20 世纪 60 年代，国际范围之内的相关组织还针对教育领域成立了专门的研究中心，并且使全球教育治理获得合理的地位。

测试题 13：联合国教科文组织密切关注全球教育治理问题，倡导实现_____，为所有儿童、青年和成人提供_____；促进_____，"全面人格的形成是教育目标的重要组成部分"；推进"包容、公平、优质教育"，着力提高_____。

测试题 14：社会变革加速，教育人本主义和人的全面发展的不断追求和探索，促使世界各国的国际组织积极寻求教育改革的_____，发展素质教育，以应对社会的发展，体现出参与全球教育治理的主动态势。

第二节　国际组织科学数据比较分析

一、经合组织（OECD）科学数据

美国、加拿大于 1947 年发起并在 1948 年成立了欧洲经济合作组织（Organization for European Economic Co-operation, OEEC），经济合作与发展组织正是以此组织为基础成立的，即我们现在所熟知的"经合组织"。欧洲经济合作组织成立的主要目的是在二战后的欧洲更好地施行马歇尔计划。伴随着时间的推移，越来越多的非欧洲国家加入该组织，其正式改名为经济合作与发展组织（经合组织）。1998 年以来，经合组织出版了 34 种期刊，涵盖经济、金融、教育、能源、法律、科学技术等领域；建立了 27 个在线统计数据库，不仅包含 34 个经合组织成员的数据，还包含其他非经合组织国家（地区）的数据；每年出版 9900 多本书、4490 份就业报告、96700 张图表和 200 多份其他出版物，涵盖以下领域：经济、教育、环境、科学和技术、运输、发展、金融和投资、社会问题、移民和卫生，国际能源机构的城乡和区域发展、工业和服务业及能源。自 20 世纪 90 年代以来，教育已成为经合组织的优先事项。随着该目标的确立，经合组织在全球教育部门的作用和影响变得更加突出（李星树，2021）。

经合组织数据库的数据总量是非常巨大的，能够进行在线统计。到目前为止，该数据库总共包含了英国、美国、智利、捷克、丹麦、芬兰、法国、德国、希腊、日本、韩国等多个经济体的数据，其有关信息包括相关方的 GDP、教育等数据。

科学数据，也被称作研究数据（或科研数据），指的是被收集在一起作为推理、讨论、计算基础的全部信息，尤其注重的是数字信息或实时信息，如统计结果、实验数量、测量结果、调查结果、图像等。

2004 年，经合组织发布《公共资助研究数据获取宣言》（*Declaration on Access to Research Data from Public Funding*）。此宣言的发布，就为不断地、更强有力地推动全球开放获取（Open Access, OA）运动的顺利展开提供了帮助。2007 年，经合组织发布《关于公共资助研究数据获取的原则与指南》（*Principles and Guidelines for Access to Research Data from Public Funding*），为研究数据开放共享确定了 13 条基本原则：①开放，即使用尽量少的成本给

国际研究界提供大量的、开源的数据访问。②灵活，即在研究探索数据访问协议，以及制定相关政策、指南等的时候，要考虑到灵活性需求，这样才能够最大限度地适应信息技术的发展、研究领域的特点，适应研究体系和国家法律文化体系的多样性，以及国家、社会等各个方面所带来的影响。③透明，即确保利用透明的检索数据，获得一些重要的数据文件、说明信息等。④遵守法律，即所制定出来的任何一个数据访问协议，都要严格地遵守相关法律法规，要切实地保护好相关方的合法利益。⑤保护知识产权，即在制定任何一项数据访问协议的时候，都要考虑到该国、该地区，乃至于全球各个国家和地区的知识产权问题。⑥正式责任，即在制定任何一项数据访问协议的时候，必须将与数据相关的各方面所应当承担的相应责任考虑进来。⑦专业化，即在制定数据访问协议的时候，需要尽可能地遵循团队标准，以行为守则所规定的价值观作为基础。⑧互操作，即在制定任何一项数据访问协议的时候，都需要主张并切实强调各项有关的国际数据文件标准。只有这样，才能够让科学数据无论是在技术层面，还是从语义角度，都具备互操作特性。⑨质量，即对于数据管理者及机构而言，在搜集、使用、管理相关数据的时候，必须严格地遵照特定的质量标准，确保数据信息的高质量。⑩安全，即研究数据必须确保其是完整无损的，而且需要有很高的安全性，并需要采取切实手段与措施，防止研究数据丢失、被破坏等。而存储数据所用到的各种设备还必须能够有效地预防高温、灰尘、电涌等环境风险。⑪效率，即尽可能地提高研究数据获得、共享、使用的效率，减少出现重复的现象。⑫可计量，即用户团体、负责机构等研究数据相关方，都需要定时针对数据访问协议有效性等各个方面的内容进行评估，从而才能够得到社会各阶层的接受、认可与支持。⑬可持续，此原则主要针对的是公共自主研究数据，即为确保此类数据的可持续性，就需要积极地使用一些行政手段、措施，一方面确保数据保存是长期性的，另一方面保证数据是可以持续性获得的（尤霞光、盛小平，2017）。

《关于公共资助研究数据获取的原则与指南》是国际组织首次制定的关于科学数据开放共享政策。自此以后，有很多其他的国际组织，如八国集团、欧洲研究理事会（European Research Council, ERC）、欧盟委员会（European Commission, EC）等相继制定了科学数据开放共享政策。

十余年来，经合组织一直都致力于改善、解决公共领域所存在的非常明显、严重的科学数据共享、获取问题。经合组织所颁发与实现的相关指南，也有力地指导了全球范围内各个国家和地区的科学数据管理政策、法规的制定与施行。如2004年1月，经合组织在其发布的《公共资助研究数据获取宣言》当中提到，全球范围内共计30个国家（其中就有中国）公开承诺，将开放、透明、专业、安全、效率等内容作为公共基金资助的研究项目的数据存取的主要目标。

而 2007 年《关于公共资助研究数据获取的原则与指南》的发布，对上述宣言的内容进行了更进一步的细化。此原则与指南明确提到，各成员在制定、完善科学数据共享有关法规政策的过程当中，应当尽可能地应用上述基本原则。除此之外，原则与指南还另外增加了一些新的内容，如弹性、长期性、品质等。

经合组织在《经合组织科学技术与工业展望 2012》（*OECD Science, Technology and Industry Outlook 2012*）中明确提到，未来全球科学的发展，都将愈发注重会并依赖数据驱动。然而，结合当前实际情况来看，科学数据开放的道路并非是一帆风顺的，而是受到了很多因素的限制、束缚，如行政、法律等。2013 年，经合组织在《探索数据驱动创新作为一种新的增长源泉》（*Exploring Data-Driven Innovation as a New Source of Growth*）中提出，数据是当前全球范围内各个国家塑造自己的核心竞争力、加强技术驱动的最重要、最核心的一个要素。

2015 年，经合组织发布《使开放科学成为现实》（*Making Open Science a Reality*）。其中提到互联网的快速发展，尤其是全球范围内各个在线平台的不断兴起与迅猛发展，让搜集、发布科学研究大型数据集得到了更加便捷的机会，也产生了很多新的发展机遇。不仅如此，网络与在线平台让科学发展得到了更加强而有力的数据驱动与支持；然而，针对国家开放科学相关的政策来说，很多国家和地区之所以会制定一些激励政策，最主要的一个目标就是能够更加顺利地为出版提供有关资金支持，因为基本上很少有国家会专门针对研究人员的开放数据行动制定出对应的激励政策或补偿机制。事实上，当前全球的科学文献获取开放程度都是比较高的，然而对比来看，有关法规制度是非常不完善的，相关配套政策也没有落实到位。为了能够更加有力地促进、推动各研究者之间进行数据共享，就需要制定出更有针对性且更有实效性的激励机制。此外，还需要分别在国际与国家两个不同的层级，就文件共享和数据重复使用制定更明确的法规。经合组织在《大数据促进创新以振兴经济和提高人类福祉》（*Data-Driven Innovation: Big Data for Growth and Well-being*）里面就提出了具体的、可以实施的建议方案，促进以数据为基础的科学研究，并积极参与相关法律规则的制定，如知识国家和开放数据组织利用大数据提高效率和促进知识共享。不仅如此，数据共享还需要有配套的关于专利保护、知识产权等方面的法规制度，这样才能够让知识信息共享具有法律基础。

经合组织发布的《关于公共资助研究数据获取的原则与指南》就明确提到，各个成员都需要结合本原则与指南去获取公共资助研究数据。对研究数据的使用和管理，虽说本原则与指南当中并没有提出具体的实施细则，不过，从中也能够很好地体现出各个成员的决心，而且各成员也做出了承诺，表示未来将会具体实施这些要求。

经合组织、粮农组织（全称联合国粮食及农业组织，Food and Agricultural Organization of the United Nations, FAO）、世界银行等其他联合国组织都保持着非常密切的关系。经合组织成立数十年，是全球范围内各个领域的比较统计、经济、社会各项数据的一个重要来源渠道，而这些数据涵盖国家财政、经济和社会发展等许多领域，如贸易、劳动力、就业、教育、旅游和环境等。经合组织提供的相关统计数据和数据分析类型包括现成图表、交互式数据库、报告等。这些丰富的数据给各种不同用户群体提供了指导和帮助，研究和知识获取所需的广泛科学数据资源。其用户群包括全球 2000 多个主要用户和 100 多个国家约 25 万个经合组织出版物用户，研究范围涵盖 210 个国家和地区，研究语言多达 32 种。

二、联合国教科文组织（UNESCO）科学数据

联合国是一个非常重要的世界性组织，其对于科学数据管理持有非常认真、严谨的态度，而且也采取了实际行动，这对所有国家及其他组织都带来了非常重要且深远的影响（黄如花、周志峰，2016）。联合国教科文组织一直致力于推动开放获取运动。2012年，教科文组织发布《开发和推广开放获取政策指南》（*Policy Guidelines for the Development and Promotion of Open Access*），其中就提到了科学数据开放共享：①开放获取可以带来巨大效益，如加快科学研究速度、效力和可见度，从而让相关专业人员、从业人员等获得切实的利益。②开放获取模式一般有三种，即 OA 周期模式下的"黄金路径"、知识库模式下的"绿色路径"、期刊订阅者和付费非期刊订阅者的开放获取模式下的"混合路径"。③OA 环境之下就形成很多全新的模式，如知识库科学交流模式、OA期刊科学交流模式等。④通过科学、合理的方案，能够最大限度地保证自由查阅符合版权法，例如，给予期刊出版商对其作品的版权，同时保留自由查阅的权利；允许自由访问他们的作品。⑤强制性开放获取政策是非常重要的。在此项政策当中，必须清晰地规定准入地点，发放许可，并予以公布等。

2003 年，教科文组织通过《国际人类基因数据宣言》（*International Declaration on Human Genetic Data*）。此宣言就提出倡议，用伦理道德准则去约束和规范人类基因科学数据的采集、处理、储存和使用。

2005 年，教科文组织与国际图联（全称国际图书馆联盟，International Federation of Library Associations and Institutions, IFLA）在信息社会世界峰会（The World Summit on the

Information Society, WSIS）上对科学数据共享相关问题展开了详细的探讨。同一年，教科文组织发布《全球科学信息共有倡议》（*The Global Information Commons for Science Initiative*）。此倡议大力鼓励人们用创新的形式，持续不断地、有力地推动科学数据的传播和合作使用，为分享经验、建立伙伴关系提供全球平台，制定和传播最佳做法的原则和准则。

2007年，"促进发展中国家科学数据共享与应用全球联盟（UNe-SDDC）"计划获得了联合国全球信息通信技术与发展联盟（United Nations Global Alliance for Information and Communication Technologies and Development, UN GAID）的批准。该计划由中国科学院（Chinese Academy of Sciences, CAS）牵头，国际科技数据委员会（The Committee on Data for Science and Technology, CODATA）等参与其中。此项计划最重要的目标是尽可能地缩短科学技术界发展中国家与发达国家的差距，并提出一项全球解决办法，促进发展中国家科学数据的应用和共享。

2009年，教科文组织、国际电信联盟（International Telecommunications Union, ITU）、联合国贸易及发展大会（United Nations Conference on Trade and Development, UNCTAD）和联合国开发计划署（United Nations Development Programme, UNDP）等共同组织 WSIS 论坛，召开"WSIS 存取行动线与数字科研行动线"会议，针对科学数据开放获取、知识可持续发展行动的具体实施方案进行了详尽的讨论。2011年5月，WSIS 论坛"Action Lines C3 & C7"会议针对开放获取出版、研究出版物与研究数据之间的关联进行了探讨。

2012年，教科文组织在"数字化时代的世界记忆：数字化和保存"国际会议发布《温哥华宣言》（*UNESCO/UBC Vancouver Declaration*）。此宣言就提出倡议："为了确保能够在未来获取今天创造的数据和产生的记录、避免数字失忆，人类面临着巨大的挑战"；此外，其更进一步强调了《世界人权宣言》（*The Universal Declaration of Human Rights*），即要最大限度地确保所有人都拥有获得相关信息数据的权利。另外，还需要通过制定法规政策，有力地保护好人民的这项权利，进而就可以有力地推动数据开放。

联合国是全世界的一个重要组织，其所进行的各种行动都是为整个世界所瞩目的。1999年，教科文组织下属国际科学协会理事会（International Council of Scientific Unions, ICSU）召开世界科学会议，并通过了《科学与利用科学知识宣言》（*Declaration on Science and the Use of Scientific Knowledge*），明确强调为公共领域的科学研究和教育自由获取信息资源，并要求建立自由获取信息的原则，发达国家和发展中国家应尊重信息平等和互利。ICSU 于1992年建立了促进发展中国家和转型国家获取可靠的健康信息的"科学出版物可获得国际网络"（International Network for the Availability of Scientific Publications, INASP）。2005 年 9 月 22 日，教科文组织在其 2006—2007 年拟议预算中呼吁会员采取措施，支持国际图联关于开放获取的提议，2007 年，教科文组织发表《关于知识获得与分享未来的克罗伯格宣言》（*Kronberg Declaration on the Future of Knowledge Acquisition and Sharing*），此宣言中一再强调，开放获取正是人们公平获取信息与分享知识最重要的基础。其中还提到，在今后会更加大力地鼓励并支持发展开放标准、开放数据结构。WSIS 对于数据开放是做出了非常巨大的贡献。由联合国大会第 56/183 号决议内容可知，WSIS 划分为两个不同的阶段，第一阶段是 2003 年 12 月 10 日至 12 日的日内瓦会议，第二阶段则是 2005 年 11 月 16 日至 18 日的突尼斯会议。

WSIS 是国家领导人的最高级别会议，是一个真正开放的进程，让包括政府、政府间组织、私营部门等各方利益相关者都积极、主动地参与进来。此会议最重要的一个目标就是建立一个以人为本、包容和面向发展的信息社会。在这样一个社会中，每个人都可以创造、获取、使用信息和知识，并让个人、社区和人民都可以最大限度地发挥自己的潜力，从而不断推动可持续性的发展，最终不断改善人们的生活品质。

三、欧盟（EU）科学数据

欧盟委员会对于科学数据自由贸易相关问题是高度关注与重视的。欧盟已经制订出一系列的计划方案（如 FP7 计划与地平线 2020 计划），主要都是为了能够切实地解决数据自由贸易方面的问题。这些计划的制订与实施给欧洲及各个成员的公共资助科学研究都带来了非常正面、积极的影响。这些计划也在资助开放获取领域的研究和支持活动的同时，有力地鼓舞和支持了各成员施行国家科学数据开放获取倡议，从而也让这些成员在欧洲研究领域得到了高效的沟通，并实现了协调发展的目标。科学数据开放获取是当前全球范围内科学领域及各个国际性组织研究、探索的热门话题，更是实践的重点内容（邱春艳，2016）。

欧盟委员会科学数据开放共享政策涉及以下几个方面：①受益者要保证免费获取全部研究结果的同行评审科学出版物，同时存储验证研究结果所需的研究数据。②受益者在出版之日或出版后 6 个月内，通过知识库免费获取现有出版物。③受益者需要保证识别现有出版物的书目元数据可通过知识库免费获取，并包含"欧盟""地平线 2020"等的名称、缩写，以及批准号、发布日期等信息。④研究数据必须存储于研究数据知识库当中，而且还需制订专门的措施方案，以便第三方访问、操作、使用、复制等。⑤受益者要利用知识库提供验证其结果所需的工具和仪器信息。⑥受益者要提供其他类型科学出版物的开放获取。⑦受益者可选择绿色或金色开放获取选项。⑧鼓励作者保留其版权，并许可出版商出版。⑨确定不同年度计划开放研究数据的试点范围。⑩明确当开放研究数据试点项目不符合"地平线 2020"条约的安全性和保密性要求时，可在任何阶段撤销开放研究数据试点项目。

关于科学数据共享法律法规的制定及相关配套政策措施的颁布，欧盟给予了高度关注与重视，也确定了基本的指导思想、指导原则及所需要实现的终极目标。在 2002 年的布加勒斯特泛欧大会上，欧盟发布了《布加勒斯特宣言——迈向信息社会：原则、战略和优先行动》（*The Bucharest Declaration Towards an Information Society: Principles, Strategy and Priorities for Action*），其中明确提到关于公共部门信息共享所需要遵循的基本原则，以及在实际共享信息的过程当中需要参考的一些指导性的思想准则。可以说，这一宣言的发布使欧洲科学数据共享法律规则与政策制度的确定有了可以参考的目标。

2003 年，信息基础设施咨询工作组（e-Infrastructure Reflection Group, e-IRG）成立。e-IRG 是欧盟的高层次战略研究组织，其主要的目的就是建设欧洲科研基础设施与开展科学数据管理，具体的工作任务则是从政策、咨询、监督等不同的角度出发，给信息基础设施相关战略的制定出提出参考建议与意见。e-IRG 各个成员也都深刻地意识到，对于当前及今后的科学研究工作来说，数据管理都是非常重要、非常关键的。因此，e-IRG 设立了一个专门的数据管理任务组（e-IRG Data Management Task Force）。2009 年，e-IRG 发布《数据管理报告》（*Report on Data Management*），其中针对数据管理计划、元数据及其质量等相关内容进行了具体的分析与详细的讨论。

2008 年，欧盟提出科学数据长期保存计划。2010 年，欧盟数字议程发布《弄潮：欧洲如何在科学数据潮流中成为赢家》（*Riding the Wave: How Europe Can Gain from the Rising Tide of Scientific Data*），此报告明确规定了 2030 年科学数据信息基础设施的发展愿景——支持数据的无缝访问、使用和重用，描述获取、管理和保留科学数据的挑战。此外，这份报告还提出了为了能够最终实现这个愿景而需要制定的战略方案，并规划了六项详细的行动建议。

GRDI2020 项目由欧盟"第七框架计划"（7th Framework Programme, FP7）资助。2011 年，GRDI2020 发布了报告《全球科学数据基础设施》（*Global Research Data Infrastructures*）。该报告详细介绍了当前建立的全球科学数据基础设施所面临的主要问题，以及未来可能会需要应对的挑战和危机。报告还提到了实现全球科学数据基础设施愿景的一系列建议方案，比如：支持多学科、跨学科、高水平的研究；提高数据强度；

开发新的数据工具；支持开放数据空间建设；开发和实现与数据和元数据相关的查询模型和语言；支持科学数据与文献的互操作性；等等。

欧盟的"第七框架计划"完成于 2013 年，在 2010 年开始的"欧洲 2020 战略"的背景下，又于 2014 年提出一个新的落地方案，即"地平线 2020——欧盟研究与创新框架计划"（*Horizon 2020: The EU Framework Programme for Research and Innovation*）。欧盟发布《研究数据电子基础设施：展望 2020 行动框架》（*Research Data e-Infrastructures: Framework for Action in Horizon 2020*），建议通过研究机构、科研者、出版方等各利益方的参与，共同设计并开放得到一个具有开放性与互操作性的电子研究数据基础设施。该框架在研究性质不断变化的基础上划分了七个行动领域，主要包括科学研究界的支持性数据服务、电子基础设施的认证和授权、与研究数据相关的技能和新职业等。

2013 年 3 月欧洲研究图书馆协会（LIBER）、欧洲研究开放获取基础设施项目（Open Access Infrastructure for Research in Europe, Open AIRE）和开放获取知识库联盟（Confederation of Open Access Repositories, COAR）联合响应该行动框架，在赞同其倡议的同时，还提出了一些建议。例如：建立两个涉及所有利益方并普遍适用于所有政策领域的执行方案，以支持发现、导航和使用研究数据；关注研究机构和研究活动的长期影响；研究机构和数据中心之间应建立明确的工作流程，解决人文科研数据、电子技术应用等问题。

欧盟开放共享的研究数据管理政策鼓励欧盟成员打破地理边界，尽可能在网上传播各种数据资源，符合开放科学的发展。从人员到大型研究基础设施，从软件到信息服务，所有资源都可以共享，目的是缩小成员之间的差距，通过开放实现共同发展。

可找寻、访问、交互、再用（findability, accessibility, interoperability, and reusability, FAIR）原则是欧盟制定数据战略、政策等最基础、最核心的一个指导原则（翟军等，2020）。长期以来，欧盟通过框架计划和地平线计划资助和促进相关领域的发展，了解社会发展的演变，通过相关项目和取得的研究成果形成制度、标准和政策，而政策被制定后又成为后续项目申请或实施的标准。政策会不断调整，以便更好地适应实际情况。这一点在《"地平线 2020"框架中科学出版物和研究数据的开放获取指南》（简称《OA 指南》，*Guidelines on Open Access to Scientific Publications and Research Data in "Horizon 2020"*）中体现得非常明显。政策要求开放数据共享的领域不断扩大，从开放一些核心领域的研究数据到开放所有支持项目的研究数据。在引入公平数据管理规范之后，欧盟正在施行进一步的项目来深化和实施该规范,实地研究结果将为后续的研究数据管理提供更具体、更有效的指导。

欧盟作为一个领土性的国际组织不同于其他国际组织，它为其成员制定了一项单一的宪法条约。作为其成员的代表，欧盟全面规划了研究基础设施的整合和开放，促进欧洲研究领域知识资源的流动和再利用，努力提高其在全球研究领域的地位，参与国际组织建设和国际法规制定，通过内部政策法规的制定和各项项目的实施，探索确认了其提出的"开放科学、开放创新、开放世界"的理念，再次站在开放获取运动的前沿。欧盟认识到，研究数据的开放将使整个学术交流界产生深远的变化。基于此，欧盟将研究探索数据利益相关者作为主要的内容，而政策和法规的制定直到最终公布是指在开放的科学环境下，以开放理念为重要的基础，让各方利益者的沟通更加高效，让各方都处于一个相对平衡的状态。

欧洲开放科学云平台（European Open Science Cloud, EOSC）在近些年得到不断的推进，各项治理工作也在持续不断地加深。因此，越来越多的利益方都积极参与到推广和应用 EOSC 的活动当中来。如"科学欧洲"（Science Europe, SE）就是由欧盟 27 个国家、36 个研究机构所组成的专业联盟，在科技数据管理与分析方面投入了大量的资金，而且"科学欧洲"还是欧洲科技政策最重要的利益方，同时也是 EOSC 执行委员会成员。SE 最重要的一个目标就是保持各成员机构在"研究数据管理"（Research Data Management, RDM）政策上的一致性，从而更好地满足"地平线 2020，2014—2020"（Horizon 2020，2014—2020）和"地平线欧洲，2021—2027"（Horizon Europe，2021—2027）研究框架计划所提出的科研项目数据管理相关标准、要求。

四、国际科学联盟（SI）科学数据

国际科学联盟（Science International, SI）是由国际社会科学理事会（The International Social Science Council）、世界科学院（The World Academy of Sciences）等多个组织所组成的一个全新国际性联盟。SI 最重要的目标之一就是不断改进改善、优化全球科学政策的制定，为全球的科学数据相关问题提供一个更加权威的发声渠道。为此，SI 针对科学数据开放共享提出了以下几个基本原则：①公共资助科学家本身有通过创造、传播新知识不断推动形成公众利益的责任，且在知识形成以后，还需尽快为他人提供相关的数据资料。②支持科学断言的数据要能够进行共享，而验证数据、声明还需要具备有一定的逻辑关系，这些相关数据信息都需要存储于难以访问、安全性与可靠性都比较高的知识库里。③研究机构、大学有责任为开放数据创设更加良好的环境，并尽可能提供关于数据管理、分析等方面的支持。④编辑有责任在评审的时候提供数据给对应的评审人员。此外，元数据、出版物均应是开源的、免费的。⑤资助机构需要将开放数据成本计算为

研究成本之一，还需尽可能提供政策支持、资源与资金扶持，以期更好地建设各项基础设施。⑥专业协会、学术界等都要为制定出更加科学、合理、高效的开放数据政策而提供建议，并尽可能为提高其成员的认知标准提供平台和机会。⑦图书馆、档案馆等负有提供数据服务、标准的责任，从而能够最大限度地保证数据是长期的、有效使用的。⑧在使用他人数据时，研究人员应参考其创建者、来源等。⑨开放数据应用于所有政府资助的科学项目，但出于公共利益的私人信息和安全信息等是不包含在其中的。⑩研究数据、元数据之间应具有互操作性。⑪尚未进入公共领域的研究数据，要经权利豁免、非限制性许可标明以后，才可以使用。⑫开放数据需尽可能和其他数据关联，以获得其最大价值。

五、国际科学技术数据委员会（CODATA）科学数据

国际科学技术数据委员会（Committee on Data for Science and Technology，CODATA）是 ICSU 的下属组织。此类机构的主要使命是更进一步地推动科学数据发展，因此 CODATA 的主要作用是推动和促进科学数据管理方面的广泛合作和交流，以及提供技术建议。

2014 年，CODATA 大会批准并更新了一些针对特定数据问题的组织机构，主要包括 2 个委员会（Committees）、10 个任务组（Task Groups）、5 个工作组（Working Groups）。另外，其还参与了地球观测组织（Group on Earth Observations, GEO）、研究数据联盟（Research Data Alliance, RDA）、世界数据系统（World Data System, WDS）设立的三个工作组。

CODATA 所提倡的理念是：科学数据是全人类所共同拥有的遗产。CODATA 一直致力于大力展开全球性的科学数据共享战略研究的开展与相关政策措施的制定。此外，CODATA 还积极展开了全球科学数据共享的联合行动计划，这一计划所涵盖的内容是非常广泛的，包括人类健康、材料科学、生物技术、生物多样性、地球科学、社会科学和综合科学等领域。

2004 年，CODATA 成立"人体测量数数据和工程学"（Anthropometric Data and Engineering）任务组，促进国际协调、收集和使用人体测量数据。

2008 年，CODATA 设立"地球与空间数据互操作"（Earth and Space Science Data Interoperability）任务组，促进地球科学数据和元数据的交流和全球一体化。

2010 年，CODATA 设立"全球道路数据开发"（Global Roads Data Development）任务组，着眼社会利益，力争改善国际科学数据使用情况，开通并更进一步开放国际社

会道路数据获得途径。

2012 年，CODATA 成立"推进微生物学信息学"（Advancing Informatics for Microbiology）任务组，促进和维持微生物研究数据的共用与共享，特别强调数据访问和使用的互操作性。同一年，CODATA 设立"全球灾害风险研究关联开放数据"（Linked Open Data for Global Disaster Risk Research）任务组，从而更加有力地推动了全球灾害风险数据的互联与共享。

2014 年，CODATA 成立"互操作数据出版物"（Interoperable Data Publications）任务组，更进一步提升科学数据互操作性，并为数据的顺利、便捷、高效的发布提供支持和帮助。

自 1968 年以来，CODATA 每两年组织召开一次国际学术会议，来自全球不同国家和地区的科学家汇聚一堂，就科学数据工作当前存在的主要问题及在今后所面临的一系列重大的挑战展开积极、热烈的讨论，并审查工作队的工作。第 23 届 CODATA 国际学术会议在 2012 年 10 月 28 日至 31 日于中国台北召开，此次会议将"开放数据与信息：变化中的地球"（Open Data and Information for a Changing Planet）作为主要议题，深入讨论了数据对未来地球的重要性、数据发布和知识管理的数据参考标准，会议还讨论了基于再分析的原始数据促进新科学生产等重要问题。这为协同知识管理的发展提供了新的方向。

此外，2014 年 11 月 2 日至 5 日，在印度新德里召开的国际科学数据大会由印度国家科学院承办，是 CODATA 和 WDS 这两大国际性组织第一次联手举办的国际科学会议。此次会议将"全球可持续发展的数据整合与共享"（Data Sharing and Integration for Global Sustainability）确定为主要议题，其目的是为数据领域的专家、学者和决策者提供一个国际平台，探讨数据服务对全球可持续发展的潜力，探讨全球数据挑战和数据开放的重要作用，探讨信息共享及科学、社会、经济和政策的数据整合。

一般情况下，CODATA 都是通过组织召开国际学术会议、专题工作组，以及经由各种不同的出版物等来进行一系列的学术活动。除此之外，CODATA 也积极、主动参与ICSU 所组织进行的项目，如为全球对地观测综合系统（Global Earth Observation System of Systems, GEOSS）和极地信息共享倡议制定广泛认可的"数据共享指南"等。截至目前，CODATA 处于运行状态的工作组共计 13 个，其中大多数和科学数据相关，包括风险数据、南部非洲发展共同体国家可持续发展的数据来源、数据标准和最佳做法工作组等。其中，全球科学信息共享计划（Global Information Commons for Science Initiative, GICSI）作为 CODATA 正在进行的项目之一，提出于 2005 年召开的信息社会世界峰会。此工作组启动以后，得到了教科文组织、ICSU 等多个国际组织的支持。GICSI 的目标主要有以下三个：

（1）通过研究和分析当前数据访问和共享的良好做法，提高对数据访问成本和收益的理解；

（2）研究并推动对成功的政策和法律模式的采用，以提供建立在可持续基础上的开放可用性；

（3）鼓励和协调国际科学界各利益相关方的行动，并制定和执行有效手段。

为了能够更好实现特定目标，CODATA 在陆续出版相关书籍之外还定期出版生物、环境、热学等学科的时事通讯，并发行电子期刊《CODATA 数据科学期刊》（*CODATA Data Science Journal*）等。

CODATA 于 1966 年成立，并在 1968 年召开第一次国际学术会议，之后每两年举办一次，被称为世界科学技术数据领域的"联合国会议"。第 20 届 CODATA 会议于 2006 年 10 月在北京举行，主题是"信息社会中的科学数据和知识"（Scientific Data and Knowledge within the Information Society）。2008 年 10 月在乌克兰基辅举行的第 21 届 CODATA 会议的主题是"为社会提供科学信息——从现在到未来"（Scientific Information for Society—from Today to the Future）。

CODATA 在 2002 年成立了 CODATA 发展中国家科技数据保护与共享任务组（The CODATA Task Group on Preservation of and Access to Scientific and Technical Data in Developing Countries）。此后，该任务组每年召开国际学术会议，2004 年 6 月在北京举办"科学数据保护与共享战略国际研讨会"，2005 年 9 月在南非举办"南非科学信息共享战略国际研讨会——健康与环境信息可持续发展"。

六、世界数据系统（WDS）科学数据

世界数据系统（World Data System, WDS）是将 ICSU 新学科有机融合后所得到的一个全新的科学团体，在 2008 年得到 ICSU 批准，于 2011 年开启。WDS 最为重要的工作任务是将 ICSU 使命与目标作为具体的对象，并以国际科学界及其他利益相关方为基础，构建得到一个全新的国际结构，在此结构的基础上提供科学驱动数据、产品。不仅如此，通过该结构，还能够实现实时访问数据的目标。WDS 在进行了科学、合理的发展规划及准确的质量评估以后，可以更加强有力地推动多学科联合，并为促进多学科发展做出巨大贡献，因此，WDS 的总体目标是为科学数据服务，确保产品与信息的普遍平等访问，确保服务的长期性、便利性，促进数据标准与规范的一致性，确保数据、战略协

调委员会产品与信息的质量保证，缩小数字壁垒，最终为科学发展提供更好的支持。

WDS 的政策体制可以通过该规定来体现。WDS 在建立国际项目办公室（International Program Office, IPO）后，为 ICSU 的批准和执行制定了章程（草案），WDS 成员制定任何一项相关规定时，都需符合 WDS-SC 所提出的认定标准与要求。WDS 成员的义务是收集、分析、分发科学数据和信息，包括归档和互联网支持在内，为更多相关的科学团体提供数据支持与服务。虽然 ICSU 无法为 WDS 成员的发展提供直接的资金力量，但是，其对于各个成员的发展无疑起到了非常有力的引导作用。此外，这些机构作为众多科学基础设施当中最为关键、核心的构成部分，需要本国和国际给予适当的资金支持。

WDS 是一个融合了多种类型机构的"数据系统系统"，以数据存储、管理和服务为核心的世界数据中心，是为科学规划提供服务的世界数据服务机构，提供数据分析和服务的世界数据分析服务中心、现有的数据管理和分发功能兼备的其他中心等机构通过统一的功能体系融合到新的 WDS 功能体系中。

2008 年，原 WDC 就开始尝试构建一个一站式数据服务系统——数据门户（Data Portal）。该数据门户最主要的目的是不断强化 WDS 对 ICSU 有关科学团队的数据交换管理与服务提供，是科学数据共享设施发展到一定阶段后的必然产物。对于科研工作者而言，通过这样的数据门户，可以更加高效、便捷地获得有关的科学数据资源及服务。这也是一种非常特殊的门户网站，其背后正是非常发达的 Web 技术。

OAI 是一个开放文档驱动程序。该协议得到了数字图书馆联盟的支持，NAO 元数据获取协议框架将所有的系统参与者划分为两大类型：一是数据提供者（DP），二是服务提供者（SP）。DP 是能够支持 OAI 元数据获取协议的元数据编辑器，而 SP 则利用 OAI 元数据获取协议从数据提供者处收集元数据，在此基础上为用户提供一站式、全方位的服务，根据统一标准以独特的方式连接到数字对象。

在 OAI 协议的实现方面，数据提供方应能接收收集器通过 Web 服务器发送的 6 条指令，并以 XML 格式返回相应的结果。可以将 HTTP 请求发送到指定的基本 URL，并且可以相应地分析收到的 HPPT。

如果一个数据中心需要连接到互联网，在进行元数据互操作的时候，则要进行下面的三个流程：首先，定义一个合理的数据集粒度，再对其进行详细的描述；其次，确定一个恰当的标准，构建元数据目录，例如 ISO19115、DIF 等；最后，建立一个符合 OAI-PMH 的目录服务，提供接口服务。

协议接口建立了德国不来梅 WDS 门户之间的元数据标准和采集接口，连接中国的地球系统科学数据共享平台（英文网站），WDS 门户可以通过该接口获取中国的数据资源，根据协议设置，WDS 门户将按照 ISO19115 元数据标准进行元数据采集，实现元数据互操作性。

小节练习

一、单项选择题

测试题 1：自 20 世纪 90 年代以来，（　　）已成为经合组织的优先事项，该目标确立后，经合组织在全球教育部门的作用和影响变得更加突出。

A. 经济

B. 教育

C. 发展

D. 文化

测试题 2：科学数据，也被称作研究数据（或科研数据），指的是被收集在一起作为推理、讨论、计算基础的全部信息，尤其注重的是数字信息或实时信息，如（　　）等。

A. 统计结果

B. 实验结果

C. 调查结果

D. 以上均是

测试题 3：早在 2004 年，经合组织签发了（　　），从而极大地推动了全球开放获取（OA）运动的开展。

A.《公共资助的科学数据开放获取宣言》

B.《公共资助的研究数据开放获取宣言》

C.《公共资助研究数据获取宣言》

D.《公共资助的研究数据开放宣言》

测试题 4：2007 年，经合组织发布了《关于公共资助研究数据获取的原则与指南》，为研究数据开放共享确定（　　）原则。

A. 开放

B. 灵活

C. 遵守法律

D. 以上均是

测试题 5：2007 年，经合组织颁布的《关于公共资助研究数据获取的原则与指南》，

要求其成员在制定、完善相关法律政策时，需应用上述原则，其中，增加或修订（　　）等原则。（多选）

A. 弹性

B. 长期性

C. 长期性

D. 安全

测试题 6：2003 年，联合国教科文组织（UNESCO）通过《国际人类基因数据宣言》，倡议以伦理道德准则规范人类基因科学数据的采集、处理、储存及使用（　　）。（多选）

A. 采集

B. 处理

C. 储存

D. 分析

测试题 7：欧盟制定了《欧盟条约》、各国信息公开法，还涉及科学数据共享保障体系相关多个领域，比如包括（　　）。（多选）

A. 技术平台

B. 数据保护

C. 网络和信息安全

D. 知识产权

测试题 8：（　　）原则是欧盟制定数据战略、政策的重要原则。

A. FAIR

B. OPEN

C. SHARE

D. APPROPRIATE

测试题 9：CODATA 工作组不断完善数据科学基础理论，特别是在（　　）方面，研究结果为制定相关的国际科学数据标准奠定了基础。（多选）

A. 科学数据基本概念标准

B. 科学数据引用标准

C. 大数据风险管理标准

D. 科学数据分析标准

测试题 10：2012 年，CODATA 成立"推进微生物学信息学"（Advancing Informatics for Microbiology）任务组，促进微生物研究数据的共用与共享，特别是数据（　　）的互

操作性。（多选）

    A. 访问

    B. 使用

    C. 分析

    D. 分享

二、填空题

测试题 11：2012 年，e-IRG 发布研究报告，为实现数字议程目标所需采取的行动提供指导，数据管理的互操作性为优先领域；强调为确保科学数据的跨学科利用，应鼓励相关项目；特别是，建议：_____；_____；_____。

测试题 12：_____是继学术出版物、教育资源后一个非常重要的开放获取资源，由此，也就让科学数据开放获取成为国际科学领域和国际组织研究与实践的热门话题。

测试题 13：2007 年，教科文组织发表了_____，强调开放获取是公平获取和分享知识的关键，还提出，将会尽最大努力鼓励并支持大力发展开放标准、开放数据结构，建立全球个人学习网络空间所需的信息架构和其他要素。

测试题 14：2005 年，教科文组织牵头发布了_____，鼓励通过创新模式促进科学数据的传播和合作使用，为分享经验、建立伙伴关系提供全球平台，建议制定和传播最佳做法的原则和准则。

测试题 15：2015 年，经合组织发布了_____报告，认为网络和在线平台为组织和发布科学研究中的大型数据集提供了新的机会，并让科学发展得到更加有力的数据驱动。

三、简答题

测试题 16：请简述欧盟委员会关于科学数据开放共享政策的主要内容。

测试题 17：请简述国际科学联盟的 12 条科学数据开放共享原则。

测试题 18：试比较国际科学联盟、国际科学技术数据委员会科学数据政策。

第三节　PISA 与全球教育治理发展

一、PISA 简介及发展

随着知识经济时代的到来，如何有效地控制国家人才培养质量、引导教育健康可持续发展，如何从质量的角度评价一个国家的综合教育，逐渐成为世界各国亟须解决的问题。要通过国际比较，促进和改善国家的教育政策和制度。然而，最初的评估体系没有包括各国普遍接受的指标，特别是缺乏用于评估知识和技能的可靠数据，这使得各国都期望有一套可靠和具有国际可比性的工具来评估教育制度。

为了满足这一需要，经合组织于 1995 年发起了 PISA 项目，并于 1997 年正式启动。经合组织最终确定了 PISA 的调查框架。PISA 衡量已经接受义务教育的 15 岁学生掌握了何种程度的参与社会生活所需的终身学习和解决问题的能力，强调阅读、数学和科学等关键领域的素养，把社会经济文化背景对学生学习的影响作为衡量教育系统公平程度的重要指标（陈法宝、曾杭丽，2021）。

2000 年，PISA 启动第一轮评估，此后每 3 年进行一次评估，阅读、数学和科学领域的一个学科被选为主要评估领域，另外两个学科被选为次要评估领域。每 9 年作为一个周期，综合评估学生学习新知识、选择学习方法及解决实际问题等诸多方面的能力。经合组织全面实施了 6 轮 PISA 评估，参与国从 32 个国家（地区）和经济体增加到 2015 年的 72 个国家（地区）和经济体。2006 年，中国教育部考试中心开始实施 PISA 2006 中国测试项目，上海于 2009 年加入 PISA 测试，并在 PISA 2009 和 PISA 2012 中总分排名第一，同时北京、上海、江苏和广东共同建立的中国组合（B-S-J-G，China）在 PISA 2015 中总分排名第十。

PISA 的测评框架由参与国专家共同设计，设计草案经 PISA 理事会审定实施。总的来说，框架从如下 4 个方面界定各领域素养测评的维度：学生应用所需各学科领域的知识、学生应用所需各学科领域的能力、学生遇到的问题情境和学生对学习的态度和倾向。

●阅读素养

关于阅读素养，PISA 2009 认为阅读是参与、分析并全面感悟文本材料的过程，在此过程中，个人可获得读物中的知识、丰富自我并提升自身知识。阅读素养还包括对材料的解释，思考和运用阅读技能实现个人生活目标的能力。PISA 强调阅读学习是为了学习而不是为了阅读，PISA 2009 阅读材料的形式包括：连续文本，如讨论文件、解释性文本等；不连续的文本，如图表、列表等；混合文本，即连续文本和不连续文本；多文本，多个单独的文本并排呈现，目的明确。PISA 对学生阅读能力的评价主要是通过不同的阅读任务和阅读过程来完成的，例如 PISA 2009 阅读检查的类型包括访问和研究、整合和解释、反思、评估和综合。

●数学素养

PISA 2012 将数学素养定义为"个人在各种环境中使用和解释数学的能力"，包括数学公式的推理及使用数学概念、工具来描述、解释和预测现象，这一素养可以帮助人们了解数学在现实世界中的作用，做出有根据的决定和判断，成为有建设性、参与性和反思性的公民。PISA 2012 数学知识评估包括三个方面：数量、空间和图形。通过设置不同的数学任务或数学过程，研究学生的数学表达能力、数学应用能力和数学解释能力的变化和关系、不确定性和数据。PISA 2012 评估的重点是与个人、社会和全球环境相关的数学应用领域或情况，如个人、社会、教育和职业及科学环境。此外，PISA 2012 还测评了学生的学习驱动力和动机、学习数学的信念及学生对数学活动的参与程度等。

●科学素养

PISA 2006 将科学素养定义为个人在以下几个方面的发展程度：①学习科学知识并对知识的来源有一定的了解，能够及时发现所观察到的科学现象中的科学规律，有足够的理论来支撑科学结论。②对人的认识明确。③深刻了解科技对于日常物质生活及精神生活的作用。④保持对科学的敬畏与追求，善于在生活中融入科学知识来看待生活中的事物，科学思考证据。PISA 2006 还从知识、能力、情境等方面对学生的科学素养进行了评价。在知识层面，PISA 评估学生识别科学问题的能力，通过不同的科学任务和类型来评估其解释科学现象和使用科学证据的能力。

●问题解决素养

PISA 2003 提出问题解决素养这一新的概念来评估学生在现实生活中解决问题的能力。问题解决能力评价主要从问题情境、问题情境性质和问题解决过程三个维度进行：问题情境分为技术情境和非技术情境，问题情境性质包括交互问题情境（如线性结构方程）和静态问题情境（如定义明确的问题和定义不明确的问题），问题解决过程包括理解、表达、计划和执行、监控和反思。此外，PISA 2015 将解决问题的文化转变为协作解决问题的文化，将原有的"个人"问题解决文化转变为"合作"问题解决文化，丰富了计算机测试评价的内涵，提高了问题解决文化评价的准确性。

●财经素养

财经素养是 PISA 2012 中增加的首个领域，旨在评估金融知识与应对风险等方面的能力，激发学生的学习动机，促进学生运用金融知识和技能处理一系列复杂的金融问题，提高个人和社会的金融福利指数和参与水平。财经素养从情境、知识、过程和能力 4 个方面进行分析，其语境囊括了家庭背景、工作背景、教育背景、个人生活和社会活动的背景。财经素养的知识领域包括货币和交易、金融规划和管理、风险和回报、金融环境，PISA 评估的财务能力主要包括识别财务信息、分析基本财务信息、评估财务问题、应用和理解财务知识等。PISA 项目从试题的编制到正式施测，以及评分与结果的解释都有非常严谨的质量保证程序，以保证 PISA 测试的可靠性和科学性。

●测试工具

PISA 理事会、国际联合局和经合组织秘书处共同制定评估指南，并选择阅读、数学和科学领域的专家，参与设计评估框架并指导 PISA 问卷开发。各个参与国或地区都需提交具体的测试问题，供国际联合局和每个参与国或地区审查，试题必须确保有准确的答案，在试题正式实施前，新选择的问题和使用的问题将在所有参与国测试，并据此调整和修改考试结果，以确定正式考试使用的问题，同时邀请参加考试的国家（地区）专家在正式考试前翻译成考试参与国家语言，学生用母语回答。

●抽样方法

PISA 随机选取一些学生，学生的教育过程没有限制，年龄范围在 15 岁 3 个月至 16 岁 2 个月之间的所有学生采用与概率和样本元素大小成比例的抽样（PPS 抽样）。采样范围为全日制教育学生，因为 15 岁的学生接受教育机构教育的机会不多，许多人没有去过教育机构或是在国外上学的经历。为了确保数据的可靠性及国际比较价值，PISA 预计，每个参与国或经济体至少需要 150 所学校的 4500 名学生（每所学校至少 20 名学生）作为核心计划的一部分进行测试，否则抽取符合要求的替代学校样本，学生回答率为 80%。

●试卷及测试形式

PISA 2012 有 4 个核心测评领域：数学、科学、阅读和问题解决，其中问题解决采用计算机测试。此外还有 2 个国际选项：财经素养（纸笔测试），计算机化阅读和数学测试。评估分为 2 个部分：素养、个人背景与学习情况问卷。素养测试的问题由问答题和选择题组成。每个模块都有 1 个文本或图表，说明学生在现实生活中可能遇到的问题。素养评估时间为 2 小时，但由于受试者的不同组合，总的评价时间约为 390 分钟，评价必须在学生就读的学校进行，每个评价的重点领域的测试时间占总测试时间的三分之二，数学大约需要 40 分钟。学生需要额外的 30 分钟来完成个人和家庭信息问卷，校长也需相应填写学校信息问卷并予以公布。除此以外，还有家长问卷、教育职业问卷和计算机熟悉程度问卷等供选择填写。

● 测试评分及结果报告

PISA 对于测试的评分方法及过程有严格的把握，并专门设置了试题本轮转程序、评分培训、多次计分、结果监督等控制环节以确保评分机制及测试过程有严格的程序限制，以促进其公平公正的最大化。PISA 在试测和正式测试之前都会组织评分专家参加国际培训，并由参与国际培训的专家对本地专家进行培训。

PISA 首先对答案、类别和代码进行分类，然后将其输入数据库管理软件，并将其转发给经合组织，由经合组织统一转换为标准分数。PISA 测试中选择题由计算机自动评分，问答题由专家评分，评分和分数独立，以确保最大限度的客观性。经合组织秘书处会在全部流程完成后出具一份文件，其中载有 PISA 评估的所有结果。

自 2006 年教育部考试中心引进并启动 PISA 以来，中国的公众、研究者抑或是政府官员对于 PISA 的关注度都有增无减。特别是上海在 PISA 2009 和 PISA 2012 中测评总分排名世界第一，引起了世界范围内对中国教育的关注，更引发了民间和官方学习中国教育模式的热潮。PISA 测试的优异成绩，不仅向世界展示了我国基础教育的质量，也证明了我国教育工作者、教育政策等方面确实存在有待研究之处。在这一背景下，我们更不应忽视阅读问题，PISA 考试应成为反思我国教育现状、完善教育政策、提高教育质量的重要参考。

目前，我国也已进入全面提高教育质量的阶段。对于如何进行科学、可靠、有效的教育评价，充分发挥教育评价的作用，促进教育质量的提高和学生的健康发展，保证教育管理和教育决策的科学性，PISA 测评和相关国家和地区的改革提供了有益的借鉴和启示。

● 构建更加公平的教育体系

PISA 通过对学生、家长和学校进行问卷调查，不仅关注学生在关键领域的成就，还关注影响学生学业成就的背景因素。由于社会经济差异和教育投资差异将在不同程度上影响学生的学业成绩，近些年，越来越多的国家和地区对教育制度进行了改革，使之更加公平。英国政府鼓励优质学校和弱势学校之间的合作，以期相应地提高整体教育水平。澳大利亚、奥地利、波兰等国对学前教育进行了大量投资，并将学前教育纳入公共财政支持的范围，同时逐步推进学前教育规划，逐步完善相应制度以确保学前教育工作有序且高质量进行。这些国家和地区的改革为我们提供了有益的借鉴。

●建立符合中国国情的教育评价体系

目前，我国的教育评价体系还存在着缺乏科学性和合理性、具有滞后性和片面性等问题，要建立符合我国国情的教育评价体系，借鉴国际学生评估计划先进的评估理念、科学的评估工具、全面的实施过程和严谨的评估方法，探索建立适合我国国情的教育评估模型的可能性。静态教育评价应转变为动态的教育评价体系，要关注教育质量的变化，顺应教育发展趋势，为调整教育政策、提高学校教育质量提供科学支持，促进评价对象和内容的多样化。将单一的学生评价转变为由家长、管理者、教师、学生和其他教育利益相关者组成的多元评价体系，建立校区评价数据库，以评价数据为基础促进教学质量和管理水平的提高。

●重视学生的全面发展

从 PISA 的指标体系和评价框架来看，PISA 一直强调学生素质，而不仅仅是考试的最终分数，因此在实际教学和评价中要逐步转变以分数为中心的教学和评价方式，注重培养学生的阅读能力、数学能力和科学素养。要注重理论知识与实践能力的协调发展，紧随时代变化调整教学大纲、创新教学理念；要打破传统的以教师为中心的教学方式，通过设计更合理、更贴近实际的试卷对学生及其表现进行评价。评价有利于所有学生的全面发展，PISA 用动态指标来评价学生，教育评价也应顺此思路，帮助学生认识到自身发展的多种可能性，促进学生的全面发展。

二、PISA 实施全球教育治理的路径

PISA 实施全球教育治理的路径主要表现在以下几个方面。

1. 通过扩大评估范围来衡量更广泛的技能和能力

经合组织认为，人力资本的概念不仅限于通过教育和培训获得的学术技能和能力，事实上，人力资本不是局限于市场的狭义概念，其范围及提高都有更多的内涵。经合组织通过扩大人力资本的内涵，也扩大了其衡量范围。2012 年，经合组织制定国际成人技能评估项目（Program for International Assessment of Adult Competencies, PIAAC），以测试16 岁至 65 岁的人在高科技环境中的各种能力，如算数及识字等。共有来自多个国家（地区）的 5000 名测试者接受问卷调查，均使用纸笔测试。该计划允许与 PISA "无缝连接"，评估内容也采纳了许多 PISA 的理念，但更强调可行性，尤其是"高科技环境下的问题解决能力"，即成年人的提取、分析、理解能力。所以，PIAAC 对于各国的教育目标的施行及政府的教育指导有着至关重要的推动力量，为决策者评价、监测和分析人力资本的发展提供重要参考（邵江波，2016）。

此外，经合组织可以通过"高等教育学习成果评估"（Assessment of Higher Education Learning Outcomes, AHELO）项目来分析各国之间的教育发展的质量。AHELO 可以从《美国新闻与世界报道》（*U.S. News & World Report*）等刊物了解到一些大学的动向，但其对世界各国学生的评价仍有待加强。AHELO 计划对大学生的一般技能和具体技能进行测试。一般技能，通常是指对于学生批判性思维的开拓、交流能力的培养，以及解决问题能力的促进。经济学和工程学两门学科综合评估学生在新情况下应用知识的能力，且二者的侧重点各不相同，共同助力学生综合素质的提高。不可否认，未来经合组织正式实施 AHELO 项目后，会对全球高等教育中的 PISA 的应用提供另一重助力。

2. 通过增大评估的规模以覆盖更多的国家和学校

2000 年的第一次 PISA 测试有 28 个经合组织成员和 4 个非成员参加，而 2012 年共计有 34 个成员和 31 个非成员参加，足足增加了 1 倍，由此可见 PISA 的影响力已经大大提升。2009 年中国上海首次亮相 PISA 后，中国吸引了全球关注。在中国上海参加 PISA 测试之前，芬兰一直在测试中表现优秀。然而中国的表现十分突出，许多亚洲国家如日本、韩国等都有优异的成绩，许多欧美国家都由此发现了东方国家的活力。美国发表了一份报告——《上海以外：建立在世界领先体系基础上的美国教育议程》（*Surpassing Shanghai: An Agenda for American Education Built on the World's Leading Systems*），对上海学生在 PISA 中的表现大加称道。这一结果震惊了美国，就像第二次"发射人造卫星"，大大推动了美国在中国和其他 PISA 考试成绩良好的国家寻找教育改革思路的过程。2009年，PISA 考试成绩最好的大都在东亚，即中国上海和中国香港，以及新加坡和韩国。尽管教育支出增长迅速，澳大利亚在这方面的成绩仍不突出，也由此导致了巨大压力。澳大利亚著名智库格拉坦研究所（Grattan Institute）于 2012 年发表报告《抓住机遇：从东亚最好的学校系统中学习》（*Catching up: Learning from the Best School Systems in East Asia*），对此做出反思。

除了在全球范围内逐步扩大其影响力外，PISA 还试图将其影响力扩展到学校层面。经合组织教育和技能局局长安德烈亚斯·施莱彻（Andreas Schleicher）的讲话显示了经合组织的"雄心壮志"：从长远来看，经合组织的教育评估是基于从课堂到学校、地区和国家及国际层面的多层次评估体系。它将在国际上产生重大影响，然后影响到更多的国家（地区），最终对不同国家（地区）的学校甚至教师产生影响。在英国和西班牙，PISA 也会逐渐发挥自己的强大优势来推动学校的教育质量的提高。基于 PISA 的学校测试也为一些国家（地区）的教育方针的确立做出了一定的引导，即一些国家（地区）的部分学校要求对学生进行 PISA 测试，因此，PISA 数据库其实是一个综合评价体系，可以对海内外的各个学校进行评估对比，进行有针对性的改进。这种功能操作也在无形之中扩大了 PISA 的应用范围。

3. 通过增强解释力为政策制定者提供更有说服力的证据

为提升 PISA 的影响力，经合组织着力增强 PISA 的解释力，并将其推广至各个国家（地区），期待其发挥成效后登上更大的舞台，为全球教育政策的确立发挥能动作用。除此以外，PISA 研究框架的合理性、标准的统一性和结果的可信度都使得其推广应用乃至登上国际舞台成为可能。各个国家（地区）也应该在这个过程中积极思考，结合自身的情况及教育特点来制定行之有效的教育改革政策。美国的教育改革就充分应用了 PISA 的优势：美国教育部要求经合组织的 PISA 专家规避无关因素，编写一份报告——《优秀的表现者与有力的改革者：PISA 给美国的教训》（*Strong Performers and Successful Reformers in Education: Lessons from PISA for the United States*）。

例如，PISA 在进行阅读、数学、科学等测试以外，为了了解家庭、社会及学生本身对于教育的认识与态度，也以学生为中心制定了各种各样的问卷调查表。学校校长也应接受问卷调查，以便更好地了解学校的环境及教学工作的进展。经合组织认为，收集学生的相关数据有助于更好地对症下药、提高教育质量。

经合组织正在通过将 PISA 数据与"教学和学习国际调查"（Teaching and Learning International Survey, TALIS）的项目数据相结合，分析 PISA 的走向，其中 PISA 调研了学生和校长的相关数据，TALIS 调研了教师和校长的工作，同时也记录了学校中的各种内容，包括学校氛围、学校领导等重要课题。关于教师工作的诸多方面也与 PISA 问卷一一对应。上海市教师在青年教育、培训和课堂教学效率等指标上均高于国际平均水平，其中最显著的一个结果是上海市教师具有较强的建构主义教学信念：99% 的教师认为应该给予学生一定的思考时间，切忌在提出问题后立即给出答案；96% 的教师表明学生的思考能力的培养是十分重要的。上海教师的这一理念成为上海学生在以解决问题为重点的 PISA 考试中表现突出的重要因素，因此 PISA 和 TALIS 的"合作"无疑会增强 PISA 的解释力。

三、PISA 对全球教育治理的影响

1. 树立兼顾公平与质量的标杆效应

经合组织认为教育的发展不应该脱离质量与公平的基本原则。2012 年，PISA 报告为促进教育均衡，共提出四条指示性意见：第一，不放弃基础较差的学生；第二，对贫困儿童进行财政补贴以确保教育顺利进行；第三，不放弃任何一个学生，平等对待全体学生；第四，将特殊儿童（如残疾儿童和少数民族儿童）纳入主流学校。

美国著名学者琳达·达林-哈蒙德（Linda Darling-Hammond）认为，美国对于金钱的作用不甚在意，这种观点从 20 世纪 80 年代一直沿用至今。然而芬兰、韩国等国家在 PISA 测试中获得的成功表明，应该不断加大对于教育的资金投入力度，尤其不能忽视对于贫困学子学习的支持。这不仅促进了高质量的教育发展，也遵循了公平公正的原则。这一原则基于各种优秀的案例经验，促使各国更加注重教育的均衡发展，也促使各国政府逐渐加大教育方面的扶持力度，拉脱维亚和越南等不发达国家也使用该原则在 PISA 测试方面取得了显著进展。

2. 推动课程标准的设置或修订

PISA 考试对教育的划定标准与学科关联不大，并设定了崭新的目标，这一目标被经合组织称为"识字"，指学生应用知识的能力，即在出现任何问题时，学生都能够利用自身所学去分析问题并解决问题，能够推断和沟通。在 PISA 等国际评估项目的统计数据的支持下，经合组织对其成员的识字概念和相关教育政策和实践进行了深入研究，通过广泛研究和专家咨询，在这一概念框架的基础上，将基本识字制度归纳为三个方面：人与社会，人与人，人与工具。经合组织的基本素质观对当前我国正在讨论的基本素质教育具有重要的启示意义，要通过基本素质指导中小学教学改革实践，没有基本素质，改革就没有灵魂。

PISA 指定的课程标准在各成员内部流传已久并获得一定的成效。美国与日本都根据 PISA 考试结果，结合各自的发展状况，规划了国家课程的崭新前景，以发展 PISA 考试的内在能力，提高学生的学业成绩。日本强调中小学生的"生活"能力，被认为是 PISA 型的学校能力考试。

3. 促使对绩效目标的重视

随着 PISA 的影响力越来越大，许多地方都已经意识到了绩效工作对于教育事业进步的重要性，也纷纷制定 PISA 考试等许多绩效目标。丹麦教育部设立了在 2010 年进入 PISA 考试前五名的排名目标；墨西哥设立了 2012 年达到 435 分的分数目标；日本政府于 2010 年执行有关规划，有望使日本学生在参加 PISA 考试的所有参与者中排名第一。综上所述，多数地方十分认可 PISA 的重要性，并做出各种措施以促进教育事业的顺利开展，提高学生各项能力的参与程度，促进学生全面发展，以提高优秀学生的比例。

日本将 PISA 的理念应用到"新增长战略"中，在市场发展的目标及经济前景都表明其更是一个全面的战略目标，要在公平公正的原则上，达到"高成就、公平"的预期效果。不仅如此，PISA 着力提高学生的活动积极性，近些年越来越重视参与性学习，人们关于这方面的重视度也在不断加强。

4. 建立全球教育体系的新标准

经合组织发起 PISA 评估是基于发达国家对基础教育质量的反思，经合组织及其成员认为，人类目前面临着"知识社会""信息社会"和"经济全球化"带来的各种挑战，各国基础教育在应对这些挑战时的表现并不令人满意。发达国家提出要重新审视建立新的教育水平的必要性，培养适应未来社会生活的公民，在新的标准下，通过跨国学生评价比较各国基础教育的质量。通过介绍促进各国基础教育改革与发展的成功经验，越来越多的国家（地区）或经济体参与到 PISA 评估之中，PISA 评估的影响力不断扩大，从 2000 年的 43 个经济体增加到 2018 年的 79 个经济体，每个经济体约有 150 所学校、4500～10000 名学生，参与经济体的总国内生产总值占世界国内生产总值的 90% 以上。这使 PISA 制定的标准成为世界公认的国际基准。

同时，PISA 评估领域也在不断扩大，从最初的阅读、数学和科学领域扩展到其他领域，如解决问题的能力、金融素养和全球能力，参与国或地区自愿选择参与。尽管这些扫盲领域不是学校课程的名称，PISA 也非基于对课程内容评估学校教育，但它们涵盖了学校课程的主要内容，将成为影响不同国家或地区课程改革的重要因素。各国和地区都在利用参加大型国际评估的机会，定位自己的水平，在全球教育协调发展的基础上，利用国际基准来找出自己的教育水平差距，力争突破教育发展的核心内容。PISA 标准因此已经成为真正意义上的世界教育体系新标准。

小节练习

一、单项选择题

测试题 1：经合组织于（   ）年发起了 PISA 项目，并于（   ）年正式启动。

A. 1995, 1996

B. 1995, 1997

C. 1996, 1997

D. 1996, 1998

测试题 2：PISA 把（   ）对学生学习的影响作为衡量一个教育系统公平程度的重要指标。

A. 社会经济文化背景

B. 课堂氛围

C. 课堂评估

D. 教师反馈

测试题 3：2000 年，PISA 启动了第一轮评估，此后每（　）年进行一次评估，阅读、数学和科学领域中的一个学科被选为主要评估领域。

A. 一

B. 二

C. 三

D. 四

测试题 4：PISA 的测评框架从（　）等方面界定各领域素养测评的维度。（多选）

A. 学生应用所需各学科领域的知识

B. 学生应用所需各学科领域的能力

C. 学生遇到的问题情境

D. 学生对学习的态度和倾向

测试题 5：PISA 对学生阅读能力的评价主要是通过不同的阅读任务和阅读过程来完成的。例如，PISA 2009 阅读检查的类型包括（　）。（多选）

A. 访问

B. 研究

C. 反思

D. 分享

测试题 6：目前，我国也已进入全面提高教育质量的阶段。对于如何进行（　）的教育评价，促进教育质量的提高，保证教育管理和教育决策的科学性，PISA 测评和相关国家（地区）的改革提供了有益的借鉴和启示。

A. 科学

B. 可靠

C. 有效

D. 以上均是

测试题 7：PIAAC 的主要目的是向各国政府公布教育方面的发展情况及市场的教育培训的走向，以此为决策者（　）人力资本的选择提供一定的依据。（多选）

A. 评价

B. 监测

C. 分析

D. 分享

测试题 8：经合组织呼吁在（　）和高质量之间平衡发展教育。

A. 公平

B. 合理

C. 正义

D. 分享

测试题 9：经合组织发起 PISA 评估是基于发达国家对（   ）质量的反思，经合组织及其成员认为，人类目前面临着"知识社会"带来的各种挑战。

A. 基础教育

B. 高等教育

C. 综合教育

D. 职业教育

测试题 10：PISA 除了做基础的科目测评后，还对学生做（   ），以此来了解家长的一些情况及学生的自身发展状况。

A. 采访

B. 问卷调查

C. 背景分析

D. 资格审查

测试题 11：我国教育的核心理念与经合组织核心素养的理念有许多共通之处，"核心素养指导、引领着中小学（   ）改革实践，核心素养是改革的关键所在"。

A. 课程教学

B. 课堂评估

C. 课堂反馈

D. 课程管理

二、填空题

测试题 12：2012 年，PISA 提出了促进教育的公平和高质量进行的四条政策：一是_____；二是扶持贫困儿童给予其求学的机会；三是_____；四是给予难以接受教育的儿童（如残疾儿童和少数民族儿童等）接受教育的机会。

测试题 13：1998－2003 年，经合组织开展了"素养的界定与遴选"（Definition and Selection of Competencies）项目，划分了各成员的有关教育政策的决策与规定，在广泛调研和专家咨询的基础上，提出了包括"_____""_____""_____"三大类别的核心素养的概念框架，并将核心素养体系概括为"_____""_____""_____"三个方面。

测试题 14：美国教育部为提高美国的教育质量，利用 PISA 测试的成果，专门请经合组织的 PISA 专家公平合理地编撰了一份名为_____的报告。

三、简答题

测试题 15：PISA 设立了各国教育的研究规定及促进公平的方法，请试着简述 PISA 对中国教育的具体影响及对中国教育改革的启示。

四、开放式论述题

测试题 16：PISA 在全球互联的格局下在教育治理上担负着举足轻重的责任。请试着分析 PISA 测试在今后应该如何持续发挥对全球的教育引领作用。

本单元小结与习题测试

本单元首先对全球教育治理、教育大数据概念和发展进行梳理，帮助读者理解全球教育的发展脉络，了解将大数据引入教育研究领域的内在原因；然后对国际组织科学数据进行介绍，帮助读者了解科学大数据在当今国际社会及跨国合作中的广泛应用和发展，明白科学数据在现实及教育领域研究中的应用意义；最后详细介绍了得到国际社会广泛认可的国际大型测试项目——PISA 测试，帮助读者深入理解 PISA 测试为促进全球教育治理所起到的良性作用，为读者学习教育数据分析方法奠定坚实的基础。

一、单项选择题

测试题 1：德国前总理勃兰特提出全球治理的概念，其出现于（　　）。

A. 20 世纪 60 年代

B. 20 世纪 70 年代

C. 20 世纪 80 年代

D. 20 世纪 90 年代

测试题 2：世界银行参与全球教育治理的方式主要是通过（　　），与联合国各专门机构等构建战略合作伙伴关系。

A. 提供教育援助贷款、技术支持

B. 知识生产与交流

C. 发布教育战略

D. 以上均是

测试题 3：经合组织发布的"2030 年教育计划"指出，未来教育将在以下各方面发生变化（　　）。（多选）

A. 教育目标与课程

B. 学习模式

C. 教学模式和教师教育培养模式

D. 评估模式

测试题4：目前，教育大数据政策研究主要包括（　　）等方向。

A. 教育大数据权属分配政策

B. 教育大数据安全政策

C. 教育大数据共享政策

D. 以上都是

测试题5：大数据技术为教育现状调查提供了更多的解决方案和思路，信息时代的教育数据具有（　　）的特点。（多选）

A. 产生速度快

B. 类型多样

C. 规模巨大

D. 范围广泛

测试题6：2013年，经合组织在《探索数据驱动创新作为一种新的增长源泉》报告中指出，（　　）已是提高市场优势与创新优势的重要部分。

A. 数据

B. 分析

C. 创新

D. 管理

测试题7：2007年，联合国教科文组织发布《关于知识获得与分享未来的克罗伯格宣言》，表明了（　　）的重要性。

A. 开放分享

B. 开放获取

C. 开放公平

D. 开放发展

测试题8：2002年，欧盟发布《布加勒斯特宣言——迈向信息社会：原则、战略和优先行动》，提出了公共部门持有信息的（　　）的基本原则。

A. 营利性

B. 互助性

C. 公益性

D. 分享性

测试题9：PISA测试的主要测试内容包括以下的（　　）。（多选）

A. 口语素养

B. 数学素养

C. 阅读素养

D. 科学素养

测试题 10：PISA 对于测试的评分方法及过程有严格的把握，为了保证测试的可靠性和国际评分的公平性和一致性，PISA 设计了（　　）环节。

A. 试题本轮转程序

B. 评分培训

C. 分类计分

D. 以上均是

二、填空题

测试题 11：目前，全球教育治理正朝着_____的方向发展。全球教育治理应秉持"_____"理念，加强全球教育治理、教育体系及管理工作都不应该忽视其重要性，三者缺一不可。

测试题 12：联合国教科文组织从成立至今，发布了诸多具有全球影响力的报告和宣言，引领了全球_____的趋势。

测试题 13：2015 年，169 个国家的领导人共同通过了《2030 年可持续发展议程》，制定了未来 15 年新的全球可持续发展目标。在教育方面，列出"_____"的目标。

测试题 14：教育大数据，顾名思义就是教育行业的数据分析应用。而大数据，则需要具备 5V 的特点（IBM 提出）：_____。

测试题 15：2004 年，经合组织已经发现了研究数据的公开能够_____，签署了《公共资助研究数据获取宣言》，以积极促进全球开放获取（OA）运动的开展。

三、简答题

测试题 16：科学数据的开放获取运动成为全球重要国际组织对于数据处理的重要趋势，2012 年，联合国教科文组织发布了《开发和推广开放获取政策指南》并提出科学数据开放共享的观点。请简述联合国教科文组织在科学数据关于此政策的实施办法。

测试题 17：欧盟委员会极力支持科学数据开放共享通道，各个成员之间已经制订了数据开放政策，并多方努力为数据及研究的开放筹谋资金。试比较分析欧盟与联合国教科文组织科学数据开放共享政策的异同。

测试题 18：请简述目前教育大数据的特征及其发展脉络。

测试题 19：全球教育治理的工作体系十分宏大，涉及多方利益主体，请简述参与全球教育治理的主体，并举例说明它们是如何参与全球教育治理的。

测试题 20：PISA 随着全球化的推进也逐渐在教育过程中发挥了自己的重要性与优势，也为全球教育事业的发展创造了优越的环境。请简述其对全球教育治理的影响。

第二单元

机器学习算法与教育数据挖掘

在后疫情时代，计算机技术日益成为教育过程中的一个重要组成部分；通过教育数据挖掘，对人类思维和学习因素等数据进行分析，将离散的数据线性化，揭示教育的客观规律，对于全球教育治理来说至关重要。

目前，全球教育治理数据呈现海量、多层和多维等特殊性，传统的研究方法将难以满足数据分析的要求。因此，将机器学习的方法引入全球教育治理的理念受到了教育界的广泛关注。机器学习应用是一个系统的工程，包括算法应用在内的诸多环节与步骤。本单元主要讨论机器学习的一些基本概念，阐述机器学习算法的原理和用途，对不同算法（决策树、分类与回归树、提升树和梯度提升等）进行详细的比较，并以支持向量机（Support Vector Machine, SVM）为重点，旨在能够利用机器学习算法对 PISA 和 PIRLS 等数据集等进行分析并提供指导。

第一节　预处理之数据集成与缺失值处理

一、数据集成（Data Integration）

在教育数据挖掘过程中，各项数据来源于不同的材料，根据研究的不同要求需要进行合并，合并时则需要考虑到数据冗余的问题。冗余不仅仅是指数据属性的重复，还有可能存在某一属性可以由其他属性导出的情况，例如，学生的学习能力属性可以由另外一个或一组属性导出。所以，需要使用相关性分析技术来判断一个属性与其他属性的关联强度，从而确定属性是否存在冗余。数据类型一般分成两种：标称数据和数值数据。标称数据一般只包含"是"或"否"两种不同结果，是有限的数据；而数值数据通常是无限取值的，比如 3.14，−0.4554 等。对于标称数据，常用的有 χ^2 检验；对于数值数据，通常使用相关系数和协方差来进行相关性分析。

1. χ^2 检验

χ^2 检验是通过观察样本出现频率来计算属性间的关联程度。对于属性 A 和 B，A 有 c 个取值 $a_1, a_2, …, a_c$，B 有 r 个取值 $b_1, b_2, …, b_r$，χ^2 值具体计算如下：

$$\chi^2 = \sum_{i=1}^{c} \sum_{j=1}^{r} \frac{\left(o_{ij} - e_{ij}\right)^2}{e_{ij}}$$

其中，o_{ij} 是 (A_i, B_j) 事件出现的频率计数，e_{ij} 是 (A_i, B_j) 事件的期望频率，即

$$e_{ij} = \frac{count(A = a_i) \cdot count(B = b_i)}{n}$$

2. 相关系数

对于属性 A 和 B，其相关程度具体计算如下：

$$r_{A,B} = \frac{\sum_{i=1}^{n}(a_i - \bar{A})(b_i - \bar{B})}{n\sigma_A \sigma_B}$$

其中，n 是数据的属性 A 和 B 组成的二元组 (a_i, b_i) 的个数，$\bar{A}$ 和 $\bar{B}$ 分别是数据在属性 A 和 B 上的均值，σ_A 和 σ_B 分别是数据在属性 A 和 B 上的标准差。$r_{A,B}$ 的取值范围在 $[-1,1]$。

$r_{A,B} > 0$时，属性A和B是正相关的，且$r_{A,B}$越大，正相关性越强；$r_{A,B} < 0$时，属性A和B是负相关的，且$r_{A,B}$越小，负相关性越强；$r_{A,B} = 0$时，属性A和B是没有相关性的，即二者是独立的。值得注意的是，二者之间的相关性并不能判定为因果关系，即A和B正相关并不能说明是A导致B还是B导致A。在这里举一个很典型的例子，一些研究表明学生的成绩与教师的反馈情况和教学适应性呈负相关，我们不能将这项结果简单理解为教师的反馈情况和教学适应性导致了学生成绩的下降。有一种可能的解释为：对于成绩落后的学生，教师们选择给予他们更多的关注和指导，因此他们在此项特征中得分较高。

3. 协方差（Covariance）

在概率论与数理统计中，协方差往往用于评价两个随机变量的共同变化趋势。对于包含属性A和B，一共n条数据的集合，属性A和B的协方差具体计算如下：

$$Cov(A,B) = E\big((A - \bar{A})(B - \bar{B})\big) = \frac{\sum_{i=1}^{n}(a_i - \bar{A})(b_i - \bar{B})}{n}$$

其中，$E(\cdot)$表示数学期望，$\bar{A}$和$\bar{B}$分别是数据在属性A和B上的均值。不难证明下式成立：

$$Cov(A,B) = E(AB) - \bar{A}\bar{B}$$

若属性A和B是独立的，则$Cov(A,B) = 0$；但值得注意的是，该命题的逆命题不成立，我们可以通过其逆否命题来判断属性A和B是否相关。即：若$Cov(A,B) \neq 0$，则属性A和B相关；若$Cov(A,B) < 0$，则属性A和B的变化趋势相反；若$Cov(A,B) > 0$，则属性A和B的变化趋势相同。

4. 如何使用 SPSS 进行 PISA 数据集成

数据预处理前，应根据研究问题确定所需变量、提取相应数据。如果选取的变量包含学生、学校等多个层次，相应地会生成多个原始文件，为了使后续处理更加高效便捷，可以将多个原始文件合并为一个。SPSS 可以利用相同的 ID 合并两个文件，示范如下。

步骤 1：依次打开学生、学校层面的两个文件，按照两个文件的共同变量即 CNTSCHID (school ID) 升序排列，可知 20 个学生分别来自 3 所学校（见图 2-1）。

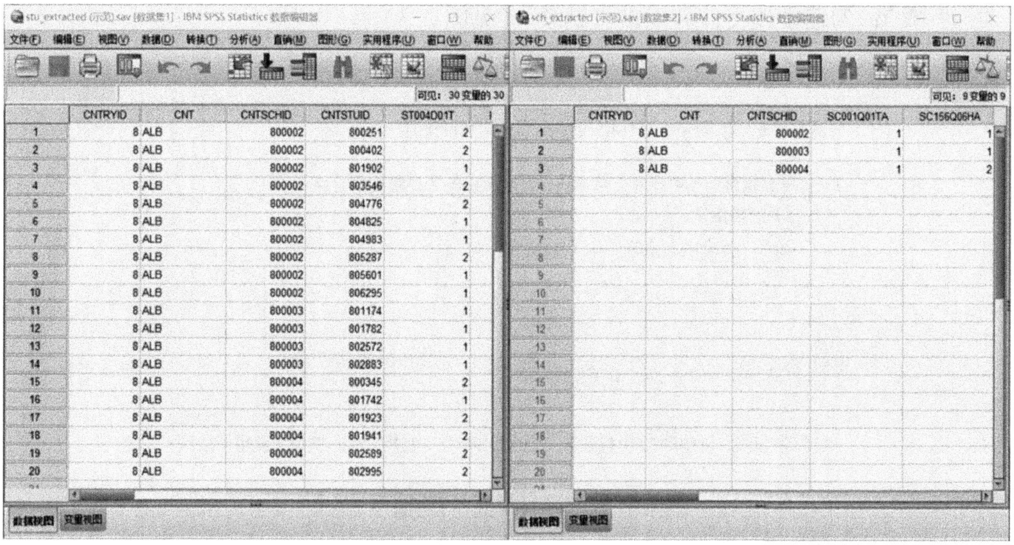

图 2-1　数据集成步骤 1

步骤 2：在学生文件中依次点击"数据"—"合并文件"—"添加变量"（见图 2-2）。

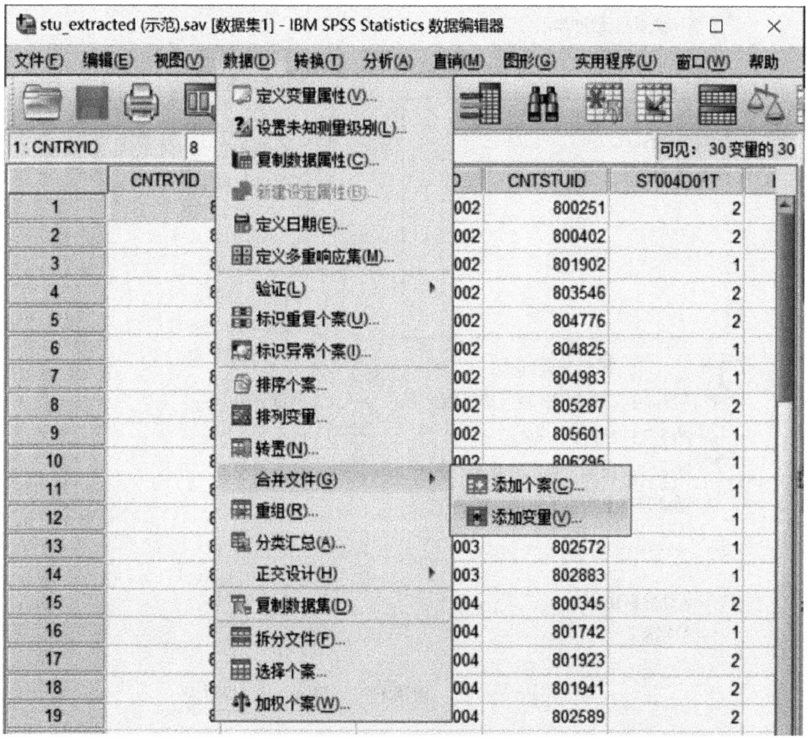

图 2-2　数据集成步骤 2

步骤 3：勾选学校文件并点击"继续"（见图 2-3）。

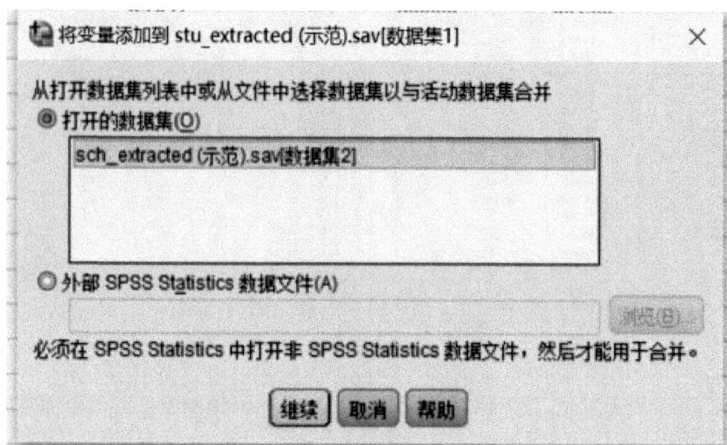

图 2-3   数据集成步骤 3

步骤 4：按照步骤将共同变量 CNTSCHID 添加到关键变量中（见图 2-4）。

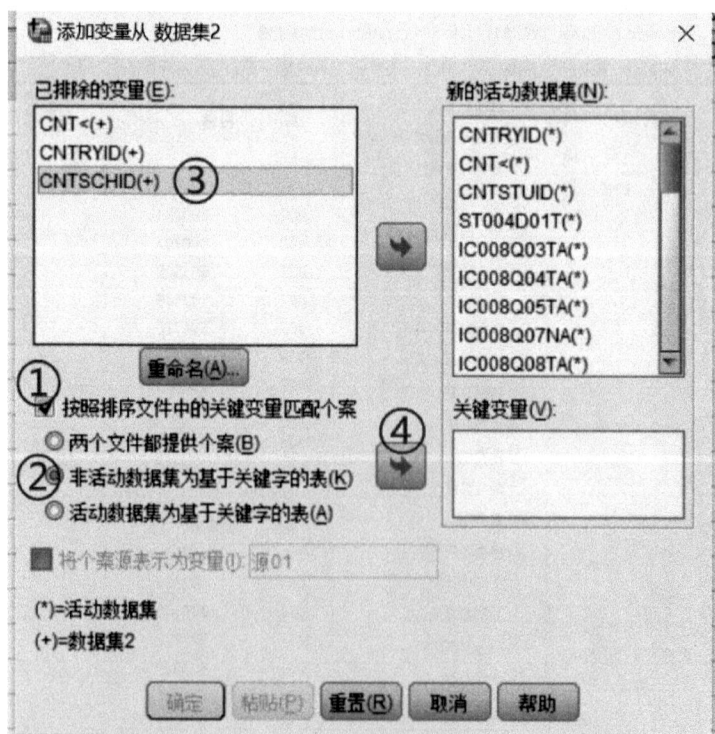

图 2-4   数据集成步骤 4

步骤 5：点击"确定"，可见学校变量已合并入学生文件中。另存文件，完成。

二、缺失值处理（Missing Value Handling）

为了满足研究需要，研究人员需要收集尽可能多的完整数据集，但数据的缺失仍然是目前数据分析中一个不可避免的问题。导致此项问题的原因很多，主要分为人为原因和机械原因。人为原因是人们的主观错误、历史局限或故意隐瞒而导致的数据缺失，例如：受试者有意避开或无意漏答问卷中一些问题；在研究较为敏感的或个人隐私相关的话题时，受试者选择拒绝回答相关问题。机械原因指由于无法存储数据或内存损坏导致的数据丢失。缺失值可分为完全随机缺失（Missing Completely at Random, MCAR）、随机缺失（Missing at Random, MAR）和完全非随机缺失（Missing Not at Random, MNAR）。MCAR 表示数据丢失是随机的，不依赖于任何不完整或完全变量；MAR 意味着数据丢失不是完全随机的，即此类数据的丢失取决于其他完整变量；MNAR 意味着数据丢失本身取决于不完整变量。

1. 缺失值删除法

对于少量缺失值，我们可以采取删除法进行处理。此处讲解如何运用 SPSS 23 在不进行特定统计分析的情况下单独执行 listwise deletion，删除所有含缺失值的个案，其在 SPSS 23 中的操作步骤如下。

步骤 1：首先确认"变量视图"中的缺失值是否赋值，这是为了保证 SPSS 可以准确识别缺失值（见图 2-5）。

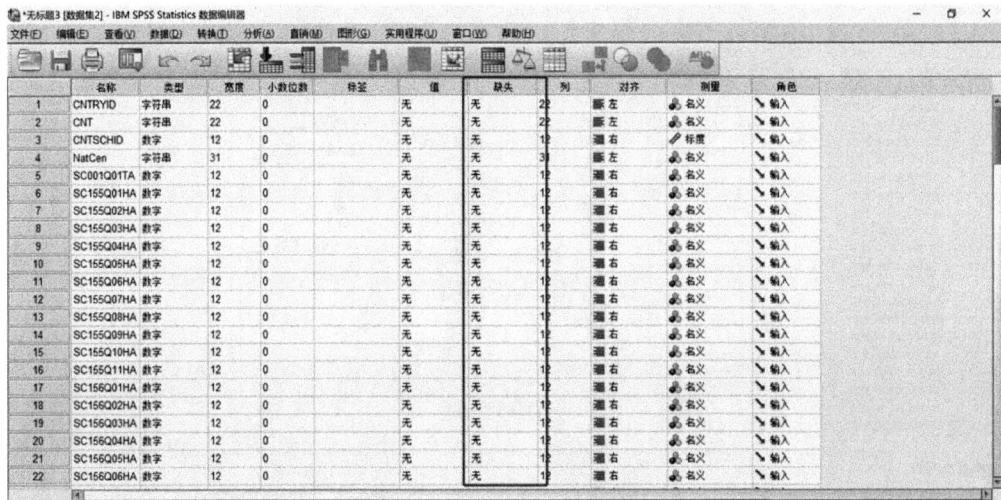

图 2-5　缺失值删除步骤 1

步骤2：在菜单栏中点击"数据"—"选择个案"（见图2-6）。

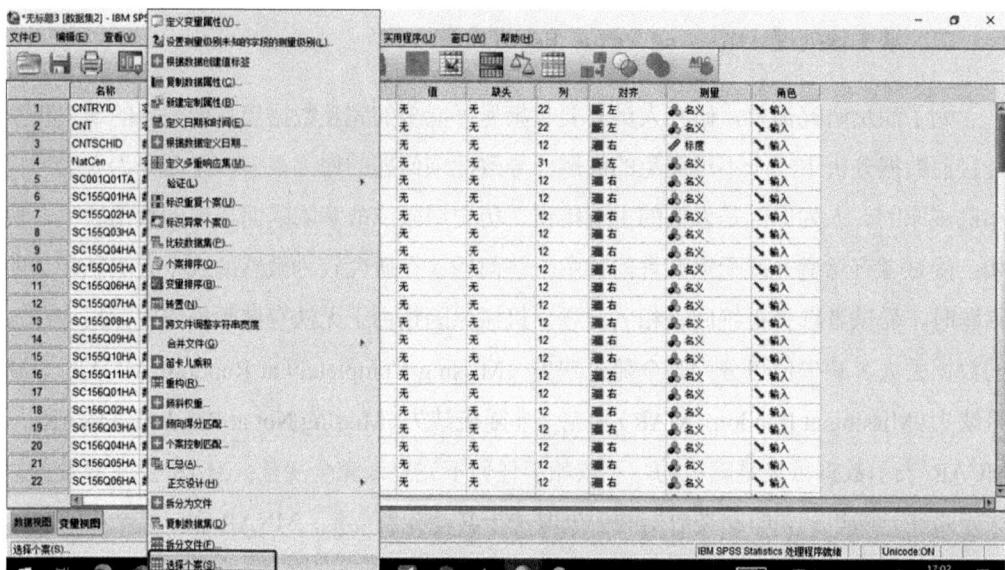

图2-6　缺失值删除步骤2

步骤3：在弹出菜单中选择"如果条件满足"，打开"如果"选项框，输入指令MISSING（变量1）＝0 & MISSING（变量2）＝0 & …MISSING（变量 n）＝0（变量名请按需更改），意思是选择所有不含缺失值个案，然后点击"继续"（见图2-7）。

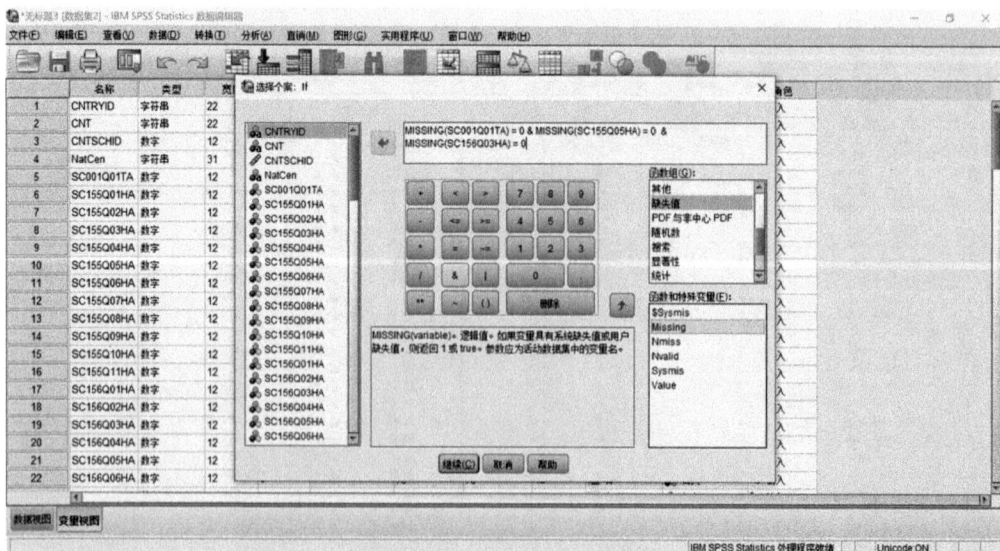

图2-7　缺失值删除步骤3

步骤 4：在"输出"中选择"删除未选定个案"，意思是删除所有至少含一个缺失值的个案，点击"确定"，完成。通过更换条件指令，此操作适用于选择或删除任何个案（见图 2-8）。

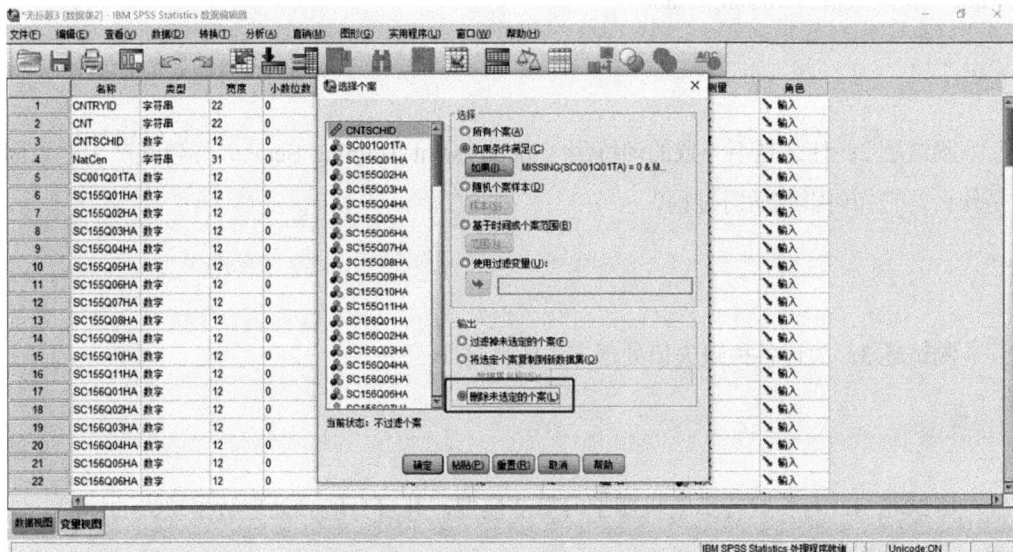

图 2-8　缺失值删除步骤 4

2. 常见缺失值填充方法

如果数据集中只有少量数据存在缺失值，可以直接把缺失的数据删除。但若遇到存在大量缺失值的情况，删除数据会降低研究的准确性，这时就需要对缺失的数据进行填充。对于高维数据，可以通过删除缺失率较高的特征来减少噪音特征对模型的干扰。但是，在机器学习的应用中，比如使用决策树模型训练数据时，直接删除缺失严重的特征会稍微降低预测效果，因为树模型自身在分裂节点的时候会自动选择特征并确定特征的重要性，缺失严重的特征重要性会等于 0。这就像 L2 正则化一样，对于一些特征进行惩罚，使其特征权重等于 0。所以很多情况下，直接删除缺失严重的特征会误删一些对模型有些许效果的特征。因此，除去上述直接删除含有缺失值数据的策略，还可以采用"缺失值插补"的策略。该策略在机器学习中应用广泛，主要包括以下缺失值插补方法：均值插补（Imputation by Mean）、同类均值插补（Imputation by Class Mean）、极大似然估计（Max Likelihood）和多重插补（Multiple Imputation）等。除了上述的插补方法，还有如 K 近邻算法、随机森林等机器学习方法均可用于缺失值填充。不同的填充方法对模型预测结果会有不同的影响。

小节练习

测试题 1：请解释以下类型的数据属性：无关值（Irrelevant Value）、冗余值（Redundant Value）和缺失值（Missing Value）。

测试题 2：什么是不一致的训练集（Inconsistent Training Set）？导致其产生的原因是什么？它如何影响学习过程？

测试题 3：简述各种缺失值处理方法的优劣。

测试题 4：有一些特殊的机器学习算法模型，其自身能够处理数据缺失的情况。请找出这些模型并阐释其处理机制。

测试题 5：如果某特征的缺失量过大，该如何进行处理此？在前人研究或相关书籍中是否能找到该处理方法的相关依据？

测试题 6：请阐述缺失值产生的几种常见原因。

测试题 7：从 PISA 官方数据库下载 PISA 2015 Student questionnaire data file（https://www.oecd.org/pisa/data/2015database/）和 School questionnaire data file，根据 SCHID 将二者进行合并。

测试题 8：从 PISA 官方数据库下载 PISA 2018 student questionnaire data file（https://www.oecd.org/pisa/data/2018database/），使用 SPSS listwise deletion 对缺失值进行处理。

第二节　机器学习的分类

随着教育数据开始呈现海量、复杂多样、变化快的特性，很多经典的统计分析方法难以挖掘其中丰富的信息和知识。因此，将机器学习引入教育大数据来进行教育数据挖掘（Educational Datamining）和学习分析（Learning Analytics）成为教育界的学者们共同关注的话题。机器学习从本质上来看是一个存在着丰富学科交叉的领域，它不仅吸取了人工智能、概率统计、计算复杂性理论、控制论、信息论等复杂的知识结构，还吸收了哲学、语言学、生理学、神经生物学等学科的成果。机器学习的目的是利用计算机模拟人类的学习行为。计算机学习、分析和理解数据，揭示数据内部知识，以便不断提高自身性能并实现自我完善，其中，"学习"是指计算机从数据中学习。一般来说，机器学习包括监督学习（Supervised Learning）、无监督学习（Unsupervised Learning）和半监督学习（Semi-supervised Learning）（见图 2-9）。

一、监督学习

顾名思义，监督学习算法需要监督来训练模型。在分类的情况下，数据经过提前标记后运用于训练模型，使其预测未见过的数据标签，此时，这种监督通常是必要的。监督学习方法或算法具体包括在模型训练过程中接收数据样本（称为训练数据）和与每个数据样本相关联的输出（称为标签或响应）的学习算法，主要目标是基于多个训练数据实例来学习输入数据样本 x 与其相应输出 y 之间的映射或关联，其所学习的知识可用于将来预测任何新输入数据样本 x' 的输出 y'，该样本在模型训练过程中无法事先得知或不可见。这些方法被称为有监督的，因为模型学习的数据样本中，期望的输出响应/标签已经在训练阶段事先得知。

监督学习基本上是试图从训练数据中建立输入和相应的输出之间的关系模型，以便根据先前获得的关于输入和目标输出之间的关系和映射的知识，预测新数据输入的输出响应。监督学习方法是两大类基于类型的机器学习任务，其目标是解决分类（Classification）和回归（Regression）这两种问题。

监督式学习（Supervised Learning）　　　无监督式学习（Unsupervised Learning）

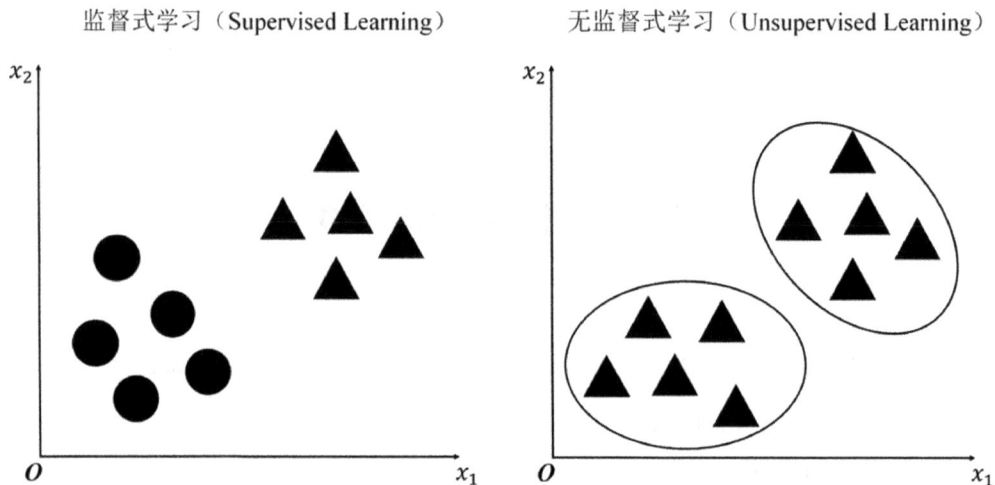

图 2-9　监督学习和无监督学习

1. 分类（Classification）

基于分类的任务是有监督机器学习下的一个子领域，其主要目标是根据模型在训练阶段所学习的知识，预测输入数据的输出标签或分类响应。这里的输出标签也称为类或类标签，它们本质上是分类的，这意味着它们是无序和离散的值。因此，每个输出响应都属于特定的离散类。

在这里，我们举一个预测一个水果是否为苹果的简单案例。假设我们正在尝试根据多个输入数据样本来预测一个水果是否为苹果，样本特征包括大小、颜色和味道三种属性或特征。由于预测结果有"是"和"否"两种，因此，这个问题也可以称为二元分类问题。图 2-10 描述了此项二元分类任务，该任务基于对输入数据样本（每个数据样本/观测值的特征向量）的监督模型进行训练，并对一个新的水果进行预测，判断其是否为苹果。

样本	大小	颜色	味道	是否为苹果
1	小	红	甜	是
2	大	紫	酸	否
3	小	红	酸	是
4	大	紫	甜	是
5（新样本）	大	红	酸	?

图 2-10　苹果预测案例特征

不同类别的总数超过两个的任务变成了多类别分类问题，其中每个预测响应可以是该集合中可能的类别中的任何一个。一个简单的例子是从扫描的手写图像中预测数字，此时它变成了一个 10 类分类问题，因为任何图像的输出类标签都可以是 0 到 9 之间的任何数字。在这两种情况下，输出类都指向一个特定类的标量值。多标签分类任务基于任何输入数据样本，输出响应通常是具有一个或多个输出类标签的向量，比如：我们可以通过机器学习技术预测一篇新闻文章的类别，而这篇文章可能有多个输出类——新闻、金融、政治等。目前比较流行的分类算法包括 logistic 回归、支持向量机、神经网络、随机森林和梯度提升树、K 近邻、决策树等。

2. 回归（Classification）

以价值估计为主要目标的机器学习任务可以称为回归任务。基于回归的方法是在输入数据样本上进行训练的，这些样本的输出响应是连续的数值，而分类则是离散的类或类别。回归模型利用输入数据的属性或特征（也称为解释变量或自变量）及其相应的连续数值输出值（也称为响应变量、因变量或结果变量）来学习输入与相应输出之间的特定关系和关联。有了这些知识，就可以预测新的、看不见的数据实例的输出响应，类似于分类，但具有连续的数字输出。以下是几种常见的线性回归模型：

（1）简单的线性回归（Linear Regression）模型。这一模型用一个特征或解释变量 x 和一个响应变量 y 对数据进行关系建模，其中目标是预测 y。普通最小二乘法（Ordinary Least Squares, OLS）等方法通常用于在模型训练过程中获得最佳线性拟合。

（2）多元回归（Multiple Regression）。这种方法试图对数据建模，其中在每个观察中有一个响应输出变量 y，但多个解释变量以向量 X 的形式出现，而不是单个解释变量。这个想法是根据 X 的不同特征来预测 y。

（3）多项式回归（Polynomial Regression）是多元回归的特例，其中响应变量 y 被建模为输入特征 x 的 n 次多项式，基本上是多元回归，输入特征向量中的每个特征都是 x 的倍数。

非线性回归方法试图基于应用于输入特征的非线性函数和必要的模型参数的组合来建模输入特征和输出之间的关系：

（1）套索回归（Lasso）是一种特殊的回归形式，它进行正态回归，通过正则化及特征或变量的选择，很好地推广了模型。Lasso 代表最小绝对收缩和选择算子。L1 范数通常用作套索回归中的正则化项。

（2）岭回归（Ridge）是另一种特殊的回归形式，它执行正态回归，并通过执行正则化来推广模型，以防止过度拟合模型。在岭回归中，通常使用 L2 范数作为正则化项。

广义线性模型是一种通用框架，可用于对预测不同类型输出响应的数据进行建模，包括连续、离散和有序数据。像 logistic 回归这样的算法可以用于分类数据，有序 probit 回归则被用于顺序数据。

二、无监督学习

在研究中，我们常常会面临这样的问题：缺乏足够的先验知识，难以人工对数据标注类别，或者进行人工类别标注的成本太高。这时我们希望机器能帮助我们完成这些工作。不同于监督学习，无监督学习在训练模型时不需要来自数据的监督。这方面的一个典型例子是聚类（Clustering），简单来说，计算机可以帮助我们把相似的样本聚在一起，而我们并不关心这一类样本具有怎样的特征。这些新发现的标签可以被用来作为对任何新的未见过的数据进行分类的基础。无监督学习的另一个例子是关联规则，它包含了补充和替代的概念。补充指的是一种现象，即如果一个购物者购买了 X，那么在高度肯定的情况下，他也会购买 Y。

三、半监督学习

半监督学习方法介于监督学习和非监督学习之间。这些方法通常使用大量的无标签的训练数据（形成无监督的学习组件）和少量的预先标记和注释的数据（形成有监督的学习组件）。半监督学习可以通过多种技术实现，包括生成方法、基于图的方法和基于启发式的方法。一个简单的方法是基于标记的数据建立一个有限的监督模型，然后将其应用于大量的数据，再将同样的方法应用于大量未标记的数据，以获得更多的标记样本，在这些样本上训练模型并重复这一过程。另一种方法是使用无监督算法对类似的数据样本进行聚类，手动注释或标记这些组，然后在未来使用这些信息的组合，这种方法用于许多图像标签系统中。

小节练习

测试题 1：请简述机器学习的一般步骤，并以流程图的形式表示。

测试题 2：请说明什么是监督学习和非监督学习，并各举一个例子。

测试题 3：简述训练集和测试集数据的作用与区别。

测试题 4：请说明分类和回归问题的区别，并各举一个例子。

测试题 5：请解释什么是过拟合？为什么会出现过拟合的情况？我们应该如何应对？

测试题 6：请简述 bootstrap 数据的含义。

测试题 7："过拟合是有监督学习的挑战，而不是无监督学习"的说法是否正确？为什么？

测试题 8：回归问题和分类问题都有可能发生过拟合吗？请说明理由。

测试题 9：聚类分析有哪些主要距离度量方法？请列举三四种。

第三节　模型的评估与性能度量

一、欠拟合与过拟合（Over-fitting & Under-fitting）

在训练模型中，我们通过训练数据以在假设空间中寻找一个最优假设，也就是最优模型（Optimal Model）。那么我们该如何评价模型是否为最优的那一个呢？一般情况下，我们希望得到能够在新样本而非原有样本上具有较好表现的模型。为了达到这个目的，我们应该从训练样本中尽可能发掘出适用于所有其他样本的"普遍规律"，这样的模型才能在处理新样本时做出正确的判断。然而，如果模型把训练样本学得"太好"了，可能会将训练样本自身的特质当作普遍性质，这就会导致这个模型的适用性即"泛化性能"下降。在机器学习中，我们把这种情况称为"过拟合"（Over-fitting）。与"过拟合"相对的则是"欠拟合"（Under-fitting），指模型对训练样本的普遍性质尚未学好，并不具有泛化能力（见图 2-11）。

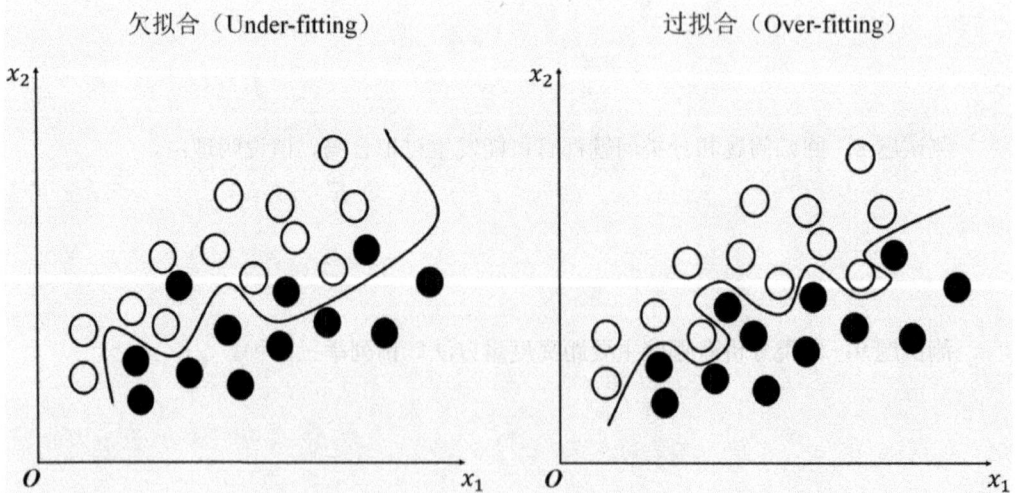

图 2-11　欠拟合与过拟合

二、模型的评估和性能度量

评估模型时，需为测试保留一定数量的样本，并将剩余部分用于训练。用于训练（或测试）的样本可能不具有代表性。一般来说，我们无法判断样本是否具有代表性。一个普遍的方法就是：用不同的随机样本重复几次训练和测试的整个过程。通常，我们需要先选定一个"测试集"（Testing Set）来测试模型对新样本的判别能力，然后用"测试误差"（Testing Error）作为泛化误差的近似值。但需要注意，测试集需要与训练集不重合。下面我们将介绍其中最为常见的模型评估方法，即交叉验证法。

交叉验证法（Cross Validation）指将数据集划分为 K 个大小相同的互斥子集，即 $D = D_1 \cup D_2 \cup D_3 \cup ... \cup D_k, D_i \cup D_j \neq \emptyset (i \neq j)$。其中，每个子集 D_i 都是从 D 中通过分层采样得到，这样才能保持数据的统一性。然后，每次用 $K-1$ 个子集的并集作为训练集，余下的子集则作为测试集；这样就可获得 K 组训练/测试集，最终返回这 K 个测试结果的平均值。可以看出，交叉验证法的评估结果稳定性很大程度上取决于 K 的取值，因此我们通常把交叉验证法称为 "K 折交叉验证"（K-fold Cross Validation）。其中，K 最常用的取值是 10，此时的结果会更加精准；其他常用的 K 值有 5、20 等。图 2-12 给出了十折交叉验证的示意。

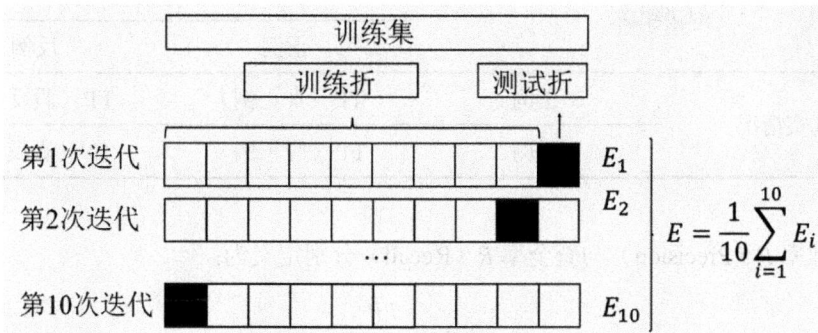

图 2-12　十折交叉验证示意

当然，对模型的泛化性能进行评估，不仅需要通过实验，还需要有衡量模型泛化能力的评价标准，这就是我们所说的性能度量（Performance Measure）。简单来说，在一项预测任务中，我们先给定一个样例集 $D = \{(x_1, y_1), (x_2, y_2), ..., (x_m, y_m)\}$，其中 y_i 是示例 x_i 的真实标记。要评估模型 f 的性能，我们就要把模型预测的结果 $f(x)$ 与真实标记的 y 进行比较。

$$E(f;D) = \frac{1}{m}\sum_{i=1}^{m}(f(x_i) - y_i)^2$$

1. 错误率与精度

错误率指分类错误的样本数量占样本总数的比例，与其相对，精度指分类正确的样本数量占样本总数的比例。

$$E(f;D) = \frac{1}{m}\sum_{i=1}^{m} \amalg(f(x_i) \neq y_i)$$

$$acc(f;D) = \frac{1}{m}\sum_{i=1}^{m} \amalg(f(x_i) = y_i)$$

2. 查准率、查全率和F1

针对二分类问题，我们可将样例根据其实际类别与模型预测的类别的组合划分为真正例（True Positive，TP）、假正例（False Positive，FP）、真反例（True Negative，TN）、假反例（False Negative，FN）四种情况。其中，假设 TP、FP、TN 和 FN 分别表示其对应的样例数量，则有 TP+FP+TN+FN=样例总数，其分类结果如表 2-1 所示。

表 2-1　分类结果混淆矩阵

混淆矩阵		预测情况	
		正例	反例
真实情况	正例	TP（真正例）	FP（假反例）
	反例	FP（假正例）	TN（真反例）

查准率 P（Precision）与查全率 R（Recall）分别定义为：

$$P = \frac{TP}{TP + FP}$$

$$R = \frac{TP}{TP + FN}$$

查准率和查全率是两个相对的度量。一般来说，查准率高时，查全率相应偏低；而查全率高时，查准率则相应偏低。在一些情况下，我们可以根据模型的预测结果对样例进行排序，逐一把样本当作正例来进行预测，每次都可以计算出当前的查全率和查准率。以查准率为 y 轴、查全率为 x 轴来画图，就可以得到查准率—查全率曲线，又称为

"P-R 曲线"，描述该曲线的图称为"P-R 图"。在对两个模型进行比较时，若其中一个模型的曲线能够"包裹"住另一个模型的曲线，那么可以基本判定前者的性能要优于后者。从数值上而言，一个比较合理的判断方法是比较 $F1$ 度量。

$$F1 = \frac{2 \times P \times R}{P + R}$$

$F1$ 度量的一般形式 β 能更为清晰地表达出对查准率/查全率的不同偏好。

$$F\beta = \frac{(1 + \beta^2) \times P \times R}{\beta^2 \times P + R}$$

3. ROC 与 AUC

ROC 的全称为"受试者工作特征"（Receiver Operating Characteristic）曲线。简单来说，我们根据模型的预测结果来对样例进行排序，按此顺序逐个把样本作为正例进行预测并作图，纵轴为真正例率（True Positive Rate，TPR），而横轴为假正例率（False Positive Rate，FPR），两者分别定义如下：

$$TPR = \frac{TP}{TP + FN}$$

$$FPR = \frac{FP}{TN + FP}$$

当我们进行模型比较时，用类似于查准率—查全率曲线的方法，如果一个模型的 ROC 曲线能够完全"包裹"另一个模型的曲线，则可断言前者的性能要优于后者。但一种复杂的情况则是，两个模型的 ROC 曲线发生交叉。此时如果要进行比较，则需要比较 ROC 曲线下的面积，即 AUC（Area Under ROC Curve）。顾名思义，AUC 是通过对 ROC 曲线下各部分的面积求和而得到的。我们首先假定 ROC 曲线是由坐标为 $\{(x_1, y_1), (x_2, y_2), \dots, (x_m, y_m)\}$ 的点按序连接而形成（$x_1 = 0, x_m = 1$），则 AUC 可以估算为：

$$AUC = \frac{1}{2} \sum_{i=1}^{m-1} (x_{i+1} - x_i) \cdot (y_i + y_{i+1})$$

AUC 更多关注的是样本预测的排序能力，因此与排序误差之间具有紧密的联系。假定有 m^+ 个正例和 m^- 个反例，令 D^+ 和 D^- 表示正、反例集合，则排序损失可以表示为：

$$l_{rank} = \frac{1}{m^+ m^-} \sum_{x^+ \in D^+} \sum_{x^- \in D^-} \left(\mathrm{II}\big(f(x^+) < f(x^+)\big) + \frac{1}{2} \mathrm{II}\big(f(x^+) = f(x^+)\big) \right)$$

三、正则化

如前所述，我们通常用模型在训练数据上的错误率来评价模型的优劣，从而从假设空间中选取最优假设（模型）。这里计算错误率的函数我们称之为损失函数。而损失函数则是针对某个具体样本来说的，它表示的是模型预测值与样本值之间的差距。比如，给定样本(x_i, y_i)，模型的预测值为$f(x_i)$，则损失函数记为$L(f(x_i), y_i)$。因此，模型在整个训练集 m 上的损失定义为：

$$L(Y, f(X)) = \frac{1}{m}\sum_{i=1}^{m} L(f(x_i), y_i)$$

此处，损失函数$L(Y, f(X))$称为经验风险，模型训练过程就是使该函数达到最小值，也就是经验风险最小化的过程。但是，在训练过程中，如果我们只考虑到经验风险的存在，则会出现过拟合。此时，使用结构风险可以有效规避这个问题。结构风险指的是在经验风险的基础上再加上正则化项，其表达式如下：

$$\min\left(\frac{1}{m}\sum_{i=1}^{m} L(f(x_i), y_i) + \lambda J(f)\right)$$

我们知道，在回归问题当中，损失函数是以平方计的，因此正则化项可以是模型参数向量的L_2范数：

$$L(w) = \frac{1}{m}\sum_{i=1}^{m} L(f(x_i; w), y_i) + \frac{\lambda}{2}\|w\|^2$$

此外，我们也可取w的L_1范数：

$$L(w) = \frac{1}{m}\sum_{i=1}^{m} L(f(x_i; w), y_i) + \lambda\|w\|$$

小节练习

测试题 1：定义假阴性、假阳性、真阴性、真阳性四个术语。

测试题 2：说明分类精度和错误率的公式。这两个标准是如何相互关联的？

测试题 3：拒绝率与错误率的关系如何？两者之间的权衡是什么？在什么情况下，拒绝分类是有用的；在什么情况下，拒绝分类又是有害的？

测试题 4：在什么样的情况下，我们更倾向于用精确率和召回率（而不是错误率）来评估分类器的性能？

测试题 5：什么公式可以帮助我们计算出这些标准的具体数值？这两个公式有什么不同？

测试题 6：请解释 ROC 曲线的性质。该曲线传达了关于分类器行为的哪些额外信息？ROC 曲线如何帮助用户在两个备选分类器之间做出选择？

第四节　常见机器学习方法概览

一、决策树（Decision Tree）

决策树（DT）是一种典型的机器学习算法，主要用于解决基本的回归和分类问题。它是一系列 if-then 规则的集合，也可以理解为对特征空间的划分，并基于这个划分给出条件概率。它的主要优点有：可解释性强、对缺失值不敏感及计算效率高等。决策树的学习通常有如下三个步骤：特征选择、决策树的生成和决策树的剪枝。决策树是基于有向树构建的，树的结点分为内部结点和叶结点。其中，内部结点表示特征，而叶结点表示类（决策结果）。在解决分类问题时，决策树从根节点开始，挑选出某一特征进行测试，并根据每个样本的测试结果将样本划分到对应的子节点；对于子节点采用相同的方式进行样本划分，直到满足停止条件。从另一种角度出发，决策树可以理解为 if-then 判定规则的集合，即根节点包含了所有样本，从根节点出发到叶结点的每条路径都是一个判定序列。同时，这个判定规则集合一定是互斥且完备的，即对于任何一个样本，都能且仅能被一条决策树中的路径覆盖。

如图 2-13 所示，假设给定样本集合 D，其中 $x_i = (x_i^1, x_i^2, \dots, x_i^n)$ 表示样本的特征向量，$y_i \in (1, 2, \dots, C)$ 表示样本所属的类标记。图中圆形代表决策树的内部结点，正方形代表决策树的叶结点。

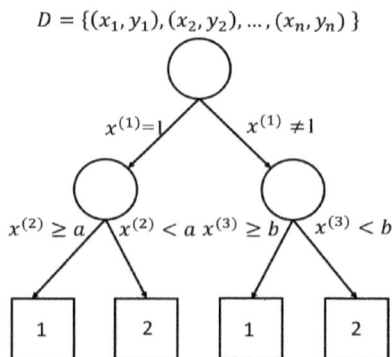

图 2-13　决策树示例

在构建决策树的过程中，我们需要尽可能选择具有最强分类性能的特征，从而提高决策树的准确率。忽略分类能力差的特征，对决策树的精度通常影响不大。但我们希望在划分的过程中，子结点包含的样本尽可能属于同一类别。常用的特征选择的指标是信息增益。通俗来讲，熵表示一个数据集的"混乱"程度。对于离散随机变量X，其熵定义为：

$$H(X) = -\sum_{i=1}^{n} p_i \log(p_i)$$

其中，p_i是变量X的概率分布，$p_i = P(X = x_i)$。可以看出，$H(X)$越大，说明X不确定性越大，包含的信息量也越多。在给定随机变量X的条件下，随机变量Y的不确定性用条件熵

$$H(Y|X) = \sum_{i=1}^{n} p_i H(Y|X = x_i)$$

来表示。信息增益$g(D, A)$表示：给定数据集D，在特征A已知的情况下，D中样本不确定性减少的程度，即：

$$g(D, A) = H(D) - H(D|A)$$

二、分类与回归树（Classification and Regression Tree）

分类与回归树（CART）是目前应用最为广泛的决策树学习方法之一。CART 的算法流程根据样本特征对样本空间递归地进行划分，直到满足终止条件才停止。其具体计算过程如下：

对于给定样本数据集

$$D = \{(x_1, y_1), (x_2, y_2), \cdots, (x_n, y_n)\}$$

其中$x_i \ (i = 1, 2, \ldots, n)$是样本特征；$y_i \ (i = 1, 2, \ldots, n)$是样本对应的标签值，是连续变量。

定义样本划分区域

$$S_1(j, p) = \{x | x^{(j)} \le p\}, S_2(j, p) = \{x | x^{(j)} > p\}$$

其中j为切分特征，p为切分点。

定义目标函数

$$F(j, p, y) = \sum_{x \in S_1(j,p)} (y - c_1)^2 + \sum_{x \in S_2(j,p)} (y - c_2)^2$$

其中

$$c_i = \frac{1}{|S_i|}\sum_{x \in S_i} y \quad (i = 1, 2)$$

损失函数通过平方差来描述样本划分的误差程度，最小化目标函数F，我们可以得到最优切分特征$\hat{j}$，最优切分点$\hat{p}$及样本区域对应的输出值$\hat{c}_1, \hat{c}_2$。

在上一步切分的区域中进一步迭代，直到满足停止条件，将所得到的样本区域更细致地进行划分出$S_1, S_2, ..., S_n$，此时能够表示出最终的回归树模型

$$f(x) = \sum_{n=1}^{N} \hat{c}_n I(x \in S_n)$$

三、提升树（Boosting Tree）

提升树（BT）是一种较为流行的机器学习方法。它的功能主要是，通过将多个弱学习器进行线性组合而提高模型的性能。提升树在每步迭代过程中都使用 CART 算法构建单层回归树，迭代 N 次，从而得到 N 棵回归树。为什么说我们把回归树称为"弱学习器"呢？这是因为，每棵回归树都是单层的，而单棵树工作效率极低，故名"弱学习器"。但是，如果我们将所有的弱学习器进行线性相加，就能够得到一个效率极高的模型，这也是"提升"二字的核心所在。

定义初始提升树：

$$f(x) = 0$$

单次迭代过程中，计算残差：

$$r_{mi} = y_i - f(x_i), \qquad i = 1, 2, ..., N$$

得到残差后，使用 CART 算法进行拟合，找出最优切分特征$\hat{j}$，最优切分点$\hat{p}$，以及输出值$\hat{c}_1, \hat{c}_2$：

$$\hat{j}, \hat{p} = arg \min_{j,p} F(j, p, r_{mi})$$

$$\hat{c}_i = \frac{1}{|S_i|}\sum_{x \in S_i} r_{mi} \quad (i = 1, 2)$$

从而，我们可以得到此次迭代产生的回归树：

$$f_m(x) = \begin{cases} \hat{c}_1, & x \in S_1 \\ \hat{c}_2, & x \in S_2 \end{cases}$$

对提升树进行更新：

$$f(x) := f(x) + f_m(x)$$

迭代以上过程，直到满足停止条件。

值得注意的是，提升树在第一次迭代过程中，由于初始提升树 $f(x) = 0$，所以 $r_{1i} = y_i$，此时相当于使用 CART 算法对样本区域进行一次划分。在之后的迭代过程中，由于 $f(x) \neq 0$，$r_{mi} = y_i - f(x_i)$ 是样本标签值与当前提升树预测值之差，即残差。使用 CART 算法对残差进行一次拟合，得到的回归树与提升树线性相加，能够进一步提高提升树的预测精度。

四、梯度提升决策树（Gradient Boosting Decision Tree）

提升树对于其他一般损失函数，其优化过程可能会较为复杂，而梯度提升决策树（GBDT）算法可以很好地解决这个问题（见图 2-14）。

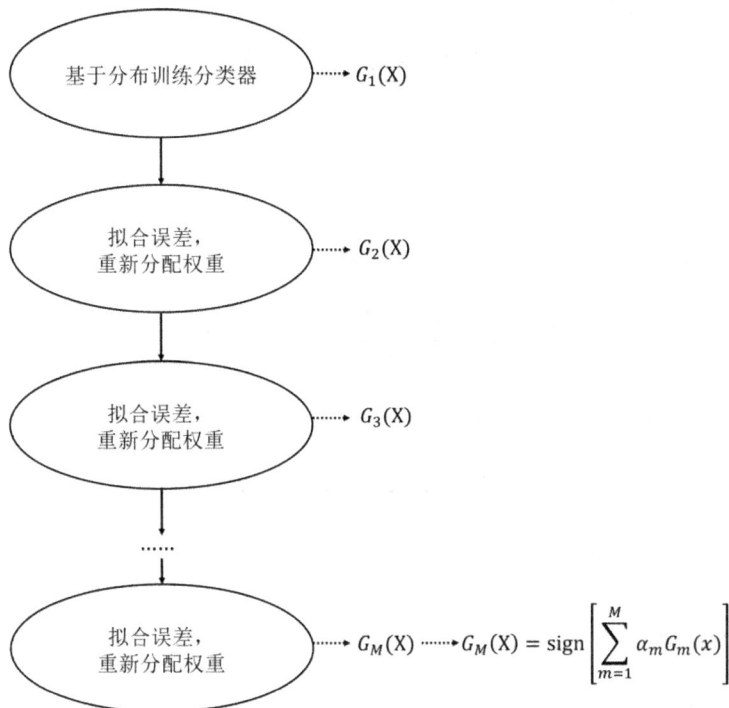

图 2-14　梯度提升决策树算法

GBDT 采用了梯度下降的思想，使优化朝着损失函数的负梯度方向进行多次迭代，从而找到一个局部最优点。

定义训练数据的损失函数为 $L(y, f(x))$，其中 $f(x)$ 是提升树，y 是样本标签值。则损失函数当前的负梯度值为：

$$-\frac{\partial L\big(y, f(x)\big)}{\partial f(x)}$$

继续采用提升树算法，稍有不同的是，提升树算法拟合的不再是样本的残差，而是拟合样本点的负梯度值r_{mi}，构造回归树，得到第$m+1$棵树的区域划分S_{jm}，$j = 1,2,…,J_m$。其中：

$$r_{mi} = -\frac{\partial L\big(y_i, f(x_i)\big)}{\partial f(x_i)}$$

对$j = 1,2,…,J_m$，计算：

$$c_{jm} = arg\,\min_c \sum_{x_i \in S_{jm}} L\big(y_i, f(x_i) + c\big)$$

从而得到第$m+1$棵树：

$$f_{m+1}(x) = c_{jm}, \qquad x \in S_{jm}$$

更新提升树：

$$f(x) := f(x) + f_{m+1}(x)$$

迭代以上过程，直到满足停止条件。

值得注意的是，当损失函数为平方损失函数时，即：

$$L\big(y_i, f(x)\big) = \frac{1}{2}\sum_i \big(y_i - f(x)\big)^2$$

可求得损失函数的负梯度值为：

$$-\frac{\partial L\big(y, f(x)\big)}{\partial f(x)} = y_i - f(x)$$

这实际上等于样本残差值。

五、K 均值聚类算法（K-means）

K 均值聚类算法是一种迭代求解的聚类算法，属于无监督学习的类别。其基本思想是在最初随机选取样本点来作为聚类中心，计算所有样本点到聚类中心的距离，并将每个样本点分配给距离最近的中心，作为一个簇；此后对每个簇求出其中心点，重新将每个样本点分配到新的簇（见图 2-15）。K-means 的具体算法过程如下所示。

输入：聚类数K。

（1）随机选取K个样本点，作为初始聚类中心；

（2）对其中任意的一个样本点，求其与聚类中心的距离，并归类到距离最短的中心所属的聚类。

求解每个聚类的中心，若尚未满足停止条件，如中心变化极小，则进行（2）；否则结束迭代。

Silhouette 算法是用来评价聚类结果的有效性的常用算法之一，计算公式为：

$$silhouette(i,j) = \frac{b(i,j) - a(i,j)}{\max\{a(i,j), b(i,j)\}}$$

其中，$a(i,j)$表示簇i中任意一个点j与簇内其他点的平均距离，$b(i,j)$表示簇i中任意一个点j到其他任意一个簇的点的平均距离的最小值。

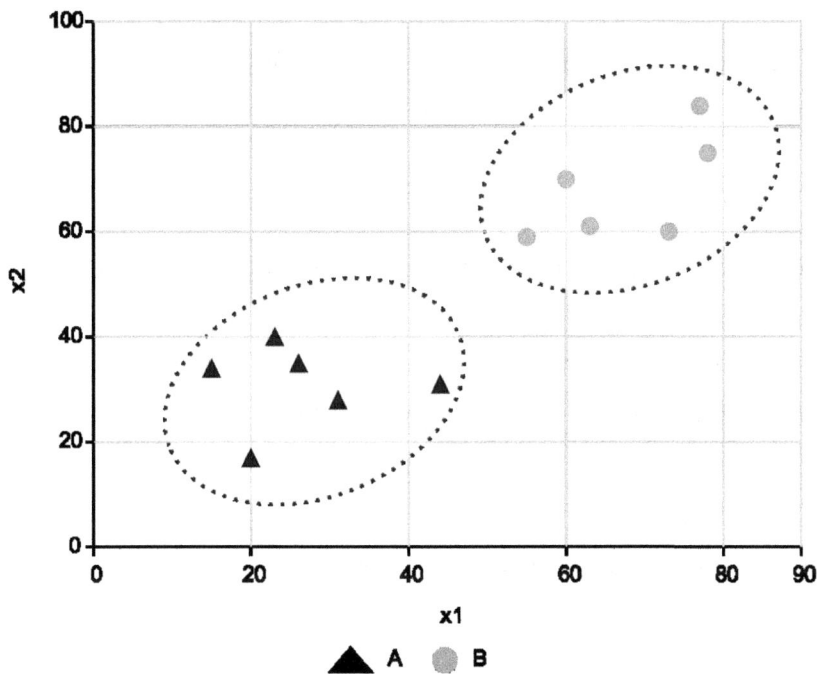

图 2-15　K 均值聚类算法

小节练习

测试题 1：决策树修剪的潜在好处是什么？

测试题 2：如何根据未来数据估计树的错误率？写下公式并解释如何使用。

测试题 3：描述决策树后期修剪的原理和在线修剪的原理。

测试题 4：哪些参数控制修剪的程度？它们如何影响训练集上的错误率和测试集上的错误率？

测试题 5：在所有属性都是离散的领域中，我们如何度量示例之间的相似性？在所有属性都是连续的领域中，我们又如何度量示例之间的相似性？

测试题 6：在什么情况下，K-NN 分类器（$k>1$）的性能优于 1-NN 分类器？为什么？

测试题 7：逻辑回归与多元回归分析有哪些不同？

测试题 8：请解释 GBDT 和 XGBoost 的区别。

测试题 9：在 K-means 中，我们为什么用欧氏距离而非曼哈顿距离来计算最邻近之间的距离？

第五节　支持向量机（Support Vector Machine）

支持向量机（SVM）一诞生，便因其良好的分类性能席卷了整个机器学习领域。如果不考虑集成学习算法和某些特定的训练数据集，SVM 在分类任务中的表现可以说超越了绝大部分的算法。SVM 原本是一个只针对二元分类的算法，可以处理两种类型的分类问题，即线性分类和非线性分类。经过不断演进和提升，SVM 现在也支持多元分类和回归问题。

一、发展历程

SVM 于 1963 年提出，它是由模式识别中的广义画像算法发展而来的分类器（Cortes & Vapnik, 1995）。20 世纪七八十年代，SVM 理论逐渐取得进展性突破，其中包括对模式识别中最大边际决策边界的理论研究，从而使得 SVM 成为机器学习理论中不可缺少的一部分。1992 年，Bernhard 等人通过核方法提出了非线性 SVM。在此基础上，Cortes 和 Vapnik 又提出了软边际非线性 SVM，引起了广泛关注，为 SVM 在各个领域的应用提供了参考。作为一种原则性很强的机器学习算法，SVM 在其首次出现后已经在很多领域超越了其他机器学习算法甚至深度学习算法（包括神经网络）。由于 SVM 在文本分类方面的卓越表现，它迅速成为"机器学习热"的一个缩影（Joachims, 1998）。目前，该算法已广泛运用于机器学习、图像识别和文本分类等领域（Cristianini & Shawe, 2000）。以下是 SVM 的发展历程：

●Fisher 于 1936 年提出了第一个模式识别算法。

●Aronszajn 于 1950 年提出了核函数再生理论（Theory of Reproducing Kernels）。

●Rosenblatt 于 1957 年发明了一个称为感知器的线性分类器。

●Vapnik 和 Lerner 于 1963 年提出了广义肖像算法。

●Vapnik 和 Chervonenkis 于 1964 年进一步发展了广义肖像算法。

●Cover 于 1965 年讨论了输入空间中的大间隔超平面和稀疏性。

●Smith 于 1968 年提出利用松弛变量来克服噪声和不可分离问题。

●Duda 和 Hart 于 1973 年讨论了输入空间中的大间隔超平面。

●Vapnik 和 Chervonenkis 于 1974 年拉开了统计学习理论的帷幕。

●Vapnik 于 1979 年对统计学习理论的进一步发展促成了支持向量机的产生。

●Poggio、Girosi 和 Wahba 于 1990 年讨论了核函数的使用。

●接近当前形式的支持向量机是 Boser、Guyon 和 Vapnik 在 1992 年的一篇会议论文中首次介绍的。

●软间隔分类器由 Cortes 和 Vapnik 于 1995 年引入，并由 Vapnik 于 1995 年扩展到回归的情况。

●Bartlett 和 Taylor 等人于 1998 年给出了硬间隔支持向量机推广的第一个严格统计界。

●Taylor 和 Cristianini 于 2000 年给出了软间隔算法推广和回归情况的统计界限。

二、基本原理

首先，我们给定一个训练数据集 $D = \{(x\_1, y\_1), (x\_2, y\_2) \dots, (x\_n, y\_n)\}$，$y\_i \in \{+1, -1\}$。我们的首要任务是基于训练集 D 在样本空间中找到一个超平面来分离不同类型的样本。显然，现实中可能有一系列不同的超平面用来分离训练样本。然而，一个合适的超平面是最能"容忍"训练样本的局部干扰的。SVM 能够保证通过最大化两类之间的间隔（margin）来找到最适合的函数。为此，我们应确定位于两类训练样本"中间"的超平面，即图 2-16 中加粗的横线。该超平面具有最好的分类性能和最强的泛化能力。图 2-17 为 SVM 的基本模型。

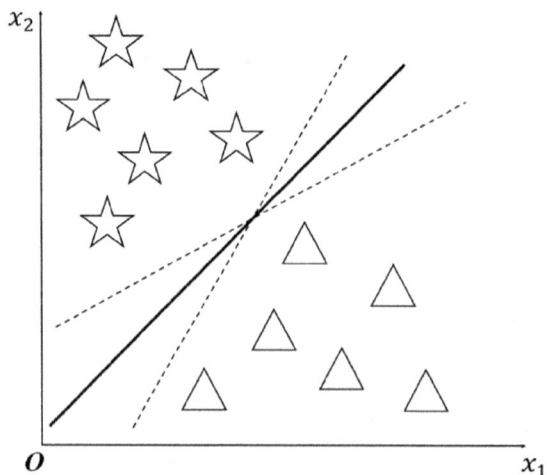

图 2-16　划分两类样本的多个平面

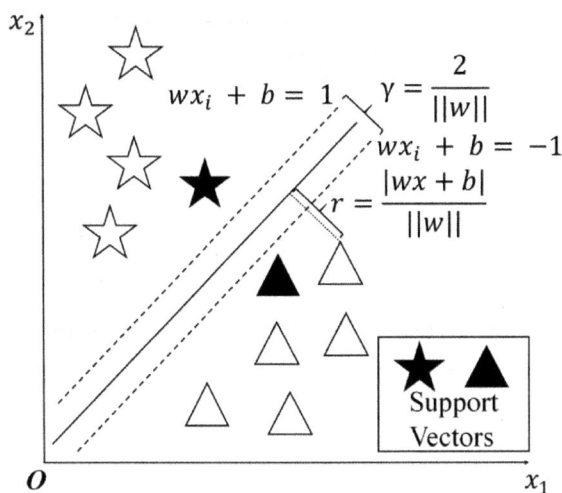

图 2-17　SVM 基本模型

我们通常将样本空间中的超平面表示为 $wx+b=0$。这里，w 表示权重向量，b 表示偏移，二者共同决定了超平面的位置，因此可以将超平面标记为（w，b）。样本空间中随机点 x 与（w，b）之间的距离为：

$$r = \frac{|wx+b|}{||w||}$$

假设超平面（w，b）能正确分类样本。给定 $(x_i, y_i) \in D$，如果 $y_i = +1$，那么我们可以得到 $wx_i + b > 0$；如果 $y_i = -1$，则有 $wx_i + b < 0$。使得：

$$\begin{cases} wx_i + b \geq +1, y_i = +1 \\ wx_i + b \geq -1, y_i = -1 \end{cases}$$

相应地，最接近超平面（w，b）的训练样本点（也称为"支持向量"，support vectors）也满足上述条件。

点到直线的距离二维空间公式为：

$$d = \frac{|Ax + By + C|}{\sqrt{A^2 + B^2}}$$

因此，两个异构支持向量（heterogeneous support vectors）和（w，b）之间的距离称为间隔，公式如下：

$$\gamma = \frac{2}{||w||}$$

其中：

$$||w|| = \sqrt{w_1{}^2 + \ldots + w_n{}^2}$$

寻找具有最大间隔的超平面就意味着我们需要找到产生最大 γ 的约束的参数 w 和 b，即：

$$\max_{w,b} \frac{2}{||w||}$$

$$\text{s.t. } y_i(wx_i + b) \geq 1, \qquad i = 1, 2, \cdots, m$$

显然，为了最大化间隔，我们需要使 $||w||^{-1}$ 最大化，也就是等于需要最小化 $||w||^2$，因此上述公式可以被转写为：

$$\min_{w,b} \frac{||w||^2}{2}$$

$$\text{s.t. } y_i(wx_i + b) \geq 1, \qquad i = 1, 2, \cdots, m$$

由于原优化问题求解非常困难，这时我们可以将原问题转化为易于计算的对偶问题。

由于目标函数

$$f(\text{x}) = \frac{||w||^2}{2}$$

及约束函数

$$g_i(\text{x}) = 1 - y_i(wx_i + b)$$

均为 R^n 上的连续可微凸函数，可将原优化问题转化为对偶问题求解。我们可以用拉格朗日乘子法建立对偶问题。

原问题的拉格朗日函数为：

$$L(w, b, \lambda) = f(\text{x}) + \sum_i \lambda_i g_i(\text{x})$$

$$L(w, b, \lambda) = \frac{||w||^2}{2} + \sum_i \lambda_i\big(1 - y_i(wx_i + b)\big)$$

原问题可以转化为：

$$\min_{w,b} \max_{\lambda} L(w, b, \lambda)$$

$$\text{s.t. } \lambda \geq 0$$

原问题的对偶问题定义为：

$$\max_{\lambda} \min_{w,b} L(w,b,\lambda)$$

$$\text{s.t. } \lambda \geq 0$$

如果原问题和对偶问题分别具有最优值 d 和 p，则应存在：

$$d = \max_{\lambda} \min_{w,b} L(w,b,\lambda) \leq \min_{w,b} \max_{\lambda} L(w,b,\lambda) = p$$

通过将原问题转化为对偶问题，我们可以很容易地计算出 $\min_{w,b} L(w,b,\lambda)$。这样可以大大降低计算难度。

三、支持向量机递归特征消除

作为一种嵌入式特征选择技术，SVM-RFE 技术首次被应用于医学领域，以确定患者和健康个体之间的遗传差异（Guyon et al., 2002）。SVM-RFE 的主要功能是根据各因素对分类结果的影响程度对各因素进行排序（Guyon et al., 2002）。简单来看，SVM-RFE 的工作原理是，在每次迭代中首先删除权重最小的特征，直到所有因素都被删除。在这个特征消除过程之后，基于这些选择的特征再次开发一些支持向量机模型。与其他特征选择技术相比，SVM-RFE 已被证明对数据过拟合更具有鲁棒性，并且在许多领域都表现出了其优越性（Saeys et al., 2007）。Gorostiaga & Rojo-Álvarez（2016）在一项关于西班牙学生 PISA 成绩的研究中就使用了 SVM-RFE 并充分发挥了其优点，因为它能同时识别出区分不同学生群体的丰富特征。

小节练习

测试题 1：什么是支持向量？间隔最大化指的是什么？

测试题 2：训练一个 SVM，除去不支持的向量后仍能分类吗？为什么？

测试题 3：如何提高欠拟合的 SVM 模型的性能？

测试题 4：简述 SVM 中的核技巧（Kernal Trick）的作用。

测试题 5：简述逻辑回归（Logistic Regression, LR）和 SVM 的联系与区别。

测试题 6：请比较感知机的对偶形式与线性可分支持向量机的对偶形式的异同。

测试题 7：请讨论线性判别分析与线性核支持向量机在哪种条件下可以等价。

测试题 8：试述高斯核 SVM 与 RBF 神经网络之间的联系。

测试题 9：为什么拉格朗日乘子法（Lagrange Multiplier）和 KKT 条件能够得到最优值？

第六节　机器学习的 Python 程序语言实现

一、Python 程序语言概述

1. 什么是 Python

Python 是由荷兰国家数学与计算机科学研究中心（Centrum Wiskunde, Informatica, CWI）的吉多·范罗苏姆（Guido van Rossum）创建的。Python 的首个版本于 1991 年发布。吉多将 Python 作为 ABC 语言的继承者来编写。Python 不同于 C 和 C++等主要编译语言，其代码不需要像这些语言那样构建和链接。这一区别体现了：第一，Python 代码开发速度快。由于代码不需要编译和构建，Python 代码很容易更改和执行，形成了快速的开发周期。第二，Python 代码执行速度不快。由于代码不直接编译和执行，而是由 Python 虚拟机的另一层负责执行，所以 Python 代码与 C、C++等传统语言相比，运行速度略慢。

Python 在广泛使用的编程语言排行榜上稳步上升——根据一些调查和研究，其已成为世界上第五大重要编程语言。最近的调查显示，Python 是机器学习和数据科学领域最受欢迎的语言。下面将对 Python 的优势进行简要的梳理：

（1）易于学习。Python 是一种相对容易学习的语言，其语法对初学者来说易于学习和理解。与 C 或 Java 等语言相比，在执行 Python 程序时需要的模板代码很少。

（2）能够兼容多种编程范式。Python 作为一种拥有多范式、多用途的编程语言，支持面向对象的编程、结构化编程、函数式编程，甚至是面向方面的编程。这种多功能性使它可以被众多的程序员使用。

（3）可扩展性。Python 的可扩展性是其最重要的特征之一。Python 有大量的模块，可以方便地安装和使用。这些模块涵盖了编程的每个方面，从数据访问到流行算法的实现。这种易于扩展的特点确保了 Python 开发者的工作效率，因为大量的问题都可以通过现有的库来解决。

（4）活跃的开放源码社区。Python 是开源的，并得到了大量开发者社区的支持，遇到错误很容易通过 Python 社区修复，这使它具有强大的适应性。作为开放源码，如果有需要，开发者可以对 Python 源代码进行修补。

虽然 Python 是一种非常流行的编程语言，但它也有其自身的缺陷。其最重要的限制之一是执行速度。作为一种解释语言，与汇编的语言相比，它的速度很慢。在需要极高性能代码的情况下，此限制可能会成为问题。这是未来 Python 的一个主要改进领域，随后的每个 Python 版本都会对其做出改进。虽然 Python 在速度上落后于汇编语言，但它在其他方面的超高效能弥补了这一不足。

2. 设置 Python 环境的步骤

（1）软件下载：首先，通过 Python 官网（https://www.python.org/）安装 Python。当然，也可以选择除了 Pycharm 以外的环境管理器，如 Anaconda、Jupyter notebook 等。

（2）设置环境变量：勾选"环境变量"和，并将 Python 命令工具所在目录添加到系统 Path 环境变量中。

（3）安装 Python 包：在命令行界面中直接输入"pip3 install XXX（包的名称）"即可安装。如安装 Pandas 包，则输入"pip3 install pandas"。在程序运行过程中，如果程序报类似"no modules named XXX"的错误，就是因为没有安装某个包。此时在 Terminal 中直接输入"pip3 install XXX"即可。设置清华源能够使包的下载速度翻倍。

3. Python 在机器学习中的优势

根据 StackOverflow 在 2020 年进行的一项调查（https://insights.stackoverflow.com/survey/2020），Python 已经超越 Java，成为世界上第四大最常用的程序语言（见图 2-18）。Python 是数据科学家使用的前三种语言之一，也是 StackOverflow 用户最乐于使用的程序语言之一。Python 具备的诸多优势使其成为数据科学实践的首选语言，具体原因如下。

（1）强大的包集。Python 以其广泛而强大的包集而闻名，可用于各种领域和用例。这种理念延伸到了数据科学和机器学习所需的包中。像 numpy、scipy、pandas、scikit-learn 等包，都为解决各种现实世界的数据科学问题量身定做，具有强大的功能。这使得 Python 成为解决数据科学相关问题的首选语言。

（2）简单快速的原型制作。Python 的简单性是其另一个重要优势。Python 语法很容易理解，这使得理解现有代码是一项相对简单的任务，开发人员可以轻松修改现有的算法并开发自己的算法。这个特性对于开发新的算法特别有用，这些算法可能是试验性的，也可能暂时还没有得到任何外部库的支持。使用 REPL shell、IDE 和个人笔记本，研究者可以在多个研究和开发周期中快速构建和迭代，并且可以很容易地做出和测试所有更改。

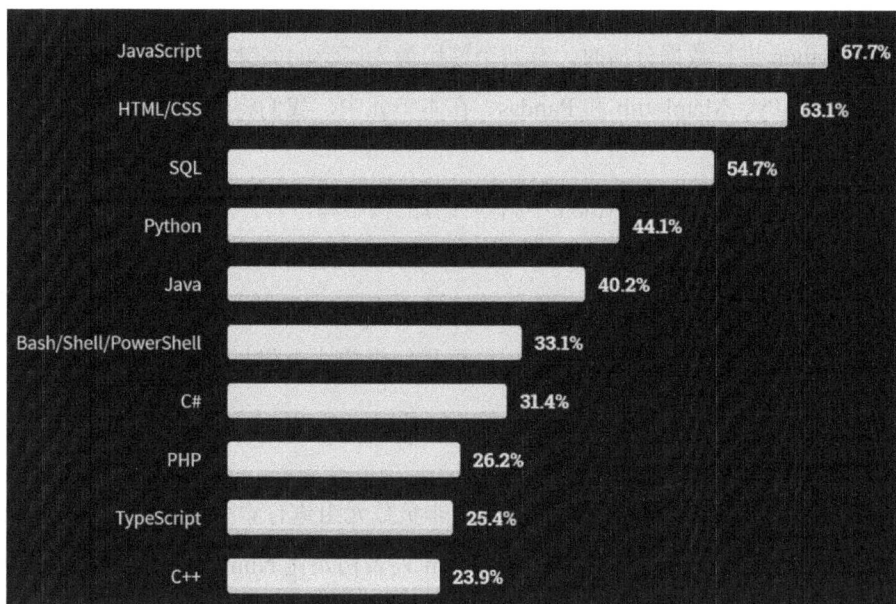

图 2-18　2020 年 StackOverflow 评选出的最受数据科学家欢迎的十大计算机技术

（3）易于协作。通常，数据科学团队需要大量协作才能开发出优秀的分析解决方案，Python 提供的一些工具使得不同的团队协作变得非常容易。Jupyter 是其最受欢迎的功能之一，它能够支持团队协作。Notebook 是一种新颖的概念，支持数据科学家在一个地方共享代码、数据和结果。这使得研究工具易于复制，是 Python 语言一个非常重要的特点。

（4）一站式解决方案。在第一单元中，我们探讨了教育数据挖掘作为交叉学科是如何与各个领域相互联系的。一个典型的项目会有一个迭代的生命周期，其中包括数据提取、数据操作、数据分析、特征工程、建模、评估、解决方案的开发部署及解决方案的持续更新。Python 作为一种非常多样化的多用途编程语言，允许开发者在一个共同的平台上完成所有这些不同的操作。使用 Python 库，研究者可以从多种来源获取数据，并对这些数据进行不同的处理操作，在处理后的数据上应用机器学习算法，部署所开发的解决方案。

（5）庞大而活跃的社区支持。Python 开发者社区非常活跃，数量庞大。这个庞大的社区确保了核心的 Python 语言和包保持高效和无误。开发者可以通过各种平台寻求对 Python 问题的支持，如 Python 邮件列表、StackOverflow、博客和 Usenet 组。这个庞大的支持生态系统也是 Python 成为数据科学首选语言的原因之一。

二、常用的机器学习算法包

在用 Python 进行数据分析时，有四个使用最为广泛的关键算法包（Package），分别是 NumPy、SciPy、Matplotlib 和 Pandas。在本单元中，我们将重点介绍与 NumPy 相关的用法和概念。

NumPy 是继 Numeric 后 Python 中科学计算的核心库，具有强大的功能。2005 年，特拉维斯·奥列芬特（Travis Oliphant）将 Numarray 的特性合并到 Numeric 中，创建了 NumPy，并对其进行了大量的修改与完善。其相关概念和代码示例已经在其《NumPy 指南》（*Guide to NumPy*）一书中进行了翔实的说明。这里我们将关注一些与机器学习相关的 NumPy 关键概念。

1. 数组（Array）

数组是相似数据类型值的集合，由一个非负数元组进行索引。数组的秩（rank）是维数，形状是元组。首先需要从嵌套的 Python 列表初始化 NumPy 数组，并使用方括号访问元素。下面提供了为初始化 NumPy 数组的示例代码：

```
import numpy as np
a = np.array([0, 1, 2])
print type(a)
print a.shape
print a[0]
print a[1]
print a[2]
a[0] = 5
print a
b = np.array([[0,1,2],[3,4,5]])
print b.shape
print b
print b[0, 0], b[0, 1], b[1, 0]
```

2. 数据类型（Data Type）

数组是具有相同数据类型的项的集合，NumPy 支持并提供内置函数来构造具有可选参数的数组，以显式指定所需的数据类型。以下为 NumPy 数据类型的示例代码：

```
x = np.array([0, 1])
```

y = np.array([2.0, 3.0])

z = np.array([5, 6], dtype=np.int64)

print x.dtype, y.dtype, z.dtype

---- output ----

int32 float64 int64

3. 数组索引（Array Indexing）

NumPy 提供了几种索引数组的方法。标准 pythonx[obj]语法可用于索引 NumPy 数组，其中 x 是数组，obj 是选择。以下是几种常用索引方式。

（1）区域访问（Field Access）

如果 ndarray 对象是一个结构化数组，那么可以通过使用类似字典的字符串索引数组来访问数组的字段。索引 x['field-name']将向数组返回一个新视图，该视图的形状与 x 相同，除非该字段是子数组，但数据类型为 x.dtype['field-name']，并且仅包含指定字段中的部分数据。以下为区域访问的示例代码：

x = np.zeros((3,3), dtype=[('a', np.int32), ('b', np.float64, (3,3))])

print "x['a'].shape: ",x['a'].shape

print "x['a'].dtype: ", x['a'].dtype

print "x['b'].shape: ", x['b'].shape

print "x['b'].dtype: ", x['b'].dtype

----output-----

x['a'].shape: (2L, 2L)

x['a'].dtype: int32

x['b'].shape: (2L, 2L, 3L, 3L)

x['b'].dtype: float64

（2）基本切片索引（Basic Slicing）

NumPy 中的数组可以用来进行切片，类似于列表 list。基本切片语法是 i:j:k，其中 i 是起始索引，j 是停止索引，k 是步长且 $k \neq 0$。选择相应维度中的 m 个元素，索引值为 i, i+k..., i+(m-1)k，其中 m=q+r($r \neq 0$)，q 和 r 是商，余数通过 j-i 除以 k 得到：j-i=qk+r，使得 i+(m-1)k<j。以下为基本切片索引的示例代码：

y = np.array([[[1],[2],[3]], [[4],[5],[6]]])

print "Shape of y: ", x.shape

y[1:3]

Shape of y: (3L)

array([[[4], [5], [6]], [7]], dtype=object)

x[...,0]

---- output ----

array([[0], [1], [2], [3]], dtype=object)

a = np.array([[5,6,7,8], [1,2,3,4], [9,10,11,12]])

print "Array a:", a

b = a[:2, 1:3]

print "Array b:", b

---- output ----

Array a: [[5 6 7 8]

[1 2 3 4]

[9 10 11 12]]

Array b: [[6 7]

[2 3]]

（3）高级索引（Advanced Indexing）

①整数数组索引（Integer Array Indexing）能够构造随机数组和其他数组。以下为整数数组索引的示例代码：

print np.array([a[0, 0], a[1, 1]]) ---- output ----

[1 4]

[1 4]

print a[[0, 0], [1, 1]]

print np.array([a[0, 1], a[0, 1]])

---- output ----

[2 2]

[2 2]

②布尔数组索引（Boolean Array Indexing）对于从数组中选取随机元素非常有用，通常用于过滤满足给定条件的元素。以下为布尔数组索引的示例代码：

a=np.array([[1,2], [3, 4], [5, 6]])

print (a > 2)

print a[a > 2]

---- output ----

[[False False]

[True True]

[True True]]

[3 4 5 6]

三、常用的机器学习库

在本节中，我们将重点介绍与 Scikit-learn 库相关的用法和概念。Scikit-learn 是 Python 中数据科学和机器学习最重要和不可缺少的 Python 框架之一。它实现了广泛的机器学习算法，涵盖了机器学习的主要领域，如分类、聚类、回归等。所有主流的机器学习算法，如支持向量机、逻辑回归、随机森林、K-means 聚类、分层聚类等，都能够在这个库中得到有效实现，也使这个库构成了应用和实用机器学习的基础。除此之外，其易于使用的 API 和代码设计模式也被其他框架广泛采用。

Scikit-learn 的第一次公开发行是在 2010 年底。它是目前最活跃的 Python 项目之一，现在仍在积极开发中，研究者们不断添加新的功能、增强现有功能。Scikit-learn 主要由 Python 程序语言编写，但其一些核心代码是用 Cython 编写的。为了提供更好的性能，它还使用了学习算法的流行实现，如逻辑回归（使用 LIBLINEAR）和支持向量机（使用 LIBSVM）。我们将首先介绍 Scikit-learn 的基本设计原则，然后在软件包的理论知识的基础上进行构建，通过在样本数据上实现一些算法以熟悉基本语法。随后的单元中广泛利用了 Scikit-learn，所以在此处需熟悉库的构造及其核心组件。

1. 核心 API（Core APIs）

Scikit-learn 是一个不断发展的活跃的项目，其 GitHub 存储库统计数据可以证明这一点。这个框架建立在一个相当小而简单的核心 API 思想和设计模式的列表上。在本节中，我们将简要介绍 Scikit-learn 核心操作的基础——核心 API。

（1）数据集表示（Dataset Representation）：大多数机器学习任务的数据表示非常相似，通常情况用数据点向量的叠加来表示数据点的集合。基本上，一个数据集中的每一行代表一个特定数据点观察的向量，一个数据点向量包含多个自变量（或特征）和一个或多个因变量（响应变量）。例如，如果将一个线性回归问题表示为 $[(X_1, X_2, X_3, X_4, ..., X_n), (Y)]$，其中自变量（特征）用 X_s 表示，因变量（响应变量）用 Y 表示。这个数据表示类似于一个矩阵（考虑多个数据点向量），描述它的一种自然方法是使用 Numpy 数组。这种数据表示的选择非常简单，但由于向量化 Numpy 访问数组操作的强大功能和高效特性，具有强大的功能。事实上，Scikit-learn 最近的更新甚至能够接受 Pandas 数据帧作为输入，而不需要显式地转换为特征数组。

（2）估计器（Estimators）：估计器接口是 Scikit-learn 中最重要的组件之一。包中的所有机器学习算法都实现了估计器接口。学习过程分两步进行：第一步是估计对象的初始化，这涉及为算法选择适当的类对象，并为其提供参数或超参数。第二步是对提供的数据（特征集和响应变量）应用拟合函数，拟合函数将学习机器学习算法的输出参数，并将其作为对象的公共属性公开，以便于检查最终模型，其数据通常以输入—输出矩阵对的形式提供。除了机器学习算法外，还使用估计器 API 实现了几种数据转换机制（如特征缩放、PCA 等）。这允许进行简单的数据转换，并允许使用简单的机制以一致的方式公开转换机制。

（3）预测器（Predicators）：实现预测器接口，对未知数据使用学习的估计器生成预测等。例如，在监督学习问题的情况下，预测器接口将为提供给它的未知测试数组提供预测类。预测器接口还支持提供其输出的量化值。预测器实现了提供评分函数的要求，该函数为提供给它的测试输入生成一个标量值，量化所使用模型的有效性。这些值将在未来用于优化机器学习模型。

（4）转换器（Transformers）：在学习模型之前对输入数据进行转换是机器学习中一项非常常见的任务。有些数据转换很简单，例如用常数替换一些缺失的数据，进行对数转换，而有些数据转换则类似于学习算法本身（例如 PCA）。为了简化这种转换的任务，一些估计器对象将实现转换器接口。这个接口允许我们对输入数据进行非简单的转换，并将输出结果提供给实际学习算法。由于转化器对象将保留用于转化的估计器，因此非常容易使用转化函数将相同的转化应用于未知的测试数据。

2. 高级 API（Advanced API）

之前我们提到了 Scikit-learn 软件包的一些最基本的原则。在本节中，我们将简要介绍基于这些原则的高级构造。这些高级 API 集通常可以帮助我们使用简单的流线型语法来表达一组复杂的基本操作。

（1）元估计（Meta Estimators）：元估计器接口（使用多类接口实现）是一个估计器的集合，可以通过积累简单的二进制分类器组成。它允许我们扩展二元分类器来实现多类、多标签、多回归和多类多标签分类，这些场景在现代机器学习中很常见，因此这个接口很重要，这种开箱即用的能力减少了数据科学家的编程需求。但是 Scikit-learn 库中的大多数二进制估计器都有内置的多类功能，除非需要自定义行为，否则我们不会使用元估计器。

（2）管道和特征联合（Pipeline and Feature Unions）：机器学习的步骤在本质上大多是连续的。我们对读入数据进行一些简单或复杂的转换，拟合一个适当的模型，并使用该模型对未见过的数据进行预测。机器学习过程的另一个特点是，由于其迭代的性质，这些步骤会反复多次，以达到最佳的模型，然后部署相同的模型。将这些操作串联起来，作为一个单元进行重复，而不是零散地应用操作，这很方便。这个概念也被称为机器学习管道。Scikit-learn 提供了一个管道 API 来实现类似的目的。来自管道模块的 Pipeline 对象可以将多个估计器链在一起（转换、建模等），而产生的对象本身可以作为一个估计器使用。除了管道 API 以顺序方法应用这些估算器外，我们还可以访问 Feature Union API，它并行执行一组指定的操作，并显示所有并行操作的输出。

（3）模型优化和选择（Model Tuning and Selection）：每个学习算法都会有一系列相关的参数或超参数。机器学习的迭代过程旨在找到最优的参数集，使模型具有最好的性能。例如，调优随机森林算法的各种超参数，以找到提供最佳预测精度（或任何其他性能指标）的集合，这一过程有时涉及遍历参数空间，寻找最佳参数集。需要注意的是，尽管我们在这里提到了术语参数，但我们通常表示模型的超参数。Scikit-learn 提供了有用的API，帮助我们在这个参数空间轻松找到最佳的可能参数组合。我们可以使用两个元估计器——GridSearchCV 和 RandomizedSearchCV——来促进最佳参数的搜索。GridSearchCV，顾名思义，提供一个包含可能参数的网格，并尝试其中的每个可能组合以获得最佳的参数。另一种优化的方法由 RandomizedSearchCV API 提供，它对参数进行采样，避免了参数数量增加导致组合爆炸的情况。

小节练习

测试题 1：Python 中的算法包（Package）和库（Library）有什么区别？

测试题 2：Python 中有哪些常用的机器学习包和库？了解并叙述其主要功能。

测试题 3：试比较 Python 中常用的算法包各自的优势。

测试题 4：在 Python 中，如何导入 Scikit-learn 算法包？

测试题 5：如何使用 Scikit-learn 中的 SVC？

测试题 6：试使用 Python 程序语言设计一个能显著减少 SVM 中支持向量的数目而不显著降低泛化性能的方法。

第七节　机器学习与全球教育治理

一、机器学习在全球教育治理中的运用

在教育领域，机器学习已被成功用于大量教育数据的定量分析，以发现教育评估中隐藏的新现象和信息，实现传统教育中缺少或人工难以完成的功能。第一，在使用的机器学习算法的类别方面，决策树（Decision Tree）、朴素贝叶斯分类器（Naïve Bayes Classifiers）和人工神经网络（Artificial Neural Networks）是在教育数据挖掘中最常用的几种算法。第二，机器学习教育学应用的主要目的包括学生成绩预测、留校分析和辍学风险预测等。第三，机器学习作为一种数据驱动的研究方法，能够识别出很多影响学生学习成绩的重要因素，包括学生以往的成绩和课堂表现、学生的数字化学习活动、学生的人口统计学因素和社会信息等。

近些年机器学习算法在大型教育数据集分析中的应用方兴未艾，除了最常见的决策树和朴素贝叶斯分类（Peña-Ayala, 2014; Shahiri et al., 2015），使用的算法还包括支持向量机和极端梯度提升等，目的是利用 PISA 或 TIMSS 等大型教育数据集提供高质量教学。这些方法在教育领域具有多种用途，包括但不限于学生建模、自动评估、成绩预测、学生/教师支持和文件分析等。其中，部分前沿研究使用决策树、极端梯度提升、贝叶斯网络和逻辑回归等对于 PISA、国际阅读素养进步研究（Progress in International Reading Literacy Study, PIRLS）和第三届国际数学与科学研究（Third International Mathematics and Science Study, TIMSS）等大型国际教育测评数据库进行分析，来确定影响学生阅读、数学和科学成绩的重要因素（Chen et al., 2021a; Chen et al., 2021b; Gorostiaga & Rojo-Álvarez; 2016; Hu et al., 2021; Kılıç Depren et al., 2017; Liu & Whitford, 2011）。目前，虽然机器学习在教育学中的应用逐渐增多，但使用的方法依然局限于少量的算法。因此，未来需要进一步参考其他数据挖掘算法来对教育大数据进行多维挖掘，得出更多重要和合理的结论。

目前，机器学习教育学应用的目的主要有以下几种：①预测：开发模型从已知事件

（预测变量）推测未知事件（被预测变量）。如预测学生在考试中能否获得成功，分析师生之间的互动模式等。②留校分析和辍学风险。留校分析逐渐受到研究者们的关注，因为它涉及学生或雇员的保留问题，不仅能用于教育，还能用于企业界。③数据可视化。随着教育领域数据规模的扩大，这些数据的报告也变得非常复杂，不同的可视化技术被用来对非常复杂和庞大的数据进行可视化。④课程推荐。通过分析学生的活动，确定学生的兴趣，并根据学习者的兴趣提供新课程。这项技术能够帮助学生选择其感兴趣的课程，确保学生选择其有兴趣的领域。⑤智能反馈。在智能反馈中，学习系统可以根据学生的信息来源提供合理和及时的评估反馈，这将提高学生的课堂互动和表现。其他应用包括行为检测、学生建模和学生技能评估。

借助机器学习算法，诸多研究探讨了影响学生成绩的主要因素（或属性）。①大量研究者发现与学生在先前年级和班级表现相关的因素会影响学生的学术表现（Asif et al., 2017; Burgos et al., 2018; Márquez-Vera et al., 2016）。这一发现可以解释为，学生在整个教育生活中的表现基本相同。换言之，如果学生在开始学习时习惯于获得良好的成绩，其将在学术生涯的剩余时间保持良好的成绩。这同样适用于那些分数较低的学生，他们也可能在整个学习过程中保持同样的模式，这也会影响他们在当前和未来学习中的表现。②研究还发现，学生的线上学习活动（e-learning）对学生的学习成绩有显著影响（Abdous et al., 2012; Burgos et al., 2018）。学生参与线上学习活动越多（例如，访问在线材料、进行在线测验，以及将作业上传到线上学习系统），学生获得更高分数和提高整体成绩的可能性就越大。在实践中，这些结果可以帮助学校和教师专注于学生的线上学习活动，并促进线上学习系统的使用，以提高学生的学习成绩和教育质量。③关于其他两类与学生的人口统计学和学生的社会信息相关的因素，假设这些类别是更多学生处理学生背景和他们周围行为的特定类别。这两个因素主要取决于学生自身，学生应注意这些因素，尽量避免任何可能影响学业成绩的行为或社会活动；此外，决策者可以利用这些因素建立重点小组来照顾学生，并于他们在学校学习期间给予特别关注。

二、机器学习在全球教育治理中的优势

教育大数据带来的不仅仅是教育数据容量的扩大，更重要的是使人们能够全面理解教育数据。对大量教育数据的分析有助于开发预测模型，以识别教育机构的机遇和应对挑战（Daniel & Butson, 2013）。也有人认为，从预测模型中获得的见解可用于探索学生的学习轨迹，以促进适应性和个性化学习环境的设计（McKenney & Mor, 2015）。

教育大数据和传统教育数据的区别主要表现在以下几个方面：

第一，宏观和微观尺度。传统的教育数据主要从宏观角度来为教育政策的制定提供方案。在大数据的范式下，人们以宏观的眼光来提取信息，但也可以对较低层次的微观甚至个体的教育数据进行锤炼，实现个体学习节奏的调整和教学方法的改进。

第二，数据采集。传统的数据集是周期性的，收集的样本量小。小数据集和大数据集之间不可避免地存在着系统偏差。大数据集可能包含巨大的实时数据和来自现实的流数据。

第三，数据存储。传统的数据量相对较小，存储方式可以是离线或在线，其中大部分是结构化数据。然而，对于大数据集来说，实时流数据的特点要求大型在线数据资源能够处理多样化的结构化和非结构化数据。

第四，数据挖掘。传统的数据挖掘主要是对因果关系的挖掘，挖掘的重点是这种关系的"准确性"。传统的数据挖掘方法已经变得相对成熟。然而，大样本的处理和分析总是不完美的。由于数据的爆炸式增长，我们需要开发一种接近现实的方法。大数据不仅关注数据关系的构建，而且还研究处理的"速度"。

教育领域目前共有五种类型的大数据分析，包括个人数据，学生与电子学习系统的互动数据（电子教科书、在线课程、页面浏览速度、页面返回、链接数量、链接距离、每个用户的页面浏览数量等），教育材料的有效性数据（与学生互动的内容、互动结果、教育效果等），行政（全系统）数据（出勤率、因病缺勤、课时数等），预测（预期）数据（学生参与某项活动的概率、完成任务的概率等）。

未来可以在开放和大数据的基础上实现数据挖掘和数据分析，这将为学生和教师提供快速反馈。集体和大规模的数据可以预测哪些学生需要教育系统的更多帮助，以避免学习课程的失败，这反过来导致了对新的教学方法的探索，这将特别有利于满足有特殊需要的学生的需求。近些年在线教育在教育界发挥了重要作用，学生可以足不出户地接受教育材料。大规模使用开放教育资源使教育部门积累了大量个人信息，有助于提高教育质量。此外，大数据可以使教育更加个性化，提高学习材料的效率，并且帮助教师揭示学生与其优秀学业之间的隐藏关系。

国际大规模阅读测评（如 PISA 和 PIRLS）覆盖范围广、样本量大、变量丰富、权威性高，且对于学生阅读素养的评估和研究有着较为丰富的经验。其中，最新一轮 PIRLS 2016 的小学生阅读素养测试涵盖了 61 个国家和地区（包括中国），最新一轮 PISA 2018 的中学生阅读素养测试涵盖了 79 个国家和地区（包括中国），数据全部免费公开以供借鉴和检验。国际大规模阅读测评由国际权威机构发起，已运行 20 余年，多方专家和研究人员共同参与，评估问卷具有较高的信度和效度，评估理念具有国际化代表性和前瞻性，评估对象覆盖广泛，具有全球性和多样性。但国际大型教育数据库也存在着数据高维度、复杂性等特点，一些常规的统计学方法难以深度挖掘其中隐藏的信息，而在教育评估中引入机器学习和人工智能技术，能够更好地反映数据的全貌、挖掘数据的潜在规律。

"数据驱动+理论驱动"成为现阶段推动国际教育测评不断完善的重要抓手。机器学习引入教育数据分析，大幅推动了教育革命和全球教育治理，能够帮助解决各国教育中的一些问题。它们能够识别有用的数据并将其转化为有用的信息；能够使培训更加个性化，学生不仅选择自己的课程计划，还能收到单独的作业相关信息。除此之外，学生能收到更详细的反馈和建议，并在培训开始前预测课程的完成情况。该系统还能够帮助青少年选择大学：如果未来机器能够使学生选择最合适的学校，学生甚至可以跳过申请的环节。学业成绩落后的学生将会大大减少，因为技术将提前识别可能会面临学业风险的学生、指出哪些方面有问题，教师将能够更好地帮助落后的学生。在未来，对组织收集的大数据及开放数据的分析，将有助于实施教师和学生之间实时有效的互动机制，这将允许对教育组织实施的学习模式进行深入和全面的研究，并能够通过大数据分析获得的新知识来优化这些模式，不断促进全球教育体系改革。

小节练习

测试题1：机器学习教育学的主要应用目的有哪几种？

测试题2：在教育数据挖掘领域常见的机器学习算法主要有哪几种？

测试题3：请简述机器学习在分析PISA和PIRLS等大型教育数据库的优势和劣势。

测试题 4：简述教育大数据和传统教育数据的区别。

测试题 5：请简述目前机器学习在教育数据挖掘中的现状和前景。

测试题 6：试述机器学习算法对于全球教育治理改革的贡献。

本单元小结与习题测试

机器学习应用是一个复杂的系统工程，涉及多个环节、多学科交叉。本单元主要介绍了其中的一些基本概念，包括数据要素、模型训练、模型评估、性能度量等机器学习应用中的诸多环节，对一些常见的机器学习算法进行了讲解，并对于如何使用支持向量机算法进行数据挖掘提供了详细的说明。机器学习作为教育数据挖掘的重要工具，适用于海量的教育数据，能够为制定教育政策提供大量信息和见解，推动全球教育治理。对于一些复杂的、初学者难以完全理解的概念，读者可以在随后单元的学习中通过具体案例巩固知识，加深理解。

测试题 1：假设一个数据集包含 2000 个样本，其中正例和反例等量。将其划分为包含 80%样本的训练集和 20%样本的测试集，以使用留出法进行评估。试估算共有多少种划分方式。

测试题 2：简述数据预处理的原理、数据预处理的现有方法、每一种方法主要解决的问题及其优缺点，并写出每种标准化方法的值域。

测试题 3：模型性能度量的常用标准有哪些？每一个标准主要对模型的哪个特点进行度量？每个标准分别适合在什么场景下使用？请举例说明。

测试题 4：使用 Z-score 标准化方法规范化如下的数据组：$200, 300, 400, 600, 1000$。写出每个数据标准化之前和之后的数据，并且画出分布图。

测试题 5：假设所分析的数据包括属性 age，它在数据元组中的值（以递增序）如下：13，15，16，16，19，20，20，21，22，22，25，25，25，25，30，33，33，35，35，35，35，36，40，45，46，52，70。可以使用最大最小值标准化将 age 值 35 变换到 $[0.0, 1.0]$ 区间，也可以使用 Z-score 标准化 age。对于这个数据，你愿意使用哪种方法进行标准化？陈述你的理由。

第三单元

EBDCES：一种基于教育

大数据的学生核心素养评估软件

PISA、PIRLS 和 TIMSS 等大型教育数据库是国际组织和世界各国（地区）对其教育治理和教育质量进行监测的重要手段，旨在通过数据分析驱动科学分析，助力全球教育治理"顶层设计"的科学决策。

对国际权威大型教育数据库进行分析是一项复杂的工程，包括数据提取、数据合并、数据清洗和数据分析等诸多环节与步骤。掌握对于不同类型的教育数据挖掘相关研究的数据提取和处理的一般方法流程是非常必要的。本单元主要对 EBDCES 软件进行系统介绍。该软件提供对PISA 的二次分析步骤，为学生核心素养相关的复杂维度的特征选择进行多角度评价并提供最佳特征选择方法。

本书作者具有对 EBDCES 评估软件的计算机软件著作权

第一节　EBDCES 软件简介

全球教育治理量化研究依托于人工智能技术深度挖掘的海量数据，需要对大量与教育教学相关的数据进行精细化、系统化和数据化分析。但该领域涉及多个复杂步骤和计算机编程，对于初学者来说较为困难。因此，本书作者面向全球教育治理量化研究领域、教育技术领域、教育挖掘领域及外语教育领域，使用 Python 语言开发了一种基于教育大数据的学生核心素养评估软件（EBDCES）。该软件提供对国际权威大型教育数据库 PISA 数据的二次分析步骤和流程，对学生核心素养相关的高通量复杂维度的特征选择进行多角度评价，并提供最佳特征选择方法。在用 SPSS 对于收集的不同层面的数据进行数据集成之后，即可使用 EBDCES 软件进行数据清洗和数据变换相关工作。EBDCES 软件的基本情况如下所示。

编程语言：Python

源程序量：483 行

开发的硬件环境：CPU 2 核　内存 4GB　硬盘 500GB

运行的硬件环境：CPU 2 核　内存 4GB　硬盘 500GB

开发该软件的操作系统：Windows 10

软件开发环境/开发工具：PyCharm 2020.2.2 (Community Edition)，Python 3.8

该软件的运行平台/操作系统：Windows 10

软件运行支撑环境/支持软件：Python 3.8

开发目的：提供对 PISA 数据库的二次分析步骤，为学生核心素养相关的复杂维度的特征选择进行多角度评价并提供最佳特征选择方法。

面向领域或行业：全球教育治理量化研究领域、教育技术领域、教育挖掘领域及外语教育领域。

主要功能：对于不同类型的教育数据，挖掘相关研究提供数据提取和处理的一般方法流程，同时能够对影响参与 PISA 测评的学生的核心素养特征（包括阅读素养、数学素养、科学素养、财务素养及全球胜任力等）进行多角度评价。

软件类型：教育软件、大数据软件。

技术特点：云计算软件，EBDCES 软件采用简明易懂的 Python 语言，在 Windows 10 操作系统，PyCharm 2020.2.2 (Community Edition)，Python 3.8 平台下开发，具有良好的用户友好性、可扩展性及实用性。

小节练习

测试题 1：请简述 EBDCES 软件分析的主要流程。

测试题 2：EBDCES 软件主要面向哪些研究领域？

测试题 3：简述使用 EBDCES 对 PISA 和 PIRLS 等国际大型教育数据库进行数据分析的优点。

测试题 4：简述 PISA 相关的学生素养评价分析可以通过 EBDCES 实现的原因。

测试题 5：EBDCES 主要适用于研究什么样的问题？请举例说明。

测试题 6：试比较 EBDCES 和目前广泛运用的其他教育大数据分析软件的不同之处。

测试题 7：为什么说 EBDCES 能够实现学生素养的多维评价？"多维"主要指的是什么？

第二节　EBDCES 操作步骤

EBDCES 软件功能丰富，操作简便，为教育大数据研究者提供了分析大型教育数据库的强大工具，可为课题研究、论文写作等提供有力支持。本节拟将其操作步骤分为四步，即软件安装与设置、数据提取、数据预处理及 SVM、SVM-RFE 和 SVM-RFE-CV 的使用，并以处理 CY07_MSU_TCH_QQQ.sav（PISA 2018 教师问卷数据）为例说明该软件的整个工作流程。

一、软件安装与设置

步骤 1：首先，通过 Python 官网（https://www.python.org/）安装 Python，通过 Pycharm 官网（https://www.jetbrains.com/pycharm/）安装 Pycharm（IDE 集成开发环境）。

步骤 2：设置 Python 环境变量，勾选"环境变量"和"Add Python 3.7 to PATH"复选框，以将 Python 命令工具所在目录添加到系统 Path 环境变量中；并在安装过程中勾选"安装 pip"（Python 包管理工具）。

步骤 3：安装 Pandas 包，在命令行界面中直接输入 pip3 install pandas，即可安装。

二、数据提取

文件夹 Data Extraction 中为数据提取相关代码，使用者在进行数据提取时，首先需要通过 Pycharm 打开此文件夹。在数据提取的所有过程中，使用者只需用到 setting_files 中的 columns_required.txt、rows_required.yml、discrete_required.yml 三个文件和 normal_dc.py 来进行数据提取。其中 normal_dc.py 为程序的入口文件。

步骤 1：使用者在 columns_required.txt 中存放需要的列（即变量），如图 3-1，需要提取的变量为 NatCen、CNTSCHID、CNTTCHID、GCSELF。

```
NatCen
CNTSCHID
CNTTCHID
GCSELF
```

图 3-1　columns_required.txt 变量输入格式

步骤 2：使用者在 rows_required.yml 存放数据行的过滤条件，满足条件的数据才会被保留下来，在 PISA 数据中一般为研究所需国家。此处需要符合 yaml 文件的语法。输入具体国家时，前面空两格，后面空一格。图 3-2 为提取 Albania 和 Brunei Darussalam 两国数据的输入格式。

```yaml
NatCen:
  - Albania
  - Brunei Darussalam
```

图 3-2　rows_required.yml 国家输入格式

步骤 3：使用者用 discrete_required.yml 来进行分类变量/离散变量的赋值。如对于离散变量 TC169Q01HA，其在 PISA 数据库中的原始数据为“Never”“In some lessons”“In most lessons”“In every or almost every lesson”。而在数据处理中，需要将其赋值为 PISA codebook 中对应的 1,2,3,4，以便随后进行离散变量的哑变量转换。使用者可以据此对离散变量进行赋值，具体格式如图 3-3 所示。

```yaml
TC169Q01HA:
  Never: 1
  In some lessons: 2
  In most lessons: 3
  In every or almost every lesson: 4
```

图 3-3　discrete_required.yml 离散变量输入格式

步骤 4：使用者打开 normal_dc.py，并在终端中输入以下指令：

Python normal_dc.py 数据文件所处的相对路径或绝对路径 输出文件（excel 格式）的名称

如图 3-4，数据文件的相对路径为 data\CY07_MSU_TCH_QQQ.sav，输出的 excel 文件名称为 teacher_data_extracted.xlsx。

```
Terminal: Local ×  +                                                                                          ✿
Microsoft Windows [版本 10.0.19041.630]
(c) 2020 Microsoft Corporation. 保留所有权利。

(base) C:\Users\Ke Deng\Desktop\PISA数据提取代码>python normal_dc.py data\CY07_MSU_TCH_QQQ.sav teacher_data_extr
acted.xlsx
```

图 3-4　提取 CY07_MSU_TCH_QQQ. sav 中的数据并导出

注：DataCleaningHelper 文件夹为一个独立的库，可以通过 normal_dc.py 进入，在使用时不需要进行任何更改。它由多个 Python 文件组成（见图 3-5）。其中 errors.py 包含了使用过程中的报错信息；filter.py 包含了数据处理的类；filter_helper.py 负责读取 setting_files 中的配置文件内容；my_logging.py 包含了使用过程中的提示信息；settings.py 用于指明各配置文件所处路径。

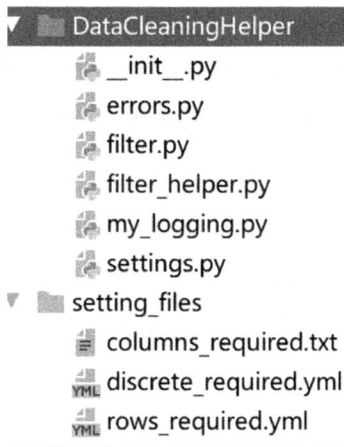

图 3-5　DataCleaningHelper 文件夹目录

三、数据预处理

数据预处理是正式分析前必要的准备工作，通过把原始数据转化为分析算法适用的形式，可以大大提升分析数据的效率（见图 3-6）。数据预处理共分为数据集成、数据清洗和数据变换三个步骤。其中，在进行数据清洗时，对于缺失值、冗余值和异常值，研究者可以根据研究需要和数据特点来使用不同的处理方法。在用 SPSS 对收集的不同层面的数据进行数据集成之后，使用者即可进行数据清洗和数据变换相关工作。

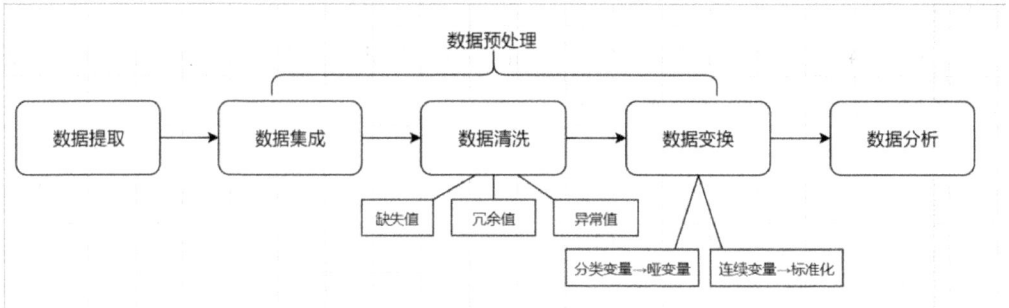

图 3-6　数据预处理流程图

步骤 1：使用者可以通过 missing_value_handler1 来删除缺失值超过某个百分比以上的样本。图 3-7 以删除缺失值超过 30% 以上的样本为例。若需修改缺失值比例，直接对第 22 行代码的数字 0.3 进行更改即可。

```
20    def remove_missing(self):
21        length = len(self.header)
22        remove_sum = int(0.3*len(self.header))
```

图 3-7　删除缺失值较多的样本

步骤 2：使用者可以通过 missing_value_handler2 来删除缺失值超过某个百分比以上的变量，及删除重复变量。图 3-8 以删除缺失值超过 30% 以上的变量（列）为例。若需修改缺失值比例，直接对第 15 行代码的数字 0.7 进行更改即可。

```
13    import missingno
14    missingno.matrix(data)
15    data=data.dropna(thresh = data.shape[0]*0.7,axis=1)
```

图 3-8　删除缺失值较多的变量

步骤 3：使用者可以通过 dummy_variables_handler.py 来进行连续型变量的标准化和离散型变量的哑变量处理。其中 id_col 为样本代号，cat_col 为离散变量的 list，cont_col

为连续型变量的 list。使用者只需根据研究需要修改 list 中的变量即可。其中，图 3-9 表示需要处理的离散变量为 ST004D01T 和 ST111Q01TA，连续变量为 AGE、DISCLISCI 和 TEACHSUP。

```
13    id_col=['CNTSTUID']
14    cat_col=['ST004D01T','ST111Q01TA']#这里是离散型
15    cont_col=['AGE','DISCLISCI','TEACHSUP']#这里是连续型
```

图 3-9　连续变量和离散变量的处理

步骤 4：使用者可以根据研究需要，选用 KNN_imputation.py 或者 median_imputation.py 来对其他的缺失数据进行填充，前者为 KNN 填充，后者为中位数填充。

（1）KNN（K-Nearest Neighbor）填充：存在一个样本数据集合，也称为训练样本集，并且样本集中每个数据都存在标签，即样本集中每一数据与所属分类对应的关系已知。输入没有标签的数据后，将新数据中的每个特征与样本集中数据对应的特征进行比较，提取出样本集中特征最相似数据（最近邻）的分类标签。KNN 算法的优点是精度高、对异常值不敏感、无数据输入假定；其缺点为计算复杂度高且空间复杂度高。KNN填充使用方法如图 3-10 所示。

```
import ...
data=pd.read_csv('C:/Users/liyi/Desktop/data/ifdivide.csv',na_values='NULL',index_col=None,header=0)
NaN=np.nan
imputer=KNNImputer(n_neighbors=7,weights='uniform')
data1=imputer.fit_transform(data)
print(data1)
pd.DataFrame(data1,columns=data.columns).to_csv("C:/Users/liyi/Desktop/data/ifdivide.results.csv",index=False
```
需要处理的文件位置
导出文件位置

图 3-10　KNN 填充使用方法

（2）中位数填充：对每一列的缺失值，填充当列的中位数。

中位数填充使用方法如图 3-11 所示。

```
if __name__ == "__main__":
    file = "test中位数.xlsx"
    ignore = ["CNTSCHID", "CNTSTUID", "NatCen"]
    median_handler(file, ignore)
```
文件名
不需要求的列

图 3-11　中位数填充使用方法

四、SVM、SVM-RFE 和 SVM-RFE-CV 的使用

（1）SVM：使用者在按照研究要求将所需样本做好标签（标签命名为"LABEL"）后，可以直接将处理好的数据放入 SVM.py 中运行。最终，SVM.py 会输出 ACC（Accuracy Score）、Precision、SEN（Sensitivity Score / Recall）、F-score、AUC（Area Under the Receiver Operating Characteristic[ROC]）五项机器学习常用指标，以及 C 值和 gamma 值。

（2）SVM-RFE：使用者直接将处理好的数据放入 SVM.py 中运行即可。最终，SVM-RFE.py 会按照重要性由小到大进行排列，输出输入变量的排序。

（3）SVM-RFE-CV：使用者直接将处理好的数据放入 SVM-RFE-CV.py，并将其中的 C 值和 gamma 值修改为 SVM 代码中的 C 值和 gamma 值，点击运行即可。最终 SVM-RFE-CV.py 会输出变量的 ACC 值的曲线图。如图 3-12，输入的变量为 240 个，其中变量在第 65 个左右时曲线趋向平稳。

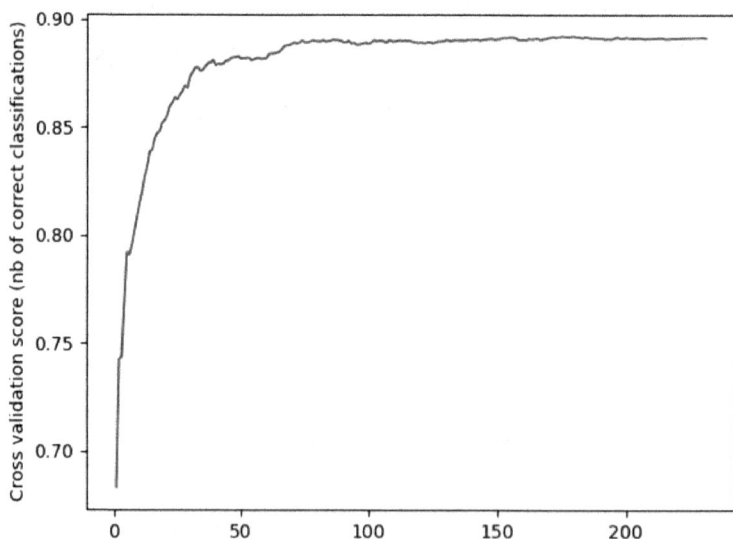

图 3-12　SVM-RFE-CV.py 输出的曲线图

（4）求 MCC

根据需要，使用者可将已求出的 Precision、Sensitivity 和 ACC 值输入 MCC.py 中，直接求出 MCC（Matthews Correlation Coefficient），其计算公式如下：

$$MCC = (TP \times TN - FP \times FN)/\sqrt{(TP + FP)(TP + FN)}(TN + FP)(TN + FN)$$

使用者的输入方法如图 3-13 所示：

```
23
24   if __name__ == __main__:
25       get_mcc(0.7826, 0.7981, 0.8324)
26       get_mcc(0.8107, 0.8286, 0.8561)
```

Precision Sensitivity ACC

图 3-13　MCC.py 输入方法

小节练习

测试题 1：请简述 Pandas 包的在本软件中的功能和用途。

测试题 2：请简述安装清华源进行算法包下载的步骤。

测试题 3：在使用 EBDCES 进行最佳特征选择时，判断的标准有哪些？一般来说，选择多少个特征能够使模型达到最佳分类性能？

测试题 4：在 PISA 数据中，选择国家对应标签共有三项，在使用 EBDCES 进行分析时该如何进行选择？请给出原因。

测试题 5：在 PISA 数据处理中，学生的阅读、数学和科学等成绩共有 10 个 PV 值。在 EBDCES 的使用中，这 10 个 PV 值该如何处理？请给出具体说明和处理依据。

测试题 6：EBDCES 软件如何处理多层数据？

第三节　EBDCES 代码源文件

本节提供 EBDCES 软件的代码源文件，包括数据提取、删除样本/变量缺失值、连续型变量的标准化和离散型变量的哑变量处理、KNN/中位数填充、SVM、SVM-RFE 及 SVM-RFE-CV。不同代码之间相互独立，研究者可针对不同研究选题，选取不同的代码进行使用。

一、数据提取

```
#本代码主要用于 PISA 数据提取
import sys
from DataCleaningHelper.filter import Filter
from DataCleaningHelper.filter_helper import FilterHelper
from DataCleaningHelper.settings import *
def main(argv):
    # 第一步：确认需要的 columns
    # FilterHelper.get_columns_from_settings()
    # 是读取 settings_files 中的 columns_required.txt 里的所需要列
    # 使用者可以把需要的列都放在这个 txt 文件里
    # 如果使用者需要在 setting_files 里新建一个 txt 文件并把列放进去，那么可以
把下面这个语句解除注释
    # COLUMNS_REQUIRED_FILE = "新建的文件名"
columns_required = FilterHelper.get_columns_from_setting()
    # 第二步：得到 filter 对象，来帮助提取数据
    # 参数：文件类型，文件名称，需要的列
    filter = Filter("spss", argv[0], usecols=columns_required)
    # 第三步：选出需要的行
```

```
        rows = FilterHelper.get_row_from_setting()
        cs = []
        vs = []
        for k, v in rows.items():
cs.append(k)
vs.append(v)
filter.filter(cs, vs)
        # 第四步：替换离散变量
        discrete = FilterHelper.get_discrete_from_setting()
        print(discrete)
filter.discrete_map(discrete)
        # 第五步：写文件
filter.save("excel", argv[1])
if __name__ == "__main__":
main(sys.argv[1:])
```

DataCleaningHelper 源代码：

1. errors.py：

```
# coding = utf-8
class UsualError(object):
        # 基本报错直接使用 ValueError 即可
        @staticmethod
        def column_not_exist(column):
                raise ValueError("不存在的字段{}".format(column))
        @staticmethod
        def columns_values_unequal():
                raise ValueError("指定的变量与取值 个数不相等")
        @staticmethod
        def wrong_file_type(file_type):
                raise ValueError("您所需要读取的文件类型{}不存在".format(file_type))
```

2. filter.py：

```
# coding=utf-8
```

```python
import pandas as pd
from DataCleaningHelper.errors import UsualError
from DataCleaningHelper.my_logging import Mylogging
class Filter(object):
    def __init__(self, file_type, file_name, usecols=None):
        self.file_obj = self._read_file(file_type, file_name, usecols)
        print(list(self.file_obj.columns))
    def _read_file(self, file_type, file_name, usecols):
        Mylogging.read_file_started(file_name)
        type_allowed = {"csv": pd.read_csv,
                        "excel": pd.read_excel,
                        "spss": pd.read_spss}
        if (type(file_type) is not str or
                file_type.lower() not in type_allowed.keys()):
            UsualError.wrong_file_type(file_type)
            print(usecols)
        file_obj = type_allowed[file_type.lower()](file_name, usecols=usecols)
        Mylogging.read_file_end(file_name)
        return file_obj
    def _get_single_filter_condition(self, column, value):
        self._validation(column)
        if type(value) is list:
            return self.file_obj[column].isin(value)
        else:
            return self.file_obj[column] == value
    def _validation(self, column, file_columns=None):
        # 验证所需要的提取的字段是否在文件中存在
        if not file_columns:
            file_columns = self.file_obj.columns.values
        if column not in file_columns:
            UsualError.column_not_exist(column)
```

```python
    def filter(self, columns, values):
        if type(columns) is not list:
            condition = self._get_single_filter_condition(columns, values)
self.file_obj = self.file_obj.loc[condition]
        if type(values) is not list or len(columns) != len(values):
            raise UsualError.columns_values_unequal()
        conditions = True
        for i in range(len(columns)):
clm = columns[i]
vl = values[i]
            condition = self._get_single_filter_condition(clm, vl)
            conditions = conditions & condition
self.file_obj = self.file_obj.loc[conditions]
        # return self.file_obj.loc[conditions]
    def select(self, columns):
file_columns = list(self.file_obj.columns.values)
        if type(columns) is list:
            for c in columns:
self._validation(c, file_columns)
self.file_obj = self.file_obj[columns]
    def save(self, save_type, file_name):
type_allowed = {
            "csv": self.file_obj.to_csv,
            "excel": self.file_obj.to_excel
        }
type_allowed[save_type.lower()](file_name, index=False)
Mylogging.save_success(file_name)
    def discrete_map(self, discrete_dict):
discrete_variables = list(discrete_dict.keys())
        for d_v in discrete_variables:
the_discrete_dict = discrete_dict[d_v]
```

```python
print(d_v, the_discrete_dict)
self.file_obj[d_v] = self.file_obj[d_v].replace(the_discrete_dict)
```

3. filter_helper.py:

```python
# coding=utf-8
import yaml
from DataCleaningHelper.settings import *
def load_yml(file_name):
    with open(file_name, "r") as f:
        data = f.read()
yml = yaml.load(data)
    return yml
class FilterHelper(object):
    @staticmethod
    def get_columns_from_setting():
        with open(COLUMNS_REQUIRED_FILE, "r") as f:
            content = f.read().splitlines()
            if "" in content:
content.remove("")
            _content = [i.replace(" ", "") for i in content]
            return content
    @staticmethod
    def get_row_from_setting():
        return load_yml(ROWS_REQUIRED_FILE)
    @staticmethod
    def get_discrete_from_setting():
        return load_yml(DISCRETE_REQURIED_FILE)
```

4. my_logging.py:

```python
# coding = utf-8
import logging
logging.basicConfig(level=logging.DEBUG,
        format="%(asctime)s %(name)s %(levelname)s %(message)s",
```

```
datefmt = '%Y-%m-%d    %H:%M:%S %a')
class Mylogging(object):
    @staticmethod
    def read_file_started(file_name):
logging.debug("正在打开文件 {}.并读取数据".format(file_name))
    @staticmethod
    def read_file_end(file_name):
logging.debug("数据读取完成")
    @staticmethod
    def save_success(file_name):
logging.debug("文件 {} 保存成功".format(file_name))
```

5. settings.py:

```
# coding=utf-8
COLUMNS_REQUIRED_FILE = "setting_files/columns_required.txt"
ROWS_REQUIRED_FILE = "setting_files/rows_required.yml"
DISCRETE_REQURIED_FILE = "setting_files/discrete_required.yml"
```

二、删除样本缺失值

#本代码主要用于删除缺失值超过某个百分比以上的样本（以删除缺失值超过 30%
以上的样本为例）

```
# coding = utf-8
import pandas as pd
import numpy as np
class MissingValueHandler(object):
    def __init__(self, file_name):
self.df = None
self.header = None
self._read_file(file_name)
    def _read_file(self, file_name):
        df = pd.read_excel(file_name, header=0)
        header = df.columns
```

```python
        print("读文件完成")
self.header = header
self.df = df
    def remove_missing(self):
        length = len(self.header)
remove_sum = int(0.3*len(self.header))
remove_rows = []
        for i in range(len(self.df)):
            row = self.df.iloc[i]
missing_count = 0
            for var in self.header:
var_value = row[var]
                # print(var_value)
                if (type(var_value) is not str and np.isnan(var_value)):
missing_count += 1
                if missing_count >= remove_sum:
remove_rows.append(i)
                    print("删除一行")
                    break
        print("删除{}".format(remove_rows))
        print("删除{}".format(len(remove_rows)))
self.df = self.df.drop(labels=remove_rows)
    def complete_missing_value(self):
complete_cell_count = 0
        for i in range(len(self.df)):
            row = self.df.iloc[i]
            # country = row["CNTRYID"]
sch_id = row["CNTSCHID"]
same_sch_objs = self.df.loc[self.df["CNTSCHID"] == sch_id]
            for var in self.header:
var_value = row[var]
```

```
            if (type(var_value) is not str and np.isnan(var_value)):
complete_cell_count += 1
self.df.loc[i, var] = same_sch_objs[var].mean()
            print("完成一行")
        print(f"共填充{complete_cell_count}单元格")
    def write(self, file_name="missing_handled_result.xlsx"):
        print("开始写文件")
self.df.to_excel(file_name, index=False)
if __name__ == "__main__":
    handler = MissingValueHandler("beforedatacancel.xlsx")
handler.remove_missing()
handler.write("missing_variables_deleted.xlsx")
```

三、删除变量缺失值

#本代码主要用于删除缺失值超过某个百分比以上的变量（列）及删除重复变量（以删除缺失值超过30%以上的变量为例）

```
import pandas as pd
import numpy as np
from collections import Counter
from sklearn import preprocessing
from matplotlib import pyplot as plt
import seaborn as sns
plt.rcParams['font.sans-serif'] = ['SimHei']
plt.rcParams['axes.unicode_minus'] = False
sns.set(font='SimHei')
data=pd.read_excel(' missing_variables_deleted.xlsx ')
print("数据读取完成")
import missingno
missingno.matrix(data)
data=data.dropna(thresh = data.shape[0]*0.7,axis=1)
print("变量筛选完成")
```

```
data.duplicated().sum()
data.drop_duplicates()
print("重复个案删除完成")
data.to_excel("output/columns_duplicated_delete.xlsx")
```

四、连续型变量的标准化和离散型变量的哑变量处理

```
# 本代码主要用于连续型变量的标准化和离散型变量的哑变量处理
import pandas as pd
from matplotlib import pyplot as plt
from sklearn import preprocessing
import seaborn as sns
plt.rcParams['font.sans-serif'] = ['SimHei']
plt.rcParams['axes.unicode_minus'] = False
sns.set(font='SimHei')
data=pd.read_excel('labeled123.xlsx')
print("数据读取完成")
data.columns
#第一步，将整个 data 的连续型字段和离散型字段进行归类
id_col=['CNTSTUID']
cat_col=['ST004D01T','ST111Q01TA']#这里是离散型
cont_col=['AGE','DISCLISCI']#这里是连续型
#对于离散型数据，显示其类别，并对其获取哑变量
for i in cat_col:
    print (pd.Series(data[i]).value_counts())
plt.plot(data[i])
dummies=pd.get_dummies(data[cat_col])
print("哑变量处理完成")
#对于连续型数据，对其进行标准化
scaled=preprocessing.scale(data[cont_col])
scaled=pd.DataFrame(scaled,columns=cont_col)
m=dummies.join(scaled)
```

```
data_cleaned=data[id_col].join(m)
print("连续变量处理完成")
data_cleaned.to_excel("output/dataprocessedtrue.xlsx")
```

五、KNN 填充

```
import pandas as pd
import numpy as np
from missingpy import KNNImputer
data=pd.read_csv(  'C:/Users/ke  deng/Desktop/before  impu/before  imputation.csv',na_
values='NULL',index_col=None,header=0)
NaN=np.nan
imputer=KNNImputer(n_neighbors=7,weights='uniform')
data1=imputer.fit_transform(data)
print(data1)
pd.DataFrame(data1,columns=data.columns).to_csv("C:/Users/ke  deng/Desktop/before  impu/
after imputation.results.csv",index=False,header=True)
```

六、中位数填充

```
# coding = utf-8
import pandas as pd
from math import isnan
def median_handler(file: str, ignore: list=None):
    # file = "test 中位数.xlsx"
    if not ignore:
        ignore = []
    df = pd.read_excel(file, header=0)
nan_columns = []
    columns = df.columns.tolist()
    for column in columns:
        if column in ignore:
            continue
```

```
column_median = df[column].median()
            if isnan(column_median):
nan_columns.append(column)
                continue
            df[column].fillna(column_median, inplace=True)
df.to_excel(f"中位数处理_{file}", index=False)
if __name__ == "__main__":
    file = "test 中位数.xlsx"
    ignore = ["CNTSCHID", "CNTSTUID", "NatCen"]
    median_handler(file, ignore)
```

七、SVM

```
import pandas as pd
from sklearn.model_selection import train_test_split
from sklearn import svm
from sklearn import metrics
from sklearn.model_selection import GridSearchCV
from sklearn.model_selection import StratifiedShuffleSplit
data=pd.read_csv('C:/Users/Ke Deng/Desktop/ SVM processing/数据预处理完成.csv')
y=data[['LABEL']]
x=data.drop(labels=['LABEL'],axis=1)
cv = StratifiedShuffleSplit(n_splits=1,test_size=0.2,random_state=1)
for train_index,test_index in cv.split(x,y):
X_train, X_test, y_train, y_test = x.iloc[train_index],x.iloc[test_index],y.iloc[train_index],
y.iloc[test_index]
    clf=svm.SVC(kernel='linear')
    param_grid={'C':[0.001, 0.10, 1, 10, 25, 50, 100, 200,300,500,1000]}
    clf_grid = GridSearchCV(clf,param_grid,cv=5,verbose=0,n_jobs=-1)
    clf_grid.fit(X_train,y_train)
    y_pred=clf_grid.predict(X_test)
    print('best parameter:\n',clf_grid.best_params_)
```

```
print('accuracy:', metrics.accuracy_score(y_test, y_pred), 'precision:', metrics. precision_
score(y_test, y_pred),
    'recall:', metrics.recall_score(y_test, y_pred),'f-score:', metrics.accuracy_score(y_test,
y_pred), 'cm:', metrics.confusion_matrix(y_test, y_pred), 'roc_auc_, metrics.roc_auc_
score(y_test, y_pred))
```

八、SVM-RFE

```
import numpy as np
import pandas as pd
from sklearn import preprocessing
from sklearn.svm import LinearSVC
LABEL = "LABEL"
data = pd.read_csv("C:/Users/Ke Deng/Desktop/文章1 EER and Academic resilience/
SVM processing/NOID 数据预处理完成 latest1.csv",header = 0)
datasets = {}
datasets['ID'] = list(data.columns)
datasets['ID'].remove(LABEL)
datasets[LABEL] = np.array(data[LABEL])
featureNames = datasets['ID']
feat, label = data[featureNames], datasets[LABEL]
scaler = preprocessing.StandardScaler()
inputVec = scaler.fit_transform(feat)
tmp, feat = inputVec.copy(), featureNames.copy()
rank = []
score = []
while(tmp.shape[1]):
    clf = LinearSVC()
    clf.fit(tmp,label)
    coef = clf.coef_
    print(coef)
    scores = np.sum(coef**2,axis=0)
```

```
        _id_ = np.argmin(scores)
        rank.append(feat[_id_])
        score.append(scores)
        feat.pop(_id_)
        tmp = np.delete(tmp,_id_,axis=1)
print(rank)
print(score)
```

九、SVM-RFV-CV

```
from sklearn.feature_selection import RFECV
from sklearn.svm import SVC
from sklearn.model_selection import StratifiedKFold
import matplotlib.pyplot as plt
import pandas as pd
data = pd.read_csv('C:/Users/Ke Deng/Desktop/文章 1 EER and Academic resilience/SVM processing/NOID 数据预处理完成 latest.csv',header=0,index_col=None,sep = ',')
y = data['LABEL']
x = data.drop(labels = ['LABEL'],axis = 1)
clf = SVC(kernel="linear", C = 100,gamma=0.001)
rfecv = RFECV(estimator=clf, step=1, cv=StratifiedKFold(5))
rfecv.fit(x, y)
print(rfecv.ranking_)
print(rfecv.grid_scores_)
plt.figure()
plt.ylabel("Cross validation score (nb of correct classifications)")
plt.plot(range(1, len(rfecv.grid_scores_) + 1), rfecv.grid_scores_)
plt.show()
```

小节练习

测试题 1：请画出 EBDCES 软件的工作流程图。

测试题 2：EBDCES 软件是否考虑到了变量之间的相互关系？如何显示变量之间的交互作用？

测试题 3：在数据提取的整个过程中，使用者只需用到 setting_files 中的三个文件进行数据提取，其中若遇到标签为"Yes"或"No"的变量，在进行算法输入时需要注意什么？

测试题 4：在使用 EBDCES 软件进行数据提取时，PISA 的 codebook 文件可以起到哪些作用？与原始数据文件相比，其具有怎样的优势？

测试题 5：相较于 SVM，SVM-RFE 具有哪些优势？

测试题 6：请比较中位数填充和 KNN 填充的效果。

本单元小结与习题测试

全球教育治理量化研究涉及多个复杂步骤和计算机编程，对于该领域初学者来说较为困难。因此，本单元为该领域研究者提供了一种基于教育大数据的学生核心素养评估软件（EBDCES），该软件能够对国际权威大型教育数据库 PISA 数据提供二次分析步骤，对学生核心素养相关的高通量复杂维度的特征选择进行多角度评价，并提供最佳特征选择方法。本单元对于数据处理具体操作步骤进行了清晰讲解。同学们可针对不同问题，结合自身研究项目，选取相应代码进行尝试和探索，进一步熟悉 EBDCES 软件的使用，不断提升科学认知方法和分析与解决问题的能力。

测试题 1：从 PISA 官方数据库下载 PISA 2018 student questionnaire data file（https://www.oecd.org/pisa/data/2018database/），使用 EBDCES 软件的数据提取部分对中国四省市的学生数据进行提取，挑选出与研究问题相关的变量。

测试题 2：使用 EBDCES 软件的数据预处理部分对上述中国四省市的学生数据进行预处理：删除缺失值超过 30% 的变量，其他缺失值进行 KNN/中位数填充；并将连续变量标准化，分类变量进行哑变量处理。

测试题 3：根据 PISA Assessment Framework 对于"优等生"（high performers）和"后进生"（low performers）成绩的划分，在该数据范围内提取出阅读/数学/科学素养排名前列和末尾的学生，并对其打上标签。

测试题 4：使用 EBDCES 软件的数据分析部分（SVM、SVM-RFE 和 SVM-RFE-CV）对上述中国四省市的学生数据进行数据分析，并对其结果进行解读。

测试题 5：EBDCES 软件能够识别高维变量之间的相互作用，但难以辨别其中的因果关系。面对这种情况，我们可以通过哪些方法来进一步明晰变量之间的因果关系？

测试题 6：EBDCES 软件中，离散变量的哑变量处理对于原始数据的格式有怎样的要求？能够通过怎样的方法实现？

测试题：7：EBDCES 软件对于促进学生核心素养的多维评价具有怎样的意义？

第四单元

结构方程模型和多层中介分析方法

　　本单元简要介绍了结构方程模型和中介分析的理论基础与优势特点，并探讨了二者可以应用到 PISA 研究中的原因。本单元实践操作与理论介绍相配合，介绍了如何在 R 语言环境中使用 lavaan 包进行结构方程模型建模和中介分析，从安装到基础模型语法的介绍，再到估计方法、标准误和缺失值的处理，通过验证性因子分析和简单的结构方程模型的实例，加深读者对 lavaan 包的基础理解。继而进阶到更为复杂的讨论，如分组问题、分类变量问题等。最后讨论多层模型，通过介绍多层线性回归、多层结构方程模型和多层中介分析，为读者处理 PISA 等具有多层特点的大数据提供实际操作上的指导。

第一节 结构方程模型

一、结构方程模型简介

结构方程模型（Structural Equation Modeling, SEM）是从假设的理论架构出发，通过采集数据，验证这种理论假设是否成立的一种验证性的统计分析方法。在统计研究中，可以直接测量的变量称为观测变量（Observed Variable），但是在实际生活中许多事物是不能够直接测量的，特别是在人文、社会、行为科学领域，例如学生的学习动机。SEM将无法直接观测的对象作为潜变量（Latent Variable），通过观测变量反映这些潜变量，从而建立起潜变量之间的关系，也就是结构。

SEM 遵循多变量分析的一般线性模式进行验证型分析，能够包含方差分析、回归分析、路径分析、因子分析等传统统计方法，同时可以在一定程度上弥补传统统计方法的不足：多元回归、路径分析只能处理有观察值的变量，并且还要假定其观察值不存在测量误差，而 SEM 对变量类型的选择没有严格的限制条件，可以引入潜变量并分析潜变量之间的结构关系使研究更加深入，且允许观察值存在测量误差。另外，路径分析采用标准的最小二乘法（Ordinary Least Squares, OLS）对各个方程分别进行估计，而 SEM 则用最大似然法（Maximum Likelihood, ML）同时估计模型中所有参数，通过同时考虑多个变量之间的关系，排除其他因素的影响，比较准确地估计两个变量之间的因果关系。SEM发展了路径分析的优势，运用路径图清晰呈现多个变量之间的复杂关系。SEM 除了可以计算变量的直接效应外，还能推导出间接效应和总效应，表达中介变量的作用；通过增加乘积项或乘方项变量，表达变量间的交互作用与非线性关系。

二、结构方程模型建模步骤

（1）模型描述与设定。研究者根据理论和已有的知识，经过推论和假设形成一个关于一组变量之间相互关系的模型，用路径图明确指定变量间的因果联系。SEM 模型有两种呈现形式：概念模型（Conceptual Model）与统计模型（Statistical Model）。概念模型主要说明一个 SEM 研究探讨的概念间的关系,研究者必须在特定的理论概念基础上,通过其研究假设形成概念模型。统计模型指可以利用分析工具加以检测的操作性模型(operational model),表示如何经过操作的程序以得到概念结果的整个程序,此时操作性指除了需要符合统计运算的原理之外,也需符合统计分析工具的技术原理与限制。统计模型与概念模型的差别是概念模型可以利用路径图来具体说明,但是统计模型通常是进行 SEM 分析过程中的思考概念与计算原则,而非具体的实体模型。通常,统计模型最具体的呈现形式就是语法指令的内容,例如在一个 LISREL 语法当中详细列举估计参数、固定参数等信息。然而统计模型的真正内涵,是概念模型得以进行估计分析的整个统计过程。

(2)模型识别。SEM 模型具有可识别性的目的是使其各项数学估计程序可以顺利进行。由于结构方程模型所设定的假设模式基于研究者的研究需求提出,根据实际搜集得到的数据利用分析软件来进行估计工作,因此,只有在模型符合统计分析与软件执行的要求,也就是在能够被有效识别的情况下,SEM 分析才能顺利进行。如果假设的模型本身不能被识别,则无法得到系统各个自由参数的唯一估计值。一个模型可以被有效进行识别的程度称为模型识别度,检查模型识别的基本规则是模型的自由参数不能多于观察数据的方差和协方差总数。

(3)模型估计。SEM 模型的基本假设是,显变量的方差—协方差矩阵是一套参数的函数。估计固定参数值和自由参数,代入结构方程,推导出方差—协方差矩阵,并使矩阵中的每一个元素尽可能地接近于样本中显变量的方差—协方差矩阵中的相应元素。参数估计的数学运算方法很多,其中最常用的是最大似然法(ML)和广义最小二乘法(GLS)。

(4)模型评价。就是指在已有的证据与理论范围内,考察所提出的模型拟合样本数据的程度。模型拟合指数的功能是评估一个 SEM 模型是否与观测数据相拟合。在 SEM 的具体应用上,拟合有两种不同的意义:第一是绝对拟合(absolute fit),第二是增量拟合(incremental fit)。绝对拟合反映的是模型导出的协方差矩阵与实际观测的协方差矩阵之间的拟合情形,拟合度的数值大小表示模型导出数与实际观测数差异的大小。增量拟合则是指某一个模型的拟合度较另一个替代模型的拟合度增加或减少了多少。这两种拟合的概念适用不同的模型拟合指数。然而所有的 SEM 分析都应先报告卡方统计量及与卡方(x^2)统计量的计算有关的信息(自由度、样本数、显著性数据),当 x^2 统计量未达 0.05 显著水平时,表示假设模型是个可接受的模型,可良好地代表真实世界的现象。非正态性的数据经过校正后,在报告传统的卡方值之外,也应报告调整后的卡方值

（Scaled x^2）。在小样本或样本数据分布违反多变量正态性假定的情况下，x^2检验统计量会偏离 x^2分布，因而在评估模型适配度时，x^2检验统计量并不完全可靠，研究者应结合绝对适配度指标（如 GFI）、残差分析指标（如 RMSEA）、增值适配度指标（如 CFI）与简约适配度指标（如 PNFI、PGFI、AIC）等进行综合评估。GFI 指数性质类似于回归分析的 R，数值越大，实际观察的协方差矩阵能够被假设模型解释的百分比越高，模型拟合度越佳，因此 GFI 指数可以说是反映绝对拟合的最佳指数。增量拟合的评估可以利用 NNFI、IFI 等指数，这些指数的基础是模型间的卡方值差异值。如果研究者使用的是最大似然法估计程序，NNFI（或称为 TLI）指数是较常用的指数，但是当样本数少时（例如低于 150）则不建议使用，可以改用 IFI 指数。如果研究者采用的是广义最小二乘法，则 IFI 指数的表现较理想。以上不同模型适配度判断重要准则如下：RMSEA 值<0.06，TLI 值>0.95，CFI 值>0.95，SRMR 值<0.08。

（5）模型修正。模型修正是为了改进初始模型的适合程度。当尝试性初始模型不能拟合观察数据时，即这个模型被数据所拒绝时，就需要对模型进行修正，再用同一组观察数据来进行检验。

结构方程模型本身仍不够完善，在模型设定、模型拟合、拟合检验及结果解释等方面都还存在或多或少的问题，如：现有理论不能准确提出有说服力的因果模型；在模型设定与模型识别过程中所做的比较，可能有损于最初的理论假设；缺乏没有充分的定性和定量数据以保证模型的拟合；等等。简言之，其他统计模型中存在的问题，都有可能在结构方程模型中存在。

SEM 只是一种研究思路和统计方法。要正确运用它，必须有正确的理论构想，这是研究的前提。科学研究的结论必须有一个正确的理论观点，SEM 只能在关系的前提下解释理论观点，但不能识别事物之间的因果关系，即只能确定一个模型是否合理，或者一个模型在理论的前提下可能的表现，但无法找到和证明因果关系。

SEM 所需要的样本容量也是应该注意的问题。一般来说，样本容量不得少于 150，若样本容量太小，可能会违反变量的正态分布假设。因此，要取得较为稳定的结果，必须有较大的样本容量。另外，如果使用的样本不具有代表性，或者是有偏样本，那么结构方程模型得出的结论是不可靠的，不能推广到更大的范围。结构方程模型的广泛应用反映了统计分析方法的进步，这种分析因果关系的新方法，为我们全面认识和深入研究各种社会现象奠定了方法论基础。

小节练习

测试题 1：简述结构方程模型的定义。

测试题 2：简述结构方程模型可以弥补哪些传统统计方法的不足。

测试题 3：简述观测变量（Observed Variable）和潜变量（Latent Variable）的区别。

测试题 4：结构方程模型常用的模型评价指标有哪些？

测试题 5：什么情况下需要进行模型修正？

第二节　中介分析

一、中介分析方法简介

在研究的最初阶段，研究人员常常探究两个变量 X 和 Y 之间是否存在因果关系，这类问题是理解周围世界的起点，因为建立两个变量的关系是探求科学本质的过程之一。几乎每一个科学学科都有大量的研究文献，为相关问题提供答案。但随着研究的发展和成熟，研究焦点从验证效应关系的存在转向了理解效应发生的机制，这一问题能够帮助我们对所调查的过程有更深入的理解，并为其应用提供见解和实际建议。中介分析是回答机制问题的典型方法，其目的是分析某些因变量 X 通过一个或多个中介变量 M 影响某些自变量 Y 的关系。中介分析是社会、行为、健康科学、商业、医学等诸多领域中应用最广泛的统计方法之一。21 世纪社会科学方法论中引用频率最高的论文都与中介分析相关。了解中介分析的概念及实现方法，是相关人员迫切需要进行的工作。

为了探究或检验 X 对 Y 产生影响的机制，研究者通常假设一个模型，检验一个或多个变量 M 是否能解释 X 和 Y 之间的关系。图 4-1 描述了这个模型最简单的形式，从图中的概念模型中可以看出，该模型中，X 是因变量 M 和 Y 的自变量，同时 M 又是因变量 Y 的自变量。从 X 出发，不经过 M 直接到 Y 的路径为 X 对 Y 的直接影响；从 X 出发，经过 M 到 Y 的影响则为 X 对 Y 的间接影响。

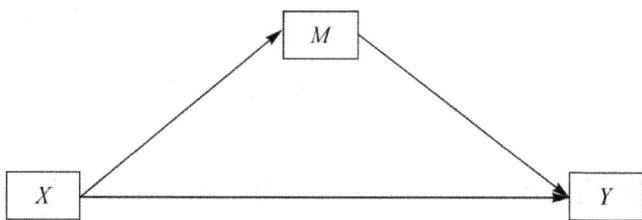

图 4-1　简单中介模型的概念模型

统计模型类似于概念模型，它以一种与概念图对应的可视形式表示一组方程。统计模型直观描述了概念模型中所表示的效果是如何通过数学模型（如线性回归模型）进行实际估计的，其中，方框表示明确测量或观察的变量，而实心单向箭头表示指向变量或来自变量。在统计模型中，有一个箭头指向的变量称为内生变量，有箭头指向内生变量的变量称为外生变量。外生变量与自变量同义，内生变量与因变量同义。如果统计模型中的一个变量有一个箭头指向，那么根据定义，它是一个结果变量，由所有向它发送箭头的前因变量预测。在统计模型中，结果变量的数量对应于模型所代表的方程式的数量，任何作为结果的变量都假定是由其前因变量预测的，并带有一定程度的误差。结果变量的估计误差用一个带有字母 e 和指向相应结果变量的虚线的统计图表表示。在图 4-2 中，统计模型中的每个箭头都附有一个标签，变量间箭头上的标签表示结果统计模型中各前因变量的回归系数，这些标签或是数字，或是其他符号，比如字母表中的一个字母，取决于模型是描述系数估计之前的模型，还是描述模型估计之后的结果。用方程表示的线性回归模型通常包含一个回归常数或截距，在这里用 i 表示。这个常数可能由于数据的一些转换，如均值居中或归一化而固定为零，如果它没有在方程中得到正式指定，并不意味着它不存在。结果变量可能是前因变量，也可能不是，这取决于它是否向另一个变量发送箭头。在一些模型中，变量既可以是前因变量，也可以是结果变量，这意味着同一个变量可以在一个方程中作为结果变量或因变量，但在另一个方程中作为前因变量或自变量。

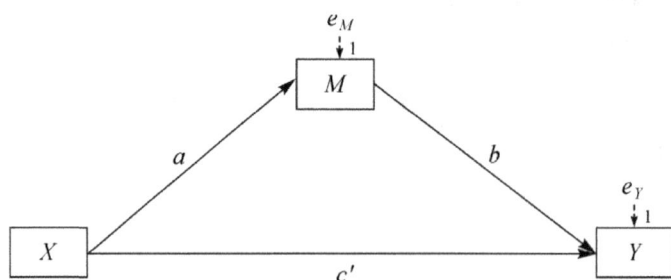

图 4-2 简单中介模型的概念模型

图 4-2 的统计模型中有两个线性模型的结果变量，因此这个统计模型代表了两个方程：

$$M = i_M + aX + e_M$$
$$Y = i_Y + c'X + bM + e_Y$$

其中i_M和i_y为回归常数，e_M和e_Y分别为M和Y的估计误差，c'代表X在控制M对Y的影响时对Y的直接影响，a表示X对M的直接影响，b代表在控制其他变量时X对M的影响。

c表示X对Y的总影响，可以凭借以下方程进行计算：

$$Y = i_{Y*} + cX + e_{Y*}$$

X对Y的总效应等于X对Y的直接效应和间接效应之和：

$$c = c' + ab$$

这种关系可以改写为$ab = c - c'$，这提供了间接效应的另一种定义，即间接效应是X对Y的总效应与在控制了M对Y效应的情况下X对Y的直接效应之差。

模型的系数被视为对系统中每个变量对其他变量假定的因果效应的估计，分析的目标是估计这些系数，并解释它们。这些系数可以通过使用 SPSS、SAS、R 或其他统计软件包中的程序执行两个 OLS 回归分析，使用 SEM 程序如 LISREL、AMOS、Mplus 或 EQS，或使用 SPSS 中的 Process 进行估计。

二、检验中介的方法

1. 逐步法

逐步法可以追溯到 20 世纪 50 年代，并由于 Baron & Kenny（1986）在《人格与社会心理学杂志》（*Journal of Personality and Social Psychology*）上发表的一篇非常有影响力的文章得到普及。逐步法通过测试模型中每条路径结果的意义，回答了某一变量M是否在X和Y之间的关系中起中介作用的问题。使用逐步法时，如果认为M是X影响Y的中介，首先需要确定X和Y是相关的，因此第一步要先检验X是否对Y有显著影响，拒绝X对Y的总影响为零的零假设。如果满足该条件，研究人员继续进行第二步，如果不满足，所有测试将停止。在满足第一个条件的情况下，第二步先估计X对M的影响，如果该路径具有统计学意义，则满足第二个条件，如果不满足条件无法拒绝零假设，则停止进程，表明M不是X影响Y的中介。满足第二个条件后，对第三个条件，即M对Y的影响需要具有统计学意义进行检验。如果不具备统计学意义无法拒绝零假设，则程序停止；如果满足第三个条件，且在控制了M对Y的影响下，X对Y的直接效应不具有统计意义，则说明M是X对Y影响的完全中介，如果X对Y的直接效应具有统计学意义，则说明M是X对Y影响的部分中介。20 世纪发表的中介分析绝大多数使用逐步法，这种方法的流行可能是因为它原理简洁，容易理解，不需要专门的软件，也不需要很强的统计或数据分析背景。然而如今其受欢迎程度正在下降，越来越多的人认识到这种方法并不理想：首先，根据逐步法，间接效应的存在是通过一组零假设测试的结果逻辑推断得出而不是通过量化直接获得的，即间接效应取决于三个零假设的成功拒绝。但假设测试是人类的发明，是不可靠的，研究人员为了做出或支持一个主张而进行的假设检验越多，就越有可能犯错。因此为了支持一个主张，最好尽量减少必须采用的推理程序的数量，只需对间接效应进行一次推论测试即可。其次，逐步法首先需要测试 X 是否会影响 Y，如果 X 对 Y 的总效应不能拒绝零假设，则逐步法过程停止。这种验证方法基于的逻辑是，如果 X 对 Y 不存在影响，就没有必要解释其机制。但这种逻辑是有缺陷的，因为即使假设检验得出的总效应等于零，X 也有可能通过 M 间接对 Y 产生影响，总效应的大小并不限制或决定间接效应的大小，而且如果总效应和间接效应在符号上不同，可能会得到接近于零的结果，甚至是零本身。因此逐步法的第一个条件并不合理。

2. Bootstrap 法

作为重抽样方法的一员，bootstrap 已经存在了几十年，高速计算使它的出现成为可能。随着计算机能力的提高，重抽样的成本不断下降，bootstrap 如今越来越频繁地在现代统计软件中得到实现。bootstrap 是一种通用的方法，可以应用于研究人员可能遇到的许多推理问题。当一个统计数据的重复抽样行为未知时，或太复杂而无法导出及高度依赖于上下文时特别有用。

在中介分析中，bootstrap 被用来生成间接效应的抽样分布，在构建置信区间的过程中，bootstrap 不像传统理论方法一样假设 ab 的抽样分布，而是对 ab 抽样分布的不规则性有更高的接受度，因此 bootstrap 产生的推论通常有更高的准确性。

bootstrap 置信区间的构建有以下六个步骤：

（1）从原始样本中随机抽取 n 个样本，对这些样本进行替换，其中 n 为原始样本的大小，称为 bootstrap 样本。

（2）估计 bootstrap 样本中的间接效应 $a*b$，其中 $a*b$ 是方程 1 和 2 中 a 和 b 的乘积。

（3）重复（1）、（2）总计 k 次以上，其中 k 是一个较大的数，每次保存 $a*b$ 的值。一般来说，k 至少要达到几千。研究表明，随着抽取样本数量的增加，置信区间的估计的变化显著减少。一般来说，在大多数研究中，5000 到 1 万个抽取样本就足够了。若增加到 1 万以上，精度的边际效应相对较小。

（4）对（1）、（2）、（3）步骤估计的 k 个间接效应 $a*b$ 从低到高排序。

（5）在一个置信区间 ci%分布的 0.5(100−ci)第 1 个百分位的 k 估计分布中找到 $a*b$ 的值，即置信区间 ci% 的下界，这是 $a*b$ 在有序分布的有序位置 $0.005k(100−ci)$ 的值。找出置信区间 ci%分布[$100-0.5(100-ci)$]第 1 个百分位的 k 估计分布中 $a*b$ 的值，即置信区间 ci 的上界，这是 $a*b$ 在有序分布的有序位置 $k[1-0.005(100-ci)]+1$ 的值。

（6）如果得到的置信区间不包含 0，则系数乘积显著。

到目前为止，bootstrap 法是公认的可以取代逐步法而直接检验系数乘积的方法。

三、效应量

对直接和间接效应的效应量是用 X 和 Y 的度量来表达的，即在 X 上相差一个单位的两种情况下，通过直接和间接过程，估计分别相差 c' 和 ab 单位。由于这些效应是根据 X 和 Y 的指标进行缩放的，受到量纲（Scale）的限制，所以直接和间接影响的绝对大小并不能说明实际或理论意义上的影响的大小。它们可以任意增大或减小，例如，用一个常数乘以或除以 X 或 Y。因此需要对其进行标准化处理，以量化不同研究之间的效应大小，使其具有可比性。以下部分将介绍适用于中介模型中直接、间接和总效应大小的两种测量方法。

1. 部分标准化效应

部分标准化的效应量（MacKinnon, 2008）对 Y 的原始度量进行标准差转换，部分标准化的直接效应和间接效应的公式分别为：

$$c'_{ps} = c' + \frac{c'}{\mathrm{SD_Y}}$$

$$ab_{ps} = \frac{ab}{\mathrm{SD_Y}}$$

如前所述，直接和间接效应之和为 X 的总效应，部分标准化的直接效应和间接效应之和等于部分标准化的总效应：

$$c_{ps} = \frac{c}{\mathrm{SD_Y}} = c'_{ps} + ab_{ps}$$

2. 完全标准化效应

部分标准化效应将 c' 和 ab 缩放为 Y 的标准差，但保持 X 为其原始度量，其大小取决于 X 的尺度，仍受到量纲限制。在部分标准化效应中去掉 X 的标度，就产生了完全标准化效应：

$$c'_{cs} = \frac{SD_X(c')}{\mathrm{SD_Y}} = SD_X(c'_{ps})$$

$$ab_{cs} = \frac{SD_X(ab)}{\mathrm{SD_Y}} = SD_X(ab_{ps})$$

与部分标准化效应一样,完全标准化的直接效应和间接效应之和为完全标准化的总效应:

$$c_{cs} = \frac{SD_X(c)}{SD_Y} = c'_{cs} + ab_{cs}$$

四、复杂中介模型

在简单中介模型的基础上,发展出了能够满足不同情景和数据类型的复杂中介模型。对于情景比较复杂的研究,经常需要多个中介变量才能清晰地解释自变量对因变量的作用,这就涉及多重中介模型。根据多个中介变量之间是否存在相互影响,多重中介模型可以分为并行多重中介模型和链式多重中介模型。并行多重中介模型指中介变量之间不存在相互影响;链式多重中介模型指中介变量之间存在影响关系,中介变量表现出顺序性特征,形成中介链。如果数据具有嵌套的层次结构,则需要使用多层中介模型。

1. 并行多重中介模型

在并行多重中介模型中,前因变量 X 通过两个或两个以上的中介直接或间接地影响结果 Y,中介之间互不影响。图4-3呈现了有 k 个中介的并行多重中介模型。

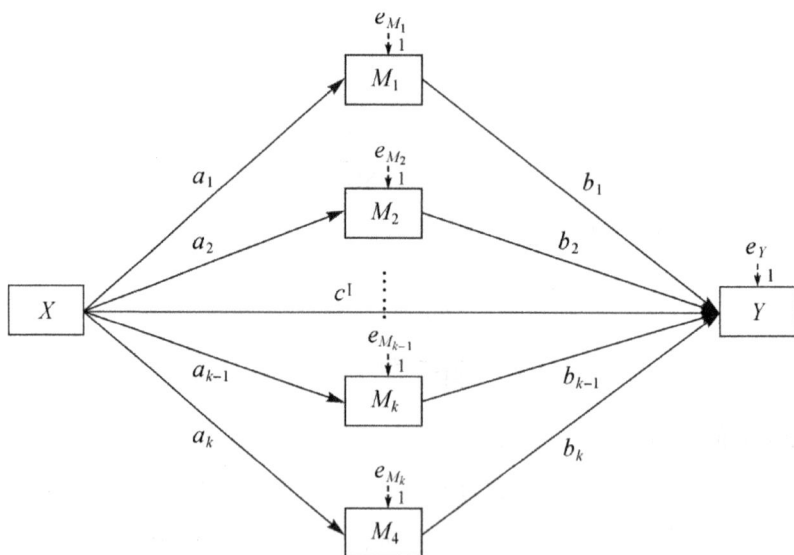

图4-3　k 个中介的并行多重中介模型

在图4-3中,我们可以看到有 k 个中介的并行多重中介模型中,X 有 $k+1$ 条影响 Y 的路径,相应的方程如下:

$$M_i = i_{M_i} + a_1 X + e_{M_i} \quad \text{for all } i = 1 \text{ to } k$$

$$Y = i_Y + c'X + \sum_{i=1}^{k} b_i M_i + e_Y$$

在这组方程中，a_1 代表 X 对 M_i 的影响，b_i 代表 M_i 对控制 X 和其他 k-1 个 M 对 Y 的影响，c' 代表控制所有 k 个 M 对 Y 影响的情况下 X 对 Y 的影响。

在图 4-3 所示的并行多重中介模型中，X 通过 $k+1$ 条途径对 Y 产生影响。一条路径是直接的，从 X 到 Y，不需要经过任何中介，其他 k 条路径是间接的，每一条都通过一个中介。在并行多重中介模型中，间接效应被称为特定间接效应。因此，一个有 k 个中介的模型具有 k 个特定的间接效应，通过 $M_1(X \rightarrow M_1 \rightarrow Y)$、$M_2(X \rightarrow M_2 \rightarrow Y)$，以此类推，直至通过 $M_k(X \rightarrow M_k \rightarrow Y)$。$X$ 对 Y 的间接影响通过 X 到 M_i、M_i 到 Y 两条路径实现，将两个路径的系数相乘可以得到间接效应的结果。具体的间接效应通过模型中所有中介对 Y 产生总间接效应，在有 k 个介质的模型中的计算如下：

$$\sum_{i=1}^{k} a_i b_i$$

X 的直接影响量化了在 X 上相差一个单位的两种情况对 Y 的估计的差异，不依赖于所有介质。如前所述，这是 Y 从 X 和所有介质的模型中得出的 c'。与简单中介模型一样，直接效应和间接效应之和为 X 的总效应，在有 k 个中介的模型中为：

$$c = c' + \sum_{i=1}^{k} a_i b_i$$

其中，c 为 X 的总效应，也可以通过对 X 单独回归 Y 来估计，总间接效应等于 X 的总效应与直接效应之差：

$$\sum_{i=1}^{k} a_i b_i = c - c'$$

2. 链式多重中介模型

链式多重中介模型的目标是调查 X 对 Y 的直接和间接影响，在建模过程中，X 导致 M_1，继而导致 M_2，以此类推，最终产生结果 Y。

链式多重中介模型可以随着中介数量的增加而变得复杂，随着中介数量的增加，可以在因果之间绘制的路径数量也会增加。本节的讨论着眼于前因变量影响因果序列中随后的所有变量。在某种意义上，这可能是最复杂的串行中介模型，因为它最大限度地增加了需要估计的路径数量。

图 4-4 以统计模型的形式呈现了两个中介的链式多重中介模型，其中 X 被建模为通

过四种途径影响 Y：一条是从 X 只通过 M_1 到 Y 的间接途径，第二条是只通过 M_2 的间接途径，第三条是同时通过 M_1 和 M_2 的间接途径，第四条是 X 不经过 M_1 或 M_2 直接到 Y 的路径。

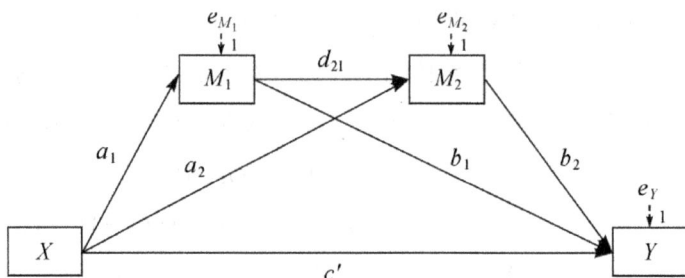

图 4-4　两个中介的链式多重中介模型

该统计模型包含三个结果变量，可转换为以下三个方程：

$$M_1 = i_{M_1} + a_1 X + e_{M_1}$$

$$M_2 = i_{M_2} + a_2 X + d_{21} M_1 + e_{M_2}$$

$$Y = i_Y + c'X + b_1 M_1 + b_2 M_2 + e_Y$$

需要注意的是，在这组等式中，每个结果都假定前因变量是结果变量的先决条件，即 M_1 是由 X 单独估计的，M_2 是由 X 和 M_1 估计的，Y 是由 X、M_1 和 M_2 估计的。一般而言，一个包含 k 个中介的链式多重中介模型需要 $k+1$ 个方程来估计，因为有 $k+1$ 个后续变量（k 个中介及一个 Y）：

$$M_1 = i_{M_1} + a_1 X + e_{M_1}$$

$$M_i = i_{M_i} + a_i X + \sum_{j=1}^{i-1} d_{ij} M_j + e_{M_i} \quad \text{for all } i = 2 \text{ to } k$$

$$Y = i_Y + c'X + \sum_{i=1}^{k} b_i M_i + e_Y$$

在链式多重中介模型中，与简单和并行多重中介模型相似，X 对 Y 的总体影响划分为直接和间接影响。无论模型中中介的数量如何，直接效应都是 c'，间接效应通过将对应于间接路径每一步的回归权重相乘来构建，具体的间接影响的总和是 X 对 Y 的总间接影响。两个中介的链式多重中介模型有三个具体的间接效应和一个直接效应，这三种间接效应之和为 X 的总间接效应：$a_1 b_1 + a_2 b_2 + a_1 d_{21} b_2$。将 X 的总间接效应与 X 的直接效应相加，得到 X 的总效应 c：

$$c = c' + a_1 b_1 + a_2 b_2 + a_1 d_{21} b_2$$

与简单和并行多重中介模型一样，链式多重中介模型中，X 对 Y 的总间接效应为 X 对 Y 的总效应与 X 对 Y 的直接效应之差：

$$c - c' = a_1 b_1 + a_2 b_2 + a_1 d_{21} b_2$$

在有两个中介的模型中，链式多重中介模型和并行多重中介模型之间的唯一区别是其包含了从 M_1 到 M_2 的因果路径。链式多重中介模型估计了这种效应，而并行模型假设它为零将其排除在模型之外。如果有三个以上的中介，模型可以是并行和链式中介过程的混合，这取决于中介之间的哪些路径得到估计，以及哪些路径被排除而固定为零。

3. 多层中介模型

当数据具有嵌套结构时，研究者往往对变量之间复杂的影响关系感兴趣，因此可以考虑多层中介效应分析。根据多层中介的概念（Kenny, Kashy & Bolger, 1998），在最简单的情况下，该模型包含一个前因变量 X，中介变量 M 和结果变量 Y。以两级中介模型为例，根据不同级别的 X、Y 和 M，理论上有八种可能的中介模型，即 2-2-2、2-2-1、2-1-2、2-1-1、1-2-2、1-2-1、1-1-2 和 1-1-1 模型。具体来说，如果三个变量都在第一层级，则模型标注为 1-1-1；如果前因变量在第二层级，而中介变量和结果变量在第一层级，则标记为 2-1-1；如果在前因变量和中介变量在第二层级，结果变量在第一层级，则标记为 2-2-1。

然而，较低水平的变量影响较高水平的情况很少，因此，在实际应用中有四种常见的类型，特别是由同一层级的变量产生的中介效应，或者由较高层级的变量对较低层级的变量产生的中介效应，包括 2-2-2、2-2-1、2-1-1 和 1-1-1 模型。对于 2-2-2 模型，可以完全放弃多级模型的分析框架，将第一级数据综合到第二级进行传统的单层中介变量分析。因此，在研究中经常遇到的真正涉及多层次中介效应的模型只有三种，即 2-2-1、2-1-1 和 1-1-1 模型（Zhang, Zyphur & Preacher, 2008）。

小节练习

测试题 1：中介分析主要研究什么样的问题？

测试题 2：简述统计模型与概念模型的区别。

测试题 3：简述内生变量与外生变量的区别。

测试题 4：简述检验中介的方法中逐步法和 bootstrap 法的区别。

测试题 5：画出链式多重中介模型的概念图。

第三节 在结构方程模型中实现中介分析

SEM 是一种可以处理复杂变量的强大工具，通过使用概念模型、路径图和系统的关联回归式方程等，证明复杂的动态的关系显变量和潜变量。SEM 与回归的不同之处在于，对于一个回归模型，因变量和自变量有明显的区别，而 SEM 模型中，一个方程中的因变量可能成为另一个方程的自变量（Bollen, 1989; Kowalski & Tu, 2007）。正是这种变量的交互作用使得 SEM 能够推断出潜在的因果关系。

在中介分析中使用 SEM 有很多优点。当模型包含潜变量时，SEM 允许对潜变量进行解释和估计，并且简化了中介假设的证明。当中介过程扩展到多个自变量、中介变量或结果变量时，可以使用 SEM，例如多重中介模型因为涉及的变量较多、路径比较复杂，即使只涉及显变量，一般也要使用结构方程模型进行分析（Cheung, 2007; Lau & Cheung, 2012; Macho & Ledermann, 2011; Preacher & Hayes, 2008）。与标准回归方法相比，SEM 的另一个重要优势是它提供了模型评价信息，能够证明数据一致性和因果假设合理性（Bollen & Pearl, 2013; Imai, Keele & Tingley, 2010）。标准回归分析基于条件期望值的统计关系，而 SEM 则基于概念模型、路径图和数学方程表达的函数关系。因此，在假设中介过程中的因果关系、间接和直接效应的同时性、中介作为结果的因与果的双重作用上，SEM 比标准回归分析更为恰当。

SEM 的应用程序和相关软件可用于中介分析。例如，除了 LISREL、MPlus、EQS 和 Amos 等专用包外，SEM 还可以在 R、SAS、STATA 和 Statistica 等通用统计包中实现。这些包提供了基于最大似然、广义最小二乘或加权最小二乘的计算。

SEM 之所以适用于 PISA 相关的中介分析，主要有两个方面的原因：第一，对变量间可能存在的因果分析的需求；第二，PISA 自身数据的特点。PISA 的一大特点是其对教育政策的导向作用，与 PISA 相关的研究将学生学习结果与可能影响学生在校内外学习的其他关键因素联系起来（OECD, 2019）。因此，PISA 相关研究需要对是否可以推理出因果关系进行扎实的分析。中介分析被认为是探索自变量和因变量内在机制的有力工具，为自变量和因变量之间可能的因果关系提供了更可靠的证据。因此，中介分析已经成为探索 PISA 数据的一种有效技术（Chen & Hu, 2020），并可以由此推断政策含义的可能结果（Grek, 2009）。

PISA 相关研究的另一个特点是 PISA 数据类型的多样化。除了学生的学业成绩，PISA 还收集了学生的背景、学习态度、行为模式等方面的数据。PISA 收集的不同类型的数据大致可以分为两类，即连续数据和分类数据。学生的学业成绩为连续数据，包括学生的阅读、数学、科学成绩；此外，被认为是评估一个特定方面的几个问题的派生变量也是连续的。PISA 2018 学生问卷基于 IRT 量表提供了 39 个衍生变量，如阅读乐趣的衍生变量（JOYREAD）由 5 个项目参数衍生而来。使用 5 项量表（ST160），学生被要求用四级李科特量表从"非常不同意""不同意""同意"到"非常同意"来评价其对阅读乐趣的态度。分类数据由李克特量表进行收集，如学生性别信息就是典型的分类数据。由 SEM 实现的中介分析允许处理各种 PISA 数据类型。在与 PISA 相关的研究中，学生的学业成绩通常被作为因变量来探究通过各类中介变量影响学生成绩的因素，包括学生的阅读成绩（Hahnel et al., 2016; Keskin, 2014; Lee & Wu, 2013; Lee & Wu, 2012; Lenkeit, Schwippert & Knigge, 2020; Notten & Becker, 2017; Rajchert, Żółtak & Smulczyk, 2014; Schoor, 2015; Torppa, Eklund, Sulkunen, Niemi & Ahonen, 2018; Wu, 2014)、数学成绩（Kriegbaum & Spinath, 2016; Marks & Pokropek, 2019; Martin, Liem, Mok & Xu, 2012; Niehues, Kisbu-Sakarya & Selcuk, 2020）和科学成绩（Kang & Keinonen, 2017; Lam & Lau, 2014; Liou, 2021; Martin et al., 2012; Nagengast & Marsh, 2012; Wu, Shen, Zhang & Zheng, 2020; Yi & Kim, 2019）。

多重中介模型因为涉及的变量较多、路径比较复杂，即使只涉及显变量，一般也要使用结构方程模型进行分析（Cheung, 2007; Lau & Cheung, 2012; Macho & Ledermann, 2011; Preacher & Hayes, 2008）。

小节练习

测试题 1：结构方程模型如何推断出变量间潜在的因果关系？

测试题 2：简述使用结构方程模型进行中介分析的优点。

测试题 3：列举哪些结构方程模型的应用程序和相关软件可用于中介分析。

测试题 4：简述 PISA 相关的中介分析可以使用结构方程模型实现的原因。

第四节　在 R 语言中使用结构方程模型实现中介分析

随着 SEM 的广泛应用，用于实现 SEM 的相关软件也纷纷出现，其中闭源商用的 SEM 软件有 LISREL、EQS、AMOS、MPLUS、SAS 等；而闭源非商用的软件有 gllamm（Stata）、Onyx 等。SEM 也可以在开源的 R 语言环境中实现，其中相关的程序包有 sem、OpenMx、lavaan、lava 等。本节将具体介绍如何在 R 语言环境中调用 lavaan 程序包实现中介分析。

lavaan 是一个用于分析潜变量的 R 包，有着用户友好的界面，支持连续和分类数据，也支持缺失数据和多组、集群数据。lavaan 致力于运用易于实现和测试的统计和建模思想达到所有目前商业用途的软件可提供的 SEM 处理功能，并提供一个模块化和可扩展的平台。

一、lavaan 的安装

首先从 http://cran.r-project.org/ 下载安装 R 的最新版本（4.0.0 或更高版本）。

lavaan 软件包可在 CRAN 上使用。因此，要安装 lavaan，只需启动 R，并在 R 控制台中输入：

install.packages("lavaan", dependencies = TRUE)

可以通过输入以下命令来检查安装是否成功：

library(lavaan)

启动信息会显示版本号，并提示这是免费软件：

This is lavaan 0.6-8

lavaan is FREE software! Please report any bugs.

二、lavaan 的模型语法

lavaan 包的核心是"模型语法"，模型语法是对要评估的模型的描述。在本节中，我们将简要解释 lavaan 模型语法的要素，更多的细节将在下面的例子中给出。在 R 环境下，回归公式有以下形式：

y ~ x1 + x2 + x3 + x4

在这个公式中，波浪号（~）是回归运算符。运算符的左边是因变量（y），右边是自变量，不同自变量用运算符 "+" 隔开。在 lavaan 中，一个典型的模型是一组（或系统）的回归公式，其中一些变量（以下面的 "f" 开始）可能是潜变量。例如：

y ~ f1 + f2 + x1 + x2

f1 ~ f2 + f3

f2 ~ f3 + x1 + x2

如果回归公式中有潜变量，我们必须通过列出其（显性或隐性）指标、使用特殊运算符 "=~" 来 "定义" 它们。例如，为了定义三个潜变量 f1、f2 和 f3，我们可以使用如下运算：

f1 =~ y1 + y2 + y3

f2 =~ y4 + y5 + y6

f3 =~ y7 + y8 + y9 + y10

此外，方差和协方差是使用 "双波浪号" 运算符指定的，例如：

y1 ~~ y1 #方差

y1 ~~ y2 #协方差

f1 ~~ f2 #协方差

显变量和潜变量的截距是一个简单的回归公式，只有一个截距（用数字 "1" 明确表示）作为唯一的预测因素：

y1 ~ 1

f1 ~ 1

利用这四种公式类型，可以描述多种潜变量的模型。

完整的 lavaan 模型语法就是这些公式类型的组合，用单引号括起来。例如：

myModel <- '

回归

y1 + y2 ~ f1 + f2 + x1 + x2

f1 ~ f2 + f3

f2 ~ f3 + x1 + x2

定义潜变量

f1 =~ y1 + y2 + y3

```
f2 =~ y4 + y5 + y6
f3 =~ y7 + y8 + y9 + y10
# 方差和协方差
y1 ~~ y1
y1 ~~ y2
f1 ~~ f2
# 截距
y1 ~ 1
f1 ~ 1'
```

可以在 R 提示符处交互式地输入此语法，但是在外部文本编辑器中先输入整个模型语法要方便得多。完成后，可以将其复制/粘贴到 R 控制台。如果希望在 RStudio 中完成以上步骤，可以打开一个新的"R 脚本"，并在 RStudio 的源代码编辑器中输入模型语法（以及这个会话所需的所有其他 R 命令），保存脚本，以便以后可以重新使用。上面的代码片段将生成一个模型语法对象，名为 myModel，可以在稍后调用函数时使用，该函数根据给定的数据集实际估计这个模型。公式可以拆分为多行，可以在单引号内使用注释（以#字符开头）和空行，以提高模型语法的可读性。

1. 回归模型语法

图 4-5 的线性模型方程为：

$$Y_i = \beta_0 + \beta_1 X_{i1} + \beta_2 X_{i2} + \beta_3 X_{i3} + \beta_4 X_{i4} + \epsilon_i \quad (i=1,2,\ldots,n)$$

建立如图 4-5 的模型，可以在 R 中使用 lm 函数，并输入以下命令：

```
# 读取数据
myData <- read.csv("c:/temp/myData.csv")
```

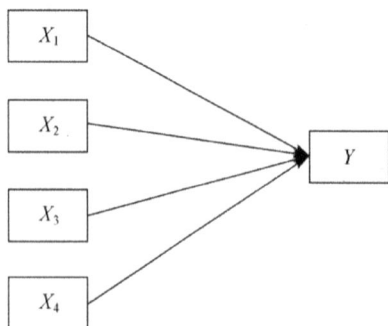

图 4-5　回归模型

#使用 lm 拟合模型

fit <- lm(formula = y ~ x1 + x2 + x3 + x4, data = myData)

显示结果

summary(fit)

建立如图 4-5 的模型，也可以在 R 中调用 lavaan 包使用 sem 函数，并输入以下命令：

library(lavaan)

读取数据

myData <- read.csv("c:/temp/myData.csv")

myModel <- ' y ~ x1 + x2 + x3 + x4 '

使用 sem 拟合模型

fit <- sem(model = myModel, data = myData)

显示结果

summary(fit, nd = 4)

为了显示截距项，可以使用以下任意方式：

在使用 sem 拟合模型时输入以下命令：

fit <- sem(model = myModel, data = myData, meanstructure = TRUE)

或者在语法中直接包含截距项：

myModel <- ' y ~ 1 + x1 + x2 + x3 + x4 '

2. 多元回归模型语法

针对像图 4-6 这样有多个因变量的回归模型，对于每个因变量，需要分别写一个回归方程：

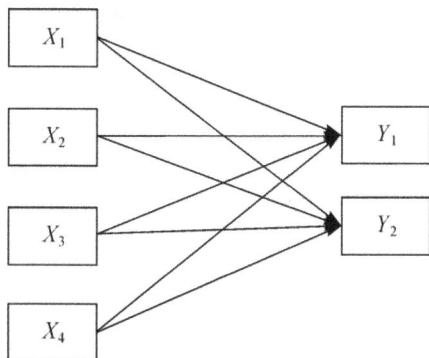

图 4-6　两个因变量的回归模型

```
library(lavaan)
# 读取数据
myData <- read.csv("c:/temp/myData.csv")
myModel <- ' y1 ~ x1 + x2 + x3 + x4
y2 ~ x1 + x2 + x3 + x4 '
# 使用 sem 拟合模型
fit <- sem(model = myModel, data = myData, meanstructure = TRUE)
# 显示结果
summary(fit)
```

3. 路径分析模型语法

针对像图4-7这样的路径分析模型，对于每个因变量，需要分别写一个回归方程：

```
library(lavaan)
# 读取数据
myData <- read.csv("c:/temp/myData.csv")
myModel <- ' x5 ~ x1 + x2 + x3
x6 ~ x4 + x5
x7 ~ x6 '
# 使用 sem 拟合模型
fit <- sem(model = myModel, data = myData, meanstructure = TRUE)
# 显示结果
summary(fit)
```

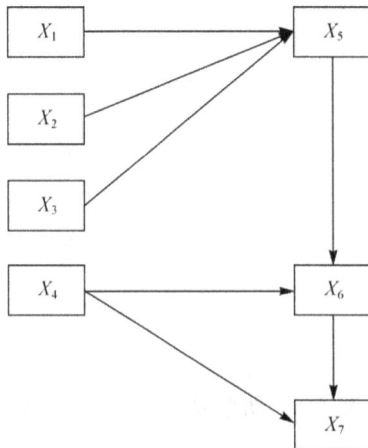

图4-7 路径分析的模型

4. 简单中介分析模型语法

针对像图 4-8 这样的简单中介分析模型，可以使用标签来代表特定的参数（这里是回归系数）。对于每个因变量，需要分别写一个回归方程（标准误差基于 bootstrap 法）：

```
library(lavaan)
# 读取数据
myData <- read.csv("c:/temp/myData.csv")
myModel <- 'Y ~ b*M + c*X

M ~ a*X

indirect := a*b

total := c + (a*b)'
# 使用 sem 拟合模型
fit <- sem(model = myModel, data = myData, se = "bootstrap", meanstructure = TRUE)
# 显示结果
summary(fit)
```

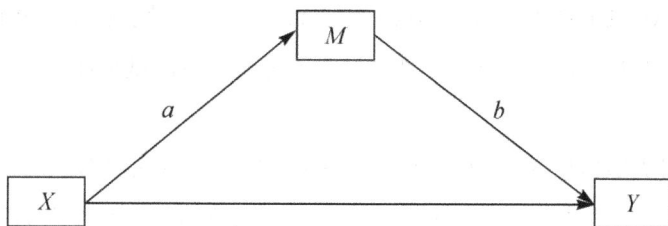

图 4-8　简单中介分析模型

三、估计方法、标准误差和缺失值的处理

1. 估计方法

如果所有数据都是连续的，lavaan 包中的默认估计方法是最大似然估计法（estimator = "ML"）。在 lavaan 中可供选择的其他估计方法有：

●GLS：广义最小二乘法，仅用于完整的数据处理

●WLS：加权最小二乘法（有时称为 ADF 估计法），仅用于完整的数据处理

●DWLS：对角加权最小二乘法

●ULS：未加权最小二乘法

●DLS：分布加权最小二乘法

●PML：两两最大似然法

许多估计值都有"稳健的"变体，意味着它们能够提供稳健的标准误差和比例检验统计量。例如，对于最大似然估计法，lavaan 提供了以下稳健的变体：

●MLM：具有稳健的标准误差和 Satorra-Bentler 比例测试统计量的最大似然估计法，仅用于完整的数据处理。

●MLMVS：具有稳健的标准误差、均值和方差调整检验统计量的最大似然估计（即 Satterthwaite 方法），仅用于完整的数据处理。

●MLMV：具有稳健的标准误差与方差调整检验统计量（使用尺度偏移方法）的最大似然估计法，仅用于完整的数据处理。

●MLF：用于基于一阶导数和常规检验统计量的标准误差的最大似然估计法，可用于完整和不完整的数据处理。

●MLR：具有稳健的（Huber-White）标准误差，以及 Yuan-Bentler 检验统计量的比例检验统计量的最大似然估计，可用于完整和不完整的数据处理。

对于 DWLS 和 ULS 估计法，lavaan 还提供了"稳健的"变体：WLSM、WLSMVS、WLSMV、ULSM、ULSMVS、ULSMV。需要注意的是，对于稳健的 WLS 变体，虽然使用权重矩阵的对角线进行估计，但纠正标准误差和计算测试统计量使用的是完整权重矩阵。

如果使用最大似然估计（ML 或其任何稳健变体），lavaan 的默认行为是基于所谓的偏样本协方差矩阵进行分析，其中元素被 N 而不是 $N-1$ 除。这是在内部完成的，不应该由用户完成。此外，卡方统计量是通过最小函数值乘以因子 N（而不是 $N-1$）来计算的。如果需要使用无偏协方差矩阵，并使用 $N-1$ 作为乘数来计算卡方统计量，则需要在调用拟合函数时指定 likelihood = "wishart"参数。例如：

fit <- cfa(HS.model,

data = HolzingerSwineford1939,

likelihood = "wishart")

fit

lavaan 0.6-8 ended normally after 35 iterations

Estimator   ML

Optimization method   NLMINB

Number of model parameters   21

Number of observations	301
Model Test User Model:	
Test statistic	85.002
Degrees of freedom	24
P-value (Chi-square)	0.000

用该种方法测试统计量的结果将更接近 EQS、LISREL 或 AMOS 等程序报告的值，因为它们在使用最大似然估计时都使用了 Wishart 方法。另外，Mplus 程序使用 Normal 方法来实现最大似然估计。

2. 缺失值

如果数据包含丢失的值，lavaan 的默认操作是成列删除。如果缺失的机制是 MCAR（完全随机缺失）或 MAR（随机缺失），lavaan 包提供整例（或"完整信息"）的最大似然估计。可以通过在调用拟合函数时使用参数 missing = "ML"来启动该参数。无限制(h1)模型能够自动估计，且可应用于所有通用的拟合指标。

3. 标准误差

标准误差（默认情况下）基于期望的信息矩阵，但唯一的例外是当数据丢失并且使用了完整信息的 ML（通过 missing = "ML"实现）时。在这种情况下，lavaan 使用观测到的信息矩阵来计算标准误差。用户可以通过使用 information 参数更改此指令。

使用 se = "Robust"可以明确计算稳健的标准误差。类似地，可以使用 test = "robust" 计算稳健的测试统计信息。可以通过查看帮助界面获得更多其他选项：

?lavOptions

4. Bootstrapping 法

在 lavaan 中有两种使用 bootstrap 程序的方法。用户可以在拟合模型时设置 se = "bootstrap" 或 test = "bootstrap"（将分别得到 bootstrap 标准误差和基于 bootstrap 的 p 值），或者可以使用 bootstrapLavaan()函数，它需要一个已经拟合的 lavaan 对象，此函数可以用来完成 bootstrap 的任何统计（或统计向量）。

四、实例一：验证性因子分析

1. 实例一

lavaan 包包含一个名为 HolzingerSwineford1939 的内置数据集，这是一个经典的数据集，在很多关于结构方程的论文和书籍中都用来建模，包括一些商业 SEM 软件包的手册。例如，如果这些数据包括来自两所不同学校（巴斯德和格兰特–怀特）的七年级和八年级学生的智力测试成绩，可以使用该数据集建立如图 4-9 的验证性因子分析（Confirmatory Factor Analysis, CFA）模型。该模型由 3 个潜变量组成，每个潜变量有 3 个指标。x1、x2 和 x3 组成视觉（visual）潜变量，x4、x5 和 x6 组成文本（textual）潜变量，x7、x8 和 x9 组成速度（speed）潜变量。此模型对应的 lavaan 语法如下：

visual =~ x1 + x2 + x3

textual =~ x4 + x5 + x6

speed =~ x7 + x8 + x9

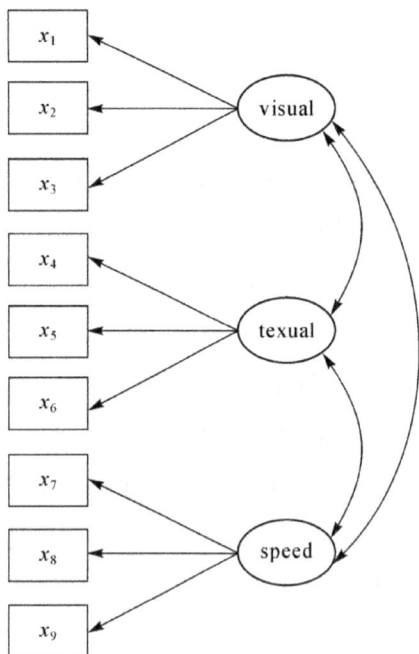

图 4-9　验证性因子分析模型

　　在这个例子中，模型语法只包含三个"潜变量定义式"。每个公式符合以下格式：潜变量 =~ 指标 1 + 指标 2 + 指标 3

　　我们称这些表达式为潜变量定义式，因为它们定义了潜变量是如何被一组显变量定义的，这些变量通常被称为"指标"。中间的 "=~" 运算符由一个等号(=)和一个波浪号(~)相邻组成。这个模型语法看似简单是因为 cfa() 函数在内部程序中进行了一系列复杂的处理：第一，默认固定潜变量的第一个指标的因子载荷为 1，从而固定了潜变量的尺度；第二，函数自动添加残差方差；第三，默认相关所有外生潜变量。通过内部操作以上三个默认步骤，模型语法呈现出简洁的状态。对于以上默认的操作，用户可以对其进行控制，选择覆盖和/或关闭该操作。

我们可以使用单引号进入模型语法：

HS.model <- ' visual =~ x1 + x2 + x3

textual =~ x4 + x5 + x6

speed =~ x7 + x8 + x9 '

拟合模型命令如下：

fit <- cfa(HS.model, data=HolzingerSwineford1939)

cfa()函数是用于拟合验证性因子分析模型的专用函数。第一个参数是用户指定的模型，第二个参数是包含显变量的数据集。模型得到拟合后，summary()函数提供拟合模型的整合：

summary(fit, fit.measures=TRUE)

以下为输出的结果：

lavaan 0.6-8 ended normally after 35 iterations

Estimator	ML
Optimization method	NLMINB
Number of model parameters	21
Number of observations	301
Model Test User Model:	
Test statistic	85.306
Degrees of freedom	24
P-value (Chi-square)	0.000
Model Test Baseline Model:	
Test statistic	918.852
Degrees of freedom	36
P-value	0.000
User Model versus Baseline Model:	
Comparative Fit Index (CFI)	0.931
Tucker-Lewis Index (TLI)	0.896
Loglikelihood and Information Criteria:	
Loglikelihood user model (H0)	−3737.745
Loglikelihood unrestricted model (H1)	−3695.092
Akaike (AIC)	7517.490
Bayesian (BIC)	7595.339

| Sample-size adjusted Bayesian (BIC) | 7528.739 |

Root Mean Square Error of Approximation:

RMSEA	0.092
90 Percent confidence interval - lower	0.071
90 Percent confidence interval - upper	0.114
P-value RMSEA <= 0.05	0.001

Standardized Root Mean Square Residual:

| SRMR | 0.065 |

Parameter Estimates:

Standard errors	Standard
Information	Expected
Information saturated (h1) model	Structured

Latent Variables:

	Estimate	Std.Err	z-value	P(>|z|)
visual =~				
x1	1.000			
x2	0.554	0.100	5.554	0.000
x3	0.729	0.109	6.685	0.000
textual =~				
x4	1.000			
x5	1.113	0.065	17.014	0.000
x6	0.926	0.055	16.703	0.000
speed =~				
x7	1.000			
x8	1.180	0.165	7.152	0.000
x9	1.082	0.151	7.155	0.000

Covariances:

	Estimate	Std.Err	z-value	P(>|z|)
visual ~~				
textual	0.408	0.074	5.552	0.000
speed	0.262	0.056	4.660	0.000

textual ~~

speed	0.173	0.049	3.518	0.000

Variances:

	Estimate	Std.Err	z-value	P(>|z|)
.x1	0.549	0.114	4.833	0.000
.x2	1.134	0.102	11.146	0.000
.x3	0.844	0.091	9.317	0.000
.x4	0.371	0.048	7.779	0.000
.x5	0.446	0.058	7.642	0.000
.x6	0.356	0.043	8.277	0.000
.x7	0.799	0.081	9.823	0.000
.x8	0.488	0.074	6.573	0.000
.x9	0.566	0.071	8.003	0.000
visual	0.809	0.145	5.564	0.000
textual	0.979	0.112	8.737	0.000
speed	0.384	0.086	4.451	0.000

输出的结果由三部分组成。前九行称为标题（header），包含以下信息：

● lavaan 版本号

● 优化是否正常结束，需要多少次迭代

● 使用的估计方法（ML 表示最大似然）

● 用于为这个估计方法找到最佳拟合参数值的优化方式（NLMINB）

● 模型参数的数量（21）

● 在分析中有效使用的观察数（301）

● 测试用户模型：提供了测试统计量、自由度和用户指定模型的 p 值。

　　第二部分为紧跟着的 12 行，从 Model Test Baseline Model 一直到 SRMR，因为我们在模型中加上了 fit.measures = TRUE 这个参数，所以这部分内容是附加的结果。最后一节包含参数估计，列出了所有包含在模型中的自由（和固定）参数。通常该部分首先显示潜变量的结果，然后显示协方差和（剩余）方差。第一列（Estimate）包含每个模型参数的（估计或固定）参数值；第二列（Std.err）包含每个估计参数的标准误差；第三列（z 值）包含 Wald 统计量（通过简单地将参数值除以其标准误差得到），最后一列（P(>|z|)）包含用于检验参数在总体中等于零的 p 值。

　　需要注意的是在方差（Variance）结果中，在显变量名之前有一个点，这是因为它们是由潜变量预测的因变量（或内生变量），因此，在输出中，其方差值是残差方差的估计值，即未被前因变量解释的剩余方差。相比之下，在潜变量名之前没有点，因为它们在这个模型中是外生变量（没有指向它们的单头箭头），因此这里的方差值是潜变量的估计总方差。

　　以下是本例子中构建模型所需的完整代码：

```
# load the lavaan package (only needed once per session)
library(lavaan)
# specify the model
HS.model <- ' visual =~ x1 + x2 + x3
textual =~ x4 + x5 + x6
speed =~ x7 + x8 + x9 '
# fit the model
fit <- cfa(HS.model, data = HolzingerSwineford1939)
# display summary output
summary(fit, fit.measures = TRUE)
```

建构图 4-9 的模型时可以简单地复制这段代码并粘贴到 R 中，该语法说明了 lavaan 包中的典型工作流程：

　　（1）使用 lavaan 模型语法指定模型。

　　（2）建构合适的模型。这需要一个包含显变量（或者样本协方差矩阵和观测数）的数据集。在本例中，我们使用了 cfa()函数。lavaan 包中的其他函数是 sem()和 growth()，分别可以用于拟合结构方程模型和生长曲线模型。这三个函数对用户非常友好，因为它们自动处理了许多细节，所以可以保持模型语法的简洁。

　　（3）从拟合模型中提取信息。

　　建构如图 4-9 的验证性因子分析模型，也可以在 R 中使用 lavaan 函数，并输入以下命令：

```
HS.model <- '
# latent variables
visual =~ 1*x1 + x2 + x3
textual =~ 1*x4 + x5 + x6
speed =~ 1*x7 + x8 + x9
```

```
# factor (co)variances
visual ~~ visual; visual ~~ textual
visual ~~ speed; textual ~~ textual
textual ~~ speed; speed ~~ speed
# residual variances
x1 ~~ x1; x2 ~~ x2; x3 ~~ x3
x4 ~~ x4; x5 ~~ x5; x6 ~~ x6
x7 ~~ x7; x8 ~~ x8; x9 ~~ x9'
# 使用 lavaan 拟合模型
fit <- lavaan(model = HS.model,
data = HolzingerSwineford1939)
# 显示结果
summary(fit, fit.measures = TRUE, standardized = TRUE)
```

2. 固定参数问题

考虑一个有 4 个指标的简单单因素模型。默认情况下，lavaan 总是将第一个指标的因子加载固定为 1。其余三种因子载荷均为自由载荷，并通过模型估计其值。但是假设现在需要将所有的因子负荷固定为1，可以通过下面的语法实现：

```
f =~ y1 + 1*y2 + 1*y3 + 1*y4
```

一般来说，要固定 lavaan 公式中的参数，需要将公式中相应的变量预先乘以一个数值，这被称为预乘法机制，这可以用于实现许多目的。依旧以 Holzinger 和 Swineford 的 CFA 模型为例。默认情况下，CFA 模型中的所有外生潜变量都是相关的。但是如果希望将一对潜变量之间的相关性（或协方差）固定为零，则需要为这对变量明确地添加协方差公式，并将参数固定为零。在下面的语法中，我们允许潜变量 visual 和 texual 之间的协方差的自由化，但是其他两个协方差固定为零。此外，我们将潜变量 speed 的方差修正为统一。因此，不再需要将其第一个指标（x7）的因子载荷设为 1。为了使这个因子负荷自由化，我们将它与 NA 相乘，表示这个参数的值是"缺失的"。

```
# three-factor model
visual =~ x1 + x2 + x3
textual =~ x4 + x5 + x6
speed =~ NA*x7 + x8 + x9
# orthogonal factors
```

visual ~~ 0*speed

textual ~~ 0*speed

fix variance of speed factor

speed ~~ 1*speed

如果需要约束 CFA 模型中潜变量的所有协方差为正交，有一条捷径，可以省略模型语法中的协方差公式，只需在函数调用中添加一个参数 orthogonal= TRUE：

HS.model <- ' visual =~ x1 + x2 + x3

textual =~ x4 + x5 + x6

speed =~ x7 + x8 + x9 '

fit.HS.ortho <- cfa(HS.model,

data = HolzingerSwineford1939,

orthogonal = TRUE)

类似地，如果想把 CFA 模型中所有潜变量的方差都固定为一个单位，同样也有一条捷径，只需将参数 std.lv = TRUE 添加到函数调用中：

HS.model <- ' visual =~ x1 + x2 + x3

textual =~ x4 + x5 + x6

speed =~ x7 + x8 + x9 '

fit <- cfa(HS.model, data = HolzingerSwineford1939, std.lv = TRUE)

如果使用参数 std.lv = TRUE，则每个潜变量的第一个指标的因子负荷将不再固定为 1。

3. 起始值

lavaan 包自动为所有自由参数生成起始值，但也可以通过手动自行设置。它的工作原理基于之前讨论过的预乘法机制，其数值常量可以用一个特殊函数 start() 来表示：

visual =~ x1 + start(0.8)*x2 + start(1.2)*x3

textual =~ x4 + start(0.5)*x5 + start(1.0)*x6

speed =~ x7 + start(0.7)*x8 + start(1.8)*x9

4. 简单的等式约束

在某些应用中，对一个或多个自由参数施加等式约束是有用的。以 H&S 三因素 CFA 模型为例，在假设研究者有充分的理由相信 x2 和 x3 指标的因子负荷是相等的情况下，lavaan 不应该估计两个自由参数，而应该只估计一个自由参数，并将该值用于两个因子负载。指定这种（简单）相等约束类型的主要机制是使用标签：如果两个参数具有相同的标签，则认为它们是相同的，并且只为它们计算一个值。下面的语法说明了这一点：

visual =~ x1 + v2*x2 + v2*x3

textual =~ x4 + x5 + x6

speed =~ x7 + x8 + x9

如果没有指定自定义标签，并且需要引用自动生成的标签，可以使用 equal()修饰符：

visual =~ x1 + x2 + equal("visual=~x2")*x3

textual =~ x4 + x5 + x6

speed =~ x7 + x8 + x9

5. 非线性等式和不等式约束

y ~ b1*x1 + b2*x2 + b3*x3

以上回归方程明确地把回归系数标记为 b1、b2、b3，我们可以创建一个包含这三个变量的数据集，并拟合该回归模型：

set.seed(1234)

Data <- data.frame(y = rnorm(100),

x1 = rnorm(100),

x2 = rnorm(100),

x3 = rnorm(100))

model <- ' y ~ b1*x1 + b2*x2 + b3*x3 '

fit <- sem(model, data = Data)

coef(fit)

b1	b2	b3	y~~y
−0.052	0.084	0.139	0.970

假设我们需要对 b1 施加两个（非线性）约束：$b1 = (b2 + b3)2$ 和 $b1 \geq exp(b2 + b3)$。其中，第一个约束是等式约束，第二种是不等式约束。要指定这些约束，可以使用以下语法：

model.constr <- ' # model with labeled parameters

y ~ b1*x1 + b2*x2 + b3*x3

constraints

b1 == (b2 + b3)^2

b1 > exp(b2 + b3) '

为了了解约束的影响，我们对模型进行了以下改动：

```
model.constr <- ' # model with labeled parameters
y ~ b1*x1 + b2*x2 + b3*x3
# constraints
b1 == (b2 + b3)^2
b1 > exp(b2 + b3) '
fit <- sem(model.constr, data = Data)
coef(fit)
```

b1	b2	b3	y~~y
0.495	−0.405	−0.299	1.610

五、实例二：结构方程模型

1. 实例一

在第二个例子中，我们将使用内置的 PoliticalDemocracy 数据集。这是关于结构方程建模的书《含潜变量的结构方程》（Bollen, 1989）及其他地方中使用过的数据集。图 4-10 呈现了该结构方程模型。

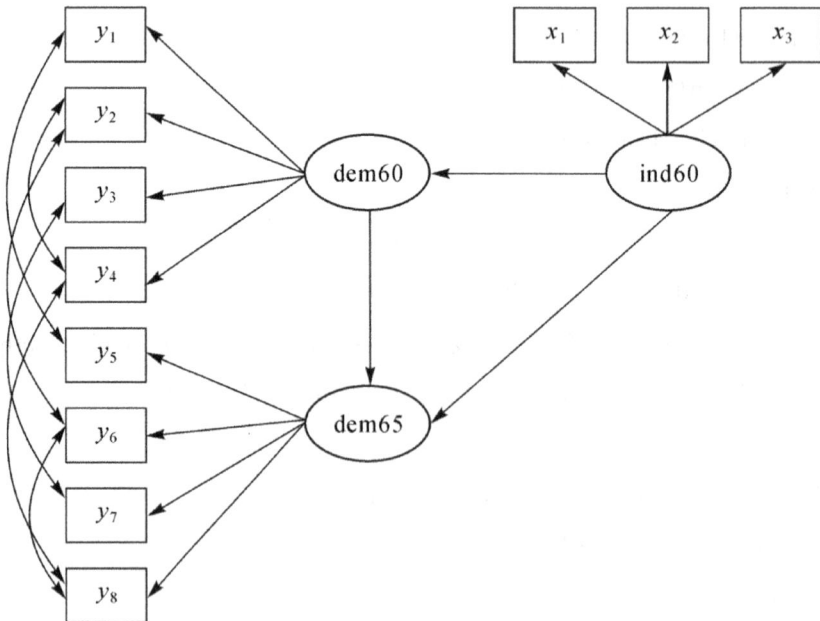

图 4-10　结构方程模型

此模型对应的 lavaan 语法如下：

```
model <- '
# measurement model
ind60 =~ x1 + x2 + x3
dem60 =~ y1 + y2 + y3 + y4
dem65 =~ y5 + y6 + y7 + y8
# regressions
dem60 ~ ind60
dem65 ~ ind60 + dem60
# residual correlations
y1 ~~ y5
y2 ~~ y4 + y6
y3 ~~ y7
y4 ~~ y8
y6 ~~ y8
```

在这个例子中，我们使用了三种不同的公式类型：潜变量定义（使用=~运算符）、回归公式（使用~运算符）和方差公式（使用~~运算符）。回归公式类似于 R 语言中的普通公式，方差公式通常有以下形式：

变量　~~　变量

变量可以是显变量，也可以是潜变量。如果两个变量名相同，表达该变量的方差（或剩余方差）；如果两个变量名不同，则指这两个变量之间的（残差）协方差。lavaan 包自动区分方差和剩余方差。

在本例子中，表达式 y1 ~~ y5 将两个显变量的残差相关联。通常如果两个变量之间有一些共同之处，而并没有捕捉到潜变量，有时就会这样做。两个表达式 y2 ~~ y4 和 y2 ~~ y6 可以组合成表达式 y2 ~~ y4 + y6，因为~~操作符左边的变量（y2）是相同的。

要拟合模型并查看结果，我们可以输入：

```
fit <- sem(model, data = PoliticalDemocracy)
summary(fit, standardized = TRUE)
```

输出结果如下：

```
lavaan 0.6-8 ended normally after 35 iterations
Estimator                                          ML
```

Optimization method		NLMINB			
Number of model parameters		31			
Number of observations		75			

Model Test User Model:

Test statistic		38.125			
Degrees of freedom		35			
P-value (Chi-square)		0.329			

Parameter Estimates:

Standard errors		Standard			
Information		Expected			
Information saturated (h1) model		Structured			

Latent Variables:

	Estimate	Std.Err	z-value	P(>|z|)	Std.lv	Std.all
ind60 =~						
x1	1.000				0.670	0.920
x2	2.180	0.139	15.742	0.000	1.460	0.973
x3	1.819	0.152	11.967	0.000	1.218	0.872
dem60 =~						
y1	1.000				2.223	0.850
y2	1.257	0.182	6.889	0.000	2.794	0.717
y3	1.058	0.151	6.987	0.000	2.351	0.722
y4	1.265	0.145	8.722	0.000	2.812	0.846
dem65 =~						
y5	1.000				2.103	0.808
y6	1.186	0.169	7.024	0.000	2.493	0.746
y7	1.280	0.160	8.002	0.000	2.691	0.824
y8	1.266	0.158	8.007	0.000	2.662	0.828

Regressions:

	Estimate	Std.Err	z-value	P(>|z|)	Std.lv	Std.all
dem60 ~						

ind60	1.483	0.399		0.000	0.447	0.447
dem65 ~						
ind60	0.572	0.221	2.586	0.010	0.182	0.182
dem60	0.837	0.098	8.514	0.000	0.885	0.885

Covariances:

	Estimate	Std.Err	z-value	P(>|z|)	Std.lv	Std.all
.y1 ~~						
.y5	0.624	0.358	1.741	0.082	0.624	0.296
.y2 ~~						
.y4	1.313	0.702	1.871	0.061	1.313	0.273
.y6	2.153	0.734	2.934	0.003	2.153	0.356
.y3 ~~						
.y7	0.795	0.608	1.308	0.191	0.795	0.191
.y4 ~~						
.y8	0.348	0.442	0.787	0.431	0.348	0.109
.y6 ~~						
.y8	1.356	0.568	2.386	0.017	1.356	0.338

Variances:

	Estimate	Std.Err	z-value	P(>|z|)	Std.lv	Std.all
.x1	0.082	0.019	4.184	0.000	0.082	0.154
.x2	0.120	0.070	1.718	0.086	0.120	0.053
.x3	0.467	0.090	5.177	0.000	0.467	0.239
.y1	1.891	0.444	4.256	0.000	1.891	0.277
.y2	7.373	1.374	5.366	0.000	7.373	0.486
.y3	5.067	0.952	5.324	0.000	5.067	0.478
.y4	3.148	0.739	4.261	0.000	3.148	0.285
.y5	2.351	0.480	4.895	0.000	2.351	0.347
.y6	4.954	0.914	5.419	0.000	4.954	0.443
.y7	3.431	0.713	4.814	0.000	3.431	0.322
.y8	3.254	0.695	4.685	0.000	3.254	0.315

ind60	0.448	0.087	5.173	0.000	1.000	1.000
.dem60	3.956	0.921	4.295	0.000	0.800	0.800
.dem65	0.172	0.215	0.803	0.422	0.039	0.039

函数 sem()非常类似于函数 cfa()。事实上，这两个功能目前几乎是相同的，但这可能在未来改变。在 summary()函数中，我们省略了 fit.measure = TRUE 参数，因此结果中只能得到基本的卡方检验统计量。standardized= TRUE 用标准化的参数值增加输出，会额外产生两列标准化参数值。在第一列（标记为 Std.lv 中，只有潜变量是标准化的；在第二列（标记为 Std.all)中，潜变量和显变量都是标准化的。

此模型的完整代码如下：

library(lavaan) # only needed once per session

model <- '

measurement model

ind60 =~ x1 + x2 + x3

dem60 =~ y1 + y2 + y3 + y4

dem65 =~ y5 + y6 + y7 + y8

regressions

dem60 ~ ind60

dem65 ~ ind60 + dem60

residual correlations

y1 ~~ y5

y2 ~~ y4 + y6

y3 ~~ y7

y4 ~~ y8

y6 ~~ y8'

fit <- sem(model, data=PoliticalDemocracy)

summary(fit, standardized=TRUE)

2. 参数标签

lavaan 包的一个很好的特性是，所有自由参数都根据一组简单的规则自动命名。为了了解命名机制是如何工作的，我们将使用用于 political Democracy 数据的模型。

model <- '

latent variable definitions

```
ind60 =~ x1 + x2 + x3
dem60 =~ y1 + y2 + y3 + y4
dem65 =~ y5 + y6 + y7 + y8
# regressions
dem60 ~ ind60
dem65 ~ ind60 + dem60
# residual (co)variances
y1 ~~ y5
y2 ~~ y4 + y6
y3 ~~ y7
y4 ~~ y8
y6 ~~ y8'
fit <- sem(model,
data = PoliticalDemocracy)
coef(fit)
```

函数 coef() 提取模型中自由参数的估计值，以及它们的名称。每个名称由三个部分组成，反映了公式中涉及参数的部分：第一部分是出现在公式左边的变量名，第二部分是公式的运算符类型，第三部分是公式右侧与参数对应的变量。

通常，为特定参数选择标签是很方便的，其工作方式类似于固定参数，不同之处在于使用字符串（标签）代替了与数值常数的预相乘。下面的例子用 myLabel 标签"标记" x3 指示符的因子负荷：

```
model <- '
# latent variable definitions
ind60 =~ x1 + x2 + myLabel*x3
dem60 =~ y1 + y2 + y3 + y4
dem65 =~ y5 + y6 + y7 + y8
# regressions
dem60 ~ ind60
dem65 ~ ind60 + dem60
# residual (co)variances
y1 ~~ y5
```

y2 ~~ y4 + y6

y3 ~~ y7

y4 ~~ y8

y6 ~~ y8'

3. 修饰符

在之前的例子中已经多次使用了预乘法机制：使用固定参数、起始值，以及为参数标注。我们将这些操作称为修饰符，因为它们修改了某些模型参数的一些属性。

因为公式右边的每一项只能有一个修改项，所以如果想为同一个参数指定更多的修饰符，需要在同一个公式中多次列出该术语。例如：

f =~ y1 + y2 + myLabel*y3 + start(0.5)*y3 + y4

y3 的修饰符出现了两次，每次使用不同的修饰符，解析器将积累所有不同的修饰符进行计算，但仍然将 y3 视为单个指示符。

六、实例三：结构方程模型实现单层中介分析

以一个有三个变量的经典中介为例：X 是自变量，Y 是因变量，M 是中介变量。为了更好地展示，创建一个包含这三个变量的 toy 数据集，并建立路径分析模型，该模型包括 X 对 Y 的直接影响和 X 通过 M 对 Y 的间接影响，代码如下：

```
set.seed(1234) X <- rnorm(100) M <- 0.5*X + rnorm(100) Y <- 0.7*M + rnorm(100)
Data <- data.frame(X = X, Y = Y, M = M)
model <- ' # direct effect
Y ~ c*X
# mediator
M ~ a*X
Y ~ b*M
# indirect effect (a*b)
ab := a*b
# total effect
total := c + (a*b)'
fit <- sem(model, data = Data)
summary(fit)
```

输出结果如下：

lavaan 0.6-8 ended normally after 12 iterations

Estimator		ML
Optimization method		NLMINB
Number of model parameters		5
Number of observations		100

Model Test User Model:

Test statistic		0.000
Degrees of freedom		0

Parameter Estimates:

Standard errors		Standard
Information		Expected
Information saturated (h1) model		Structured

Regressions:

		Estimate	Std.Err	z-value	P(>|z|)
Y ~					
X	(c)	0.036	0.104	0.348	0.728
M ~					
X	(a)	0.474	0.103	4.613	0.000
Y ~					
M	(b)	0.788	0.092	8.539	0.000

Variances:

	Estimate	Std.Err	z-value	P(>|z|)
.Y	0.898	0.127	7.071	0.000
.M	1.054	0.149	7.071	0.000

Defined Parameters:

	Estimate	Std.Err	z-value	P(>|z|)
ab	0.374	0.092	4.059	0.000
total	0.410	0.125	3.287	0.001

这个例子演示了 lavaan 模型语法中 ":=" 操作符的使用方法。这个操作符"定义"了新的参数，这些参数的值是原始模型参数的任意函数，但是必须根据模型语法中明确提到的参数标签来指定该函数。默认情况下，这些定义参数的标准误差是通过 Delta 方

法计算的。与其他模型一样，只需在拟合函数中指定 se = "bootstrap"即可计算标准误差。

七、多组问题

1. 多组问题模型示例

lavaan 包支持多组问题的分析，它可以将数据集中组变量的名称添加到拟合函数的参数组中，在默认情况下，所有组都采用相同的模型。在下面的例子中，我们将展示两所学校（巴斯德和格兰特-怀特）如何拟合 H&S CFA 模型。

HS.model <- ' visual =~ x1 + x2 + x3

textual =~ x4 + x5 + x6

speed =~ x7 + x8 + x9 '

fit <- cfa(HS.model,

data = HolzingerSwineford1939,

group = "school")

summary(fit)

输出结果如下：

lavaan 0.6-8 ended normally after 57 iterations

Estimator	ML
Optimization method	NLMINB
Number of model parameters	60

Number of observations per group:

Pasteur	156
Grant-White	145

Model Test User Model:

Test statistic	115.851
Degrees of freedom	48
P-value (Chi-square)	0.000

Test statistic for each group:

Pasteur	64.309
Grant-White	51.542

Parameter Estimates:

Standard errors	Standard

Information   Expected
Information saturated (h1) model   Structured
Group 1 [Pasteur]:
Latent Variables:

	Estimate	Std.Err	z-value	P(>|z|)
visual =~				
x1	1.000			
x2	0.394	0.122	3.220	0.001
x3	0.570	0.140	4.076	0.000
textual =~				
x4	1.000			
x5	1.183	0.102	11.613	0.000
x6	0.875	0.077	11.421	0.000
speed =~				
x7	1.000			
x8	1.125	0.277	4.057	0.000
x9	0.922	0.225	4.104	0.000

Covariances:

	Estimate	Std.Err	z-value	P(>|z|)
visual ~~				
textual	0.479	0.106	4.531	0.000
speed	0.185	0.077	2.397	0.017
textual ~~				
speed	0.182	0.069	2.628	0.009

Intercepts:

	Estimate	Std.Err	z-value	P(>|z|)
.x1	4.941	0.095	52.249	0.000
.x2	5.984	0.098	60.949	0.000
.x3	2.487	0.093	26.778	0.000
.x4	2.823	0.092	30.689	0.000
.x5	3.995	0.105	38.183	0.000

.x6	1.922	0.079	24.321	0.000
.x7	4.432	0.079	51.181	0.000
.x8	5.563	0.078	71.214	0.000
.x9	5.418	0.079	68.440	0.000
visual	0.000			
textual	0.000			
speed	0.000			

Variances:

	Estimate	Std.Err	z-value	P(>|z|)
.x1	0.298	0.232	1.286	0.198
.x2	1.334	0.158	8.464	0.000
.x3	0.989	0.136	7.271	0.000
.x4	0.425	0.069	6.138	0.000
.x5	0.456	0.086	5.292	0.000
.x6	0.290	0.050	5.780	0.000
.x7	0.820	0.125	6.580	0.000
.x8	0.510	0.116	4.406	0.000
.x9	0.680	0.104	6.516	0.000
visual	1.097	0.276	3.967	0.000
textual	0.894	0.150	5.963	0.000
speed	0.350	0.126	2.778	0.005

Group 2 [Grant-White]:

Latent Variables:

	Estimate	Std.Err	z-value	P(>|z|)
visual =~				
x1	1.000			
x2	0.736	0.155	4.760	0.000
x3	0.925	0.166	5.583	0.000
textual =~				
x4	1.000			
x5	0.990	0.087	11.418	0.000

x6	0.963	0.085	11.377	0.000

speed =~

x7	1.000			
x8	1.226	0.187	6.569	0.000
x9	1.058	0.165	6.429	0.000

Covariances:

	Estimate	Std.Err	z-value	P(>|z|)
visual ~~				
textual	0.408	0.098	4.153	0.000
speed	0.276	0.076	3.639	0.000
textual ~~				
speed	0.222	0.073	3.022	0.003

Intercepts:

	Estimate	Std.Err	z-value	P(>|z|)
.x1	4.930	0.095	51.696	0.000
.x2	6.200	0.092	67.416	0.000
.x3	1.996	0.086	23.195	0.000
.x4	3.317	0.093	35.625	0.000
.x5	4.712	0.096	48.986	0.000
.x6	2.469	0.094	26.277	0.000
.x7	3.921	0.086	45.819	0.000
.x8	5.488	0.087	63.174	0.000
.x9	5.327	0.085	62.571	0.000
visual	0.000			
textual	0.000			
speed	0.000			

Variances:

	Estimate	Std.Err	z-value	P(>|z|)
.x1	0.715	0.126	5.676	0.198
.x2	0.899	0.123	7.339	0.000
.x3	0.557	0.103	5.409	0.000

.x4	0.315	0.065	4.870	0.000
.x5	0.419	0.072	5.812	0.000
.x6	0.406	0.069	5.880	0.000
.x7	0.600	0.091	6.584	0.000
.x8	0.401	0.094	4.249	0.000
.x9	0.535	0.089	6.010	0.000
visual	0.604	0.160	3.762	0.000
textual	0.942	0.152	6.177	0.000
speed	0.461	0.118	3.910	0.000

如果想修整参数或者提供初始值,可以使用和之前相同的乘法方式,但是单个参数现在被一个参数向量替换,每个组都会有一个参数。如果使用单个参数而不是向量,则该参数将应用于所有组。如果指定单个参数,lavaan 将生成一个警告,意味着跨组的相等约束。例如:

HS.model <- ' visual =~ x1 + 0.5*x2 + c(0.6, 0.8)*x3

textual =~ x4 + start(c(1.2, 0.6))*x5 + c(a1, a2)*x6

speed =~ x7 + x8 + x9 '

在定义 visual 潜变量时,我们将"0.6"这个数值负荷到第一组的 x3 变量上,将"0.8"这个数值负荷到第二组的 x3 变量上;而对于 x2,无论第一组还是第二组,因子负荷都是"0.5"。在定义 textual 这个潜变量时,我们为 x5 提供了两个不同的起始值,分别为 1.2 和 0.6。另外,我们将 x6 的因子负荷标记第一组为 a1,第二组为 a2。直接写作 a*x6 看上去非常方便简洁,但是在多个组设置中使用单个标签有双重效果,即当标签 a 同时赋给两个组中 x6 的负荷因子,这两个参数被限制为相等,这种操作可能会违背研究者的意愿,因此 lavaan 对这样的操作会产生一个警告信息。如果真的要对两个参数加上同样的负荷,最好使用 a 的标签向量: c(a, a)*x6。

为了验证这个修改的效果,可以调整模型:

fit <- cfa(HS.model,

data = HolzingerSwineford1939,

group = "school")

summary(fit)

输出结果如下:

lavaan 0.6-8 ended normally after 57 iterations

Estimator		ML		
Optimization method		NLMINB		
Number of model parameters		56		
Number of observations per group:				
Pasteur		156		
Grant-White		145		
Model Test User Model:				
Test statistic		118.976		
Degrees of freedom		52		
P-value (Chi-square)		0.000		
Test statistic for each group:				
Pasteur		64.901		
Grant-White		54.075		
Parameter Estimates:				
Standard errors		Standard		
Information		Expected		
Information saturated (h1) model		Structured		

Group 1 [Pasteur]:

Latent Variables:

		Estimate	Std.Err	z-value	P(>|z|)
visual =~					
x1		1.000			
x2		0.500			
x3		0.600			
textual =~					
x4		1.000			
x5		1.185	0.102	11.598	0.000
x6	(a1)	0.876	0.077	11.409	0.000
speed =~					
x7		1.000			
x8		1.129	0.279	4.055	0.000

	Estimate	Std.Err	z-value	P(>|z|)
x9	0.931	0.227	4.103	0.000

Covariances:

	Estimate	Std.Err	z-value	P(>|z|)
visual ~~				
textual	0.460	0.103	4.479	0.000
speed	0.182	0.076	2.408	0.016
textual ~~				
speed	0.181	0.069	2.625	0.009

Intercepts:

	Estimate	Std.Err	z-value	P(>|z|)
.x1	4.941	0.094	52.379	0.000
.x2	5.984	0.100	59.945	0.000
.x3	2.487	0.092	26.983	0.000
.x4	2.823	0.092	30.689	0.000
.x5	3.995	0.105	38.183	0.000
.x6	1.922	0.079	24.320	0.000
.x7	4.432	0.087	51.181	0.000
.x8	5.563	0.078	71.214	0.000
.x9	5.418	0.079	68.440	0.000
visual	0.000			
textual	0.000			
speed	0.000			

Variances:

	Estimate	Std.Err	z-value	P(>|z|)
.x1	0.388	0.129	3.005	0.003
.x2	1.304	0.155	8.432	0.000
.x3	0.965	0.120	8.016	0.000
.x4	0.427	0.069	6.153	0.000
.x5	0.454	0.086	5.270	0.000
.x6	0.289	0.050	5.763	0.000
.x7	0.824	0.124	6.617	0.000

	Estimate	Std.Err	z-value	P(>|z|)
.x8	0.510	0.116	4.417	0.000
.x9	0.677	0.105	6.479	0.000
visual	1.001	0.172	5.803	0.000
textual	0.892	0.150	5.953	0.000
speed	0.346	0.125	2.768	0.006

Group 2 [Grant-White]:

Latent Variables:

		Estimate	Std.Err	z-value	P(>|z|)
visual =~					
x1		1.000			
x2		0.500			
x3		0.800			
textual =~					
x4		1.000			
x5		0.990	0.087	11.425	0.000
x6	(a2)	0.963	0.085	11.374	0.000
speed =~					
x7		1.000			
x8		1.228	0.188	6.539	0.000
x9		1.081	0.168	6.417	0.000

Covariances:

	Estimate	Std.Err	z-value	P(>|z|)
visual ~~				
textual	0.454	0.099	4.585	0.000
speed	0.315	0.079	4.004	0.000
textual ~~				
speed	0.222	0.073	3.049	0.002

Intercepts:

	Estimate	Std.Err	z-value	P(>|z|)
.x1	4.930	0.097	50.688	0.000
.x2	6.200	0.089	69.616	0.000

.x3	1.996	0.086	23.223	0.000
.x4	3.317	0.093	35.625	0.000
.x5	4.712	0.096	48.986	0.000
.x6	2.469	0.094	26.277	0.000
.x7	3.921	0.086	45.819	0.000
.x8	5.488	0.087	63.174	0.000
.x9	5.327	0.085	62.571	0.000
visual	0.000			
textual	0.000			
speed	0.000			

Variances:

	Estimate	Std.Err	z-value	P(>|z|)
.x1	0.637	0.115	5.539	0.000
.x2	0.966	0.120	8.076	0.000
.x3	0.601	0.091	6.591	0.000
.x4	0.316	0.065	4.877	0.000
.x5	0.418	0.072	5.805	0.000
.x6	0.407	0.069	5.887	0.000
.x7	0.609	0.091	6.658	0.000
.x8	0.411	0.094	4.385	0.000
.x9	0.522	0.089	5.887	0.000
visual	0.735	0.132	5.544	0.000
textual	0.942	0.152	6.177	0.000
speed	0.453	0.117	3.871	0.000

2. 在某些组中固定参数

有时我们会希望在除了某个（或多个）组剩下的所有组中固定一个参数的值，并在这个（或多个）组中自由估计该参数的值。这种情况下该参数的修饰符同样是一个向量，包含每个组的这个参数的固定值，但是我们可以使用 NA 强制使一个参数在一个（或多个）组中是自由的。假设我们有四组，用三个指标定义一个潜变量（如 f），除了第二组，我们希望将该参数的因子负荷固定为 1。代码如下：

f =~ item1 + c(1,NA,1,1)*item2 + item3

3. 限制单个参数在组之间相等

如果希望在组之间约束一个或多个参数相等，则需要给它们相同的标签。例如，要约束指标 x3 的因子负载在（两个）组之间相等，代码如下：

HS.model <- ' visual =~ x1 + x2 + c(v3,v3)*x3

textual =~ x4 + x5 + x6

speed =~ x7 + x8 + x9 '

4. 限制所有参数在组之间相等

为参数提供相同的标签是指定相等约束的一种非常灵活的方法，但有一种更方便的方法可以对一组参数施加相等约束（例如所有组的因子加载，或所有组的截距），我们称这种类型的约束为组间相等约束，可以通过 group.equal 功能实现。例如，要约束（所有）因子加载在不同组之间相等，可以输入以下代码：

HS.model <- ' visual =~ x1 + x2 + x3

textual =~ x4 + x5 + x6

speed =~ x7 + x8 + x9 '

fit <- cfa(HS.model,

data = HolzingerSwineford1939,

group = "school",

group.equal = c("loadings"))

summary(fit)

输出结果如下：

lavaan 0.6-8 ended normally after 57 iterations

Estimator	ML
Optimization method	NLMINB
Number of model parameters	60
Number of equality constraints	6
Number of observations per group:	
Pasteur	156
Grant-White	145
Model Test User Model:	
Test statistic	124.044
Degrees of freedom	54

P-value (Chi-square)   0.000

Test statistic for each group:

Pasteur   68.825

Grant-White   55.219

Parameter Estimates:

Standard errors   Standard

Information   Expected

Information saturated (h1) model   Structured

Group 1 [Pasteur]:

Latent Variables:

		Estimate	Std.Err	z-value	P(>|z|)
visual =~					
x1		1.000			
x2	(.p2.)	0.599	0.100	5.979	0.000
x3	(.p3.)	0.784	0.108	7.267	0.000
textual =~					
x4		1.000			
x5	(.p5.)	1.083	0.067	16.049	0.000
x6	(.p6.)	0.912	0.058	15.785	0.000
speed =~					
x7		1.000			
x8	(.p8.)	1.201	0.155	7.738	0.000
x9	(.p9.)	1.038	0.136	7.629	0.000

Covariances:

	Estimate	Std.Err	z-value	P(>|z|)
visual ~~				
textual	0.416	0.097	4.271	0.000
speed	0.169	0.064	2.643	0.008
textual ~~				
speed	0.176	0.061	2.882	0.004

Intercepts:

	Estimate	Std.Err	z-value	P(>|z|)
.x1	4.941	0.093	52.991	0.000
.x2	5.984	0.100	60.096	0.000
.x3	2.487	0.094	26.465	0.000
.x4	2.823	0.093	30.371	0.000
.x5	3.995	0.101	39.714	0.000
.x6	1.922	0.081	23.711	0.000
.x7	4.432	0.086	51.540	0.000
.x8	5.563	0.078	71.087	0.000
.x9	5.418	0.079	68.153	0.000
visual	0.000			
textual	0.000			
speed	0.000			

Variances:

	Estimate	Std.Err	z-value	P(>|z|)
.x1	0.551	0.137	4.010	0.000
.x2	1.258	0.155	8.117	0.000
.x3	0.882	0.128	6.884	0.000
.x4	0.434	0.070	6.238	0.000
.x5	0.508	0.082	6.229	0.000
.x6	0.266	0.050	5.294	0.000
.x7	0.849	0.114	7.468	0.000
.x8	0.515	0.095	5.409	0.000
.x9	0.658	0.096	6.865	0.000
visual	0.805	0.171	4.714	0.000
textual	0.913	0.137	6.651	0.000
speed	0.305	0.078	3.920	0.000

Group 2 [Grant-White]:

Latent Variables:

	Estimate	Std.Err	z-value	P(>|z|)

visual =~

x1		1.000			
x2	(.p2.)	0.599	0.100	5.979	0.000
x3	(.p3.)	0.784	0.108	7.267	0.000
textual =~					
x4		1.000			
x5	(.p5.)	1.083	0.067	16.049	0.000
x6	(.p6.)	0.912	0.058	15.785	0.000
speed =~					
x7		1.000			
x8	(.p8.)	1.201	0.155	7.738	0.000
x9	(.p9.)	1.038	0.136	7.629	0.000

Covariances:

	Estimate	Std.Err	z-value	P(>|z|)
visual ~~				
textual	0.437	0.099	4.423	0.000
speed	0.314	0.079	3.958	0.000
textual ~~				
speed	0.226	0.072	3.144	0.002

Intercepts:

	Estimate	Std.Err	z-value	P(>|z|)
.x1	4.930	0.097	50.763	0.000
.x2	6.200	0.091	68.379	0.000
.x3	1.996	0.085	23.455	0.000
.x4	3.317	0.092	35.950	0.000
.x5	4.712	0.100	47.173	0.000
.x6	2.469	0.091	27.248	0.000
.x7	3.921	0.086	45.555	0.000
.x8	5.488	0.087	63.257	0.000
.x9	5.327	0.085	62.786	0.000
visual	0.000			
textual	0.000			

speed   0.000

Variances:

	Estimate	Std.Err	z-value	P(>|z|)
.x1	0.645	0.127	5.084	0.000
.x2	0.933	0.121	7.732	0.000
.x3	0.605	0.096	6.282	0.000
.x4	0.329	0.062	5.279	0.000
.x5	0.384	0.073	5.270	0.000
.x6	0.437	0.067	6.576	0.000
.x7	0.599	0.090	6.651	0.000
.x8	0.406	0.089	4.541	0.000
.x9	0.532	0.086	6.202	0.000
visual	0.722	0.161	4.490	0.000
textual	0.906	0.136	6.646	0.000
speed	0.475	0.109	4.347	0.000

.p2.、.p3.、.p5.等出现在输出中的标签是自动生成的，用于施加相等约束。除了因子负载之外，还可以添加更多的组间相等约束。group.equal 功能还能支持以下约束：

● intercepts：显变量的截距

● means：潜变量的平均值

● residuals：显变量的残差

● residual.covariances：显变量的残差协方差

● lv.variances：潜变量的（残差）方差

● lv.covariances：潜变量的（残差）协方差

● regressions：模型中所有的回归系数

如果删除 group.equal 这个参数，在相同的模型结构下，每组中所有的参数将被自由估计。

如果想实现只有某些参数在所有组中保持自由状态，而其他参数的跨组约束相同（比如所有组的因子负荷和截距），可以使用 group.partial，并列出需要保持自由的参数的名称，例如：

fit <- cfa(HS.model,

data = HolzingerSwineford1939,

```
group = "school",

group.equal = c("loadings", "intercepts"),

group.partial = c("visual=~x2", "x7~1"))
```

5. 不变性测试

在比较多个组的潜变量的值之前，首先需要测量不变性。当数据连续时，测量不变性的检验涉及一个固定的模型比较检验序列。一个典型的序列包括三个模型：

模型 1：构型不变性。所有组别都有相同的因子结构。

模型 2：弱不变性。因子负荷被限制为组间相等。

模型 3：强不变性。因子负荷和截距被限制为组间相等。

在 lavaan 中，我们可以输入以下代码：

```
HS.model <- ' visual =~ x1 + x2 + x3

textual =~ x4 + x5 + x6

speed =~ x7 + x8 + x9 '

# configural invariance

fit1 <- cfa(HS.model, data = HolzingerSwineford1939, group = "school")

# weak invariance

fit2 <- cfa(HS.model, data = HolzingerSwineford1939, group = "school",

group.equal = "loadings")

# strong invariance

fit3 <- cfa(HS.model, data = HolzingerSwineford1939, group = "school",

group.equal = c("intercepts", "loadings"))

# model comparison tests

lavTestLRT(fit1, fit2, fit3)
```

结果输出如下：

Chi-Squared Difference Test

	Df	AIC	BIC	Chisq	Chisq diff	Df diff	Pr(>Chisq)
fit1	48	7484.4	7706.8	115.85			
fit2	54	7480.6	7680.8	124.04	8.192	6	0.2244
fit2	60	7508.6	7686.6	164.10	40.059	6	4.435e-07 ***

Signif. codes: 0 '***' 0.001 '**' 0.01 '*' 0.05 '.' 0.1 ' ' 1

lavTestLRT()功能可用于模型比较测试。由于提供了三个模型拟合，它将产生两个测试：第一个测试比较第一个模型和第二个模型，而第二个测试比较第二个模型和第三个模型。第一个 p 值是不显著的，从中可以得出这个数据支持弱不变性（等因子负荷）的结论；然而，第二个 p 值又是显著的，不支持强不变性。因此，直接比较两组潜变量的平均值是不明智的。

八、分类变量问题

二分类、有序和名义变量被认为是分类变量而非连续变量，如果这些分类变量在模型中是外生变量（自变量）或内生变量（因变量），模型将有一定的变化。

1. 外生分类变量

对一个二分类外生协变量（如性别），需要将其编码成一个哑变量（0/1），然后放入经典回归模型中。对一个外生有序变量，可以使用一个编码方案来反映顺序（比如，1，2，3……），并将其视为任何其他（数值）协变量。如果有一个有 k > 2 水平的名义变量，需要用一组 k-1 哑变量来代替，然后放入经典回归模型中。

2. 内生分类变量

lavaan 0.5 系列可以处理二分类和有序（但不能是名义）内生变量。有两种方法可以让 lavaan 将模型中的内生变量视为分类变量进行计算。

（1）在 lavaan 运行分析之前，将 data.frame 参数手动改为"ordered"（R 语言的一种基本运算）。例如，如果需要在 data.frame 中将四个分类变量（比如，项目 1，项目 2，项目 3，项目 4）变为有序的，可以使用如下方法：

```
Data[,c("item1",
"item2",
"item3",
"item4")] <-
lapply(Data[,c("item1",
"item2",
"item3",
"item4")], ordered)
```

（2）在使用模型拟合函数（cfa/sem/growth/lavaan）时使用"ordered"参数。例如，如果有四个二分类或有序变量（比如，项目 1，项目 2，项目 3，项目 4），可以使用如下方法：

```
fit <- cfa(myModel, data = myData,
ordered = c("item1","item2",
```

"item3","item4"))

如果所有内生变量都是分类变量，可以使用 ordered = TRUE 作为快捷方式。当使用 ordered = 参数时，lavaan 将自动切换到 WLSMV 估计法：它将使用对角加权最小二乘（DWLS）来估计模型参数，并使用全权矩阵来计算稳健的标准误差及均值和方差，调整检验统计量。其他选项还有未加权最小二乘法（ULSMV）或成对最大似然法（PML）。目前 lavaan 尚不支持充分信息极大似然估计法。

九、多层线性回归

前面讨论到对于 PISA 这类具有多层特点的数据集需要进行多层分析，接下来的几节中我们将从 lavaan 如何开展多层分析中最基础的多层线性回归入手，逐步讨论如何在 lavaan 中实现多层验证性因子分析、多层结构方程模型，以及在多层结构方程模型中实现中介分析。

一般而言，当数据为非独立观测的不同类型的数据时，可以进行多层分析，不同数据类型如下：

- 非独立观测的不同类型的数据
- 聚集数据（家庭成员，口腔中的牙齿）
- 二元数据（情侣）
- 分级数据（地区内学校的学生）
- 匹配数据（病例对照研究）
- 调查数据（嵌套抽样）
- 纵向数据（每周测量患者血压）
- 重复测量（受试者内设计）
- ……

对于以上具有层级关系的数据，如果我们无视数据的依赖结构，将样本视为具有 N 个独立观察值的简单随机样本，并在多水平背景下使用普通回归模型，这通常被称为"分解分析"，因为更高水平的变量（如学校特征）被分解到个体水平。虽然有些研究会使用这种方法，但忽略数据中的聚类关系可能会有严重的后果，例如有偏差的点估计值、错误的标准误差、错误的检验统计量、错误的 p 值等，因此我们有必要进行多层分析。在讲解多层分析之前首先需要了解以下基础概念。

1. 平衡数据和不平衡数据

当数据平衡时，每个集群拥有相同数量的单元。平衡数据的典型例子有：

（1）二进数据，每个集群总是两个单元；

（2）重复测量数据，对于同一组条件，每个人都有分数；

（3）纵向数据，即所有个体（随时间推移）的观察次数相同（通常称为面板数据）；

（4）分层数据，对每个聚类进行固定数量的采样。

当数据不平衡时，集群大小不同，这可能是缺失值造成的，在分层数据中，每个集群的单元数量可能随集群不同有很大差异。

2. 宽数据和长数据

当数据以"宽"格式排列时，每一行对应一个集群，我们可能会得到许多列（测量/变量，单元），行是独立的，不平衡数据可以通过为较小的集群填充缺失值来处理；当数据以"长"格式排列时，每一行对应一个单元，列包含该单元的变量，多行属于同一集群，行不是独立的，每个单元的更高一层的变量（例如学校特征）是一样的。

宽数据与长数据示例分别见表 4-1 和表 4-2。

表 4-1　宽数据

	cluster.id	y1	m1	x1	y2	m2	x2	y3	m3	x3	school size
1	1	16	4	60	28	36	6	4	22	12	large
2	2	24	14	10	18	6	20	38	28	22	medium
3	3	26	2	2	32	4	8	4	4	10	medium
4	4	4	36	14	2	2	0	8	8	10	small
5	5	14	10	16	28	2	4	8	22	6	small
6	6	24	20	16	42	18	2	2	28	18	large
7	7	22	0	14	32	6	2	18	18	10	medium
8	8	0	8	34	16	16	14	8	28	18	large

宽数据与长数据往往对应不同的方法。

（1）多变量或"宽格式"方法：①数据是宽格式的；②一个聚集内的观测次数（非常）少（如 2 到 10 次）；③多为均衡数据；④用于时间点较少的纵向/重复测量数据的主导方法。例如重复测量的 MANOVA、面板模型、增长曲线模型等。

（2）多水平方法（或随机效应、混合模型）方法：①数据是长格式的；②多用于非平衡数据；③具有大聚类的分层数据的主导方法。例如重复测量的 ANOVA、多水平回归、（广义）线性混合模型、多水平 SEM 等。

表 4-2　长数据

	cluster.id	y	m	x	school size
1	1	16	4	60	large
2	1	28	36	6	large
3	1	4	22	12	large
4	2	24	14	10	medium
5	2	18	6	20	medium
6	2	38	28	22	medium
7	3	26	2	2	medium
8	3	32	4	8	medium
9	3	4	4	10	medium
10	4	4	36	14	small
11	4	2	2	0	small
12	4	8	8	10	small
13	5	14	10	16	small
14	5	28	2	4	small
15	5	8	22	6	small
16	6	24	20	16	large
17	6	42	18	2	large
18	6	2	28	18	large
19	7	22	0	14	medium
20	7	32	6	2	medium
21	7	18	18	10	medium
22	8	0	8	34	large
23	8	16	16	14	large
24	8	8	28	18	large

处理聚类数据有多种解决方案：①避免聚类（每个聚类只选取一个观测值）；②汇总数据（不建议，因为可能会导致生态谬误）；③将数据重塑为宽格式，再使用多元方法，这种方法对于每个聚类内观测数量较少的均衡数据非常理想；④计算聚类稳健的标准误差，通常称为"基于设计"或"调查"的方法；⑤固定效应法，以集群/学校作为一个固

定因素，结论仅对样本中存在的集群/学校有效，通常用于集群数量较小（＜10）的情况；⑥混合效应法以集群/学校作为随机因素。接下来我们将着重介绍混合效应法。

多层回归应用混合效应统计模型来分析多层次（或多水平）的数据。统计的这一分支主要是在教育科学和计量社会学中发展起来的。研究人员早在20世纪七八十年代就意识到，考虑集群结构很重要。他们曾对每个集群进行回归分析，这种做法忽视了一个事实：这种方式要求跨集群的回归系数应该是相似的，但这种固定系数的模型其实限制性条件过强。因此，需要某种软限制性条件的分析方法。

这就引出了随机系数模型的想法，也随之产生了如何结合不同层级间的预测因子的问题。早期的研究者建议可以分两个阶段处理：第一阶段，对每个学校进行回归分析；第二阶段，将所得到的回归系数作为结果输入回归模型中，将集群的变量作为自变量，这种方法被称为"斜率作为产出"模式。后期的教育研究人员发现他们正在寻找的模型在其他统计分支中已经存在了很长一段时间，即线性混合模型。

3. 线性混合模型的结构

Laird-Ware 线性混合模型（两层）可以通过以下方程呈现：

$$y_{ji} = \beta_1 x_{1ji} + \beta_2 x_{2ji} + \beta_3 x_{3ji} + \cdots + \beta_p x_{pji} +$$
$$b_{1j} z_{1ji} + b_{2j} z_{2ji} + \cdots + b_{qj} z_{qji} + \varepsilon_{ji}$$

y_{ji} 为聚类 $j = 1, 2, \cdots$ 总计 n_j 个观测值里第 i 次的响应变量的值；

$x_{1ji}, \ldots, x_{pji}$ 为第 j 聚类中第 i 个观测值的第 p 个回归量的值；它们对于重复抽样来说是固定常数，例如乘积项、指标变量等；

在许多回归模型中会增加一个常数项 $x_{0ji} = 1$；

β_0 称为（固定）截距；

回归系数 $\beta_1, \ldots, \beta_p$ 是固定效应系数，所有集群都相同；

$b_{1j}, b_{2j}, \ldots, b_{pj}$ 为聚类 j 的随机效应系数，被认为是随机变量，而不是参数（类似于误差 ε_{ji}）；

$z_{1ji}, z_{2ji}, \ldots, z_{pji}$ 为随机效应回归量，通常是固定回归量的子集；

在许多模型中会加入一个随机截距项 $z_{0ji} = 1$；

b_{0j} 称为随机截距；

ε_{ji} 为聚类 j 第 i 个观测值的随机误差。

矩阵形式的 Laird-ware 模型公式为：

$$y_j = \beta X_j + b_j Z_j + \varepsilon_j \quad j = 1, 2, \ldots, J$$

在所有聚类中该模型的公式为：

$$y = X_\beta + Z_b + \varepsilon$$

4. 随机截距固定斜率的两层回归模型

在两层回归模型中，我们将结果变量的总分分解为两部分，即第一层和第二层的分数：

$$y_{ji} = (y_{ji} - \overline{y}_j) + \overline{y}_j$$

$$y_T = y_W + y_B$$

其中 $j = 1, \cdots, j$ 是集群的索引，$i = 1, \cdots, nj$ 是集群内一个单位的索引。

j 是聚类 j 的均值；然而在真实数据集中，观察到的聚类均值不一定等于"真实"的聚类均值（由于抽样误差，可能还有测量误差）。因此，我们将把聚类平均值视为潜变量的分数。如果 $(y_{ji} - \overline{y}_j)$ 里的 $\overline{y}_j$ 是潜变量，那么 y_W 的结果也是潜变量。

以下是 lavaan 两层回归的语法：

```
model <- '
level: 1
# here comes the within level
level: 2
# here comes the between level'
fit <- sem(myModel, myData,
cluster = "school")
```

（1）模型 1：空（单变量）模型

这种模型被称为"空"模型，因为它在第一、第二层都不包含任何预测变量，只是简单地反映了嵌套结构，如图 4-11 所示意。

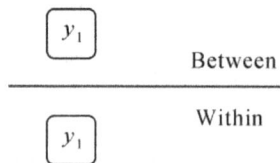

图 4-11　空（单变量）模型示意

该模型的 Laird-Ware 形式的模型方程为：

$$y_{ji} = \beta_0 + b_{0j} + \varepsilon_{ji}$$

这是一个随机效应单因素方差分析模型的例子，包含一个固定效应（截距 β_0）表示 y_1 的总体均值，也包含以下两个随机效应：

b_{0j} 表示聚类 j 中 y 的聚类均值与总均值的偏差；

ε_{ji} 表示观察项 i 对聚类 j 中 y 的得分与聚类均值的偏差。

这个模型有两个方差成分：①$\mathrm{Var}(b_{0j}) = d^2$：聚类均值之间的方差；②$\mathrm{Var}(\varepsilon_{ji}) = \sigma^2$：同一聚类中观测值之间的方差。

由于一般假设 b_{0j} 和 ε_{ji} 是独立的，y_1 观测值之间的变化可以分解为这两个方差成分：

$$\mathrm{Var}(y_{ji}) = d^2 + \sigma^2$$

在 lavaan 中使用 Demo.twolevel 数据集实现空（单变量）模型的代码如下：

```
library(lavaan)

model <- '

level: 1

y1 ~~ y1

level: 2

y1 ~~ y1

fit <- sem(model,

data = Demo.twolevel,

cluster = "cluster")

summary(fit, nd = 4)
```

输出结果如下：

lavaan 0.6-7 ended normally after 17 iterations

Estimator	ML
Optimization method	NLMINB
Number of free parameters	3
Number of observations	2500
Number of clusters [cluster]	200

Model Test User Model:

Test statistic	0.0000
Degrees of freedom	0

Parameter Estimates:

Standard errors	Standard
Information	Observed
Observed information based on	Hessian

Level 1 [within]:

Intercepts:

	Estimate	Std.Err	z-value	P(>|z|)
y1	0.0000			

Variances:

	Estimate	Std.Err	z-value	P(>|z|)
y1	2.0003	0.0589	33.9574	0.0000

Level 2 [cluster]:

Intercepts:

	Estimate	Std.Err	z-value	P(>|z|)
y1	0.0198	0.0755	0.2617	0.7935

Variances:

	Estimate	Std.Err	z-value	P(>|z|)
y1	0.9436	0.1124	8.3931	0.0000

（2）组内相关系数（intra-class correlation, ICC）

组内相关系数指"在第二层级"（或由于聚类之间的差异）的方差的比例：

$$\frac{Var(yB)}{Var(yW) + Var(yB)} = \frac{d^2}{d^2 + \sigma^2} = \rho$$

ρ 也可以解释为来自同一聚集的两个观察值之间的相关性：

$$\text{Cor}(y_{ji}, y_{ji'}) = \frac{\text{Cov}(y_{ji} y_{ji'})}{\sqrt{\text{Var}(y_{ji}) \times \text{Var}(y_{ji'})}} = \frac{d^2}{\sqrt{(d^2 + \sigma^2)(d^2 + \sigma^2)}} = \rho$$

一般而言，组内相关系数的范围在 0.05 到 0.5 之间。一些教科书建议，如果 ICC 较低（比如，ICC < 0.05），则不需要使用多层建模，然而 ICC 较低不代表没有集群效应，研究者最好还是要有分层的概念。

针对空模型的结果，可以用以下方式计算 ICC 的值：

手工计算：

> 0.9436/(0.9436 + 2.0003)

[1] 0.3205272

使用 lmer 包计算：

> var.comp <- as.data.frame(VarCorr(fit.lmer))$vcov

> rho <- var.comp[1]/(var.comp[1] + var.comp[2]); rho

[1] 0.3205193

使用 lavaan 包计算：

> lavInspect(fit, "icc")

y1

0.321

结果的 0.321 表明大约 32%（在第一层）的学生成绩变化可归因于集群之间的差异。

（3）模型 2：简单的两层回归模型（预测变量在第一层）

该模型有一个第一层的预测变量（未做中心化处理的 x_1），而第二层没有预测变量，如图 4-12 所示意。

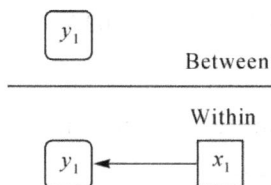

图 4-12　简单的两层回归模型示意

该模型 Laird-Ware 形式的模型方程为：

$$y_{ji} = \beta_0 + \beta_1 x_{1ji} + b_{0j} + \varepsilon_{ji}$$

这个模型有两个（协）方差成分：①$\mathrm{Var}(b_{0j}) = d^2$：聚类截距之间的方差；②$\mathrm{Var}(\varepsilon_{ji}) = \sigma^2$：在第一层中误差之间的方差。

（固定）回归系数的解释：①β_0 为当 $x_1 = 0$ 时 y 的预测值；②β_1 为当 x_1 每增加一个单位时 y 的预测值的变化量。

需要注意的是，x_1 在集群内部和集群之间都是不同的；β_1 是 x_1 对 y_1 的集群内部效应和集群间效应的结合，因此，x_1 通常是以组均值为中心的。

在 lavaan 中使用 Demo.twolevel 数据集实现简单的两层回归（预测变量在第一层）的代码如下：

```
model <- '

level: 1

y1 ~ x1

level: 2

y1 ~~ y1

'
```

```
fit <- sem(model,
data = Demo.twolevel,
cluster = "cluster")
summary(fit, nd = 4)
```

输出结果如下：

Level 1 [within]:

Regressions:

	Estimate	Std.Err	z-value	P(>|z|)
y1 ~				
x1	0.4944	0.0276	17.8804	0.0000

Intercepts:

	Estimate	Std.Err	z-value	P(>|z|)
.y1	0.0000			

Variances:

	Estimate	Std.Err	z-value	P(>|z|)
.y1	1.7599	0.0518	33.9532	0.0000

Level 2 [cluster]:

Intercepts:

	Estimate	Std.Err	z-value	P(>|z|)
.y1	0.0222	0.0745	0.2985	0.7653

Variances:

	Estimate	Std.Err	z-value	P(>|z|)

（4）对第一层的变量（x_1）进行中心化处理

中心化处理指当设定某一个值为零点（起始点）后对其他数值进行移动。

使用总平减方式对 x_1 进行中心化只会改变截距，不会改变斜率。使用总平减进行变量的中心化后，β_0 指的是 x_1 等于总平均值时的预测值，而 β_1 仍然是 x_1 对 y_1 的集群内部效应和集群间效应的结合。

使用聚集平减方式对 x_1 进行中心化会同时改变截距和斜率，这个时候 β_1 只反映 x_1 对 y_1 的集群内部效应，对于了解 x_1 对 y_1 不同层面的效应具有一定的优势。

在 R 中实现组平减中心化处理：

```
> x1.mean <- tapply(Demo.twolevel$x1, Demo.twolevel$cluster, mean)
```

```
> cluster.idx <- Demo.twolevel$cluster
> Demo.twolevel$x1.c <- Demo.twolevel$x1 - x1.mean[cluster.idx]
> Demo.twolevel$x1.mean <- x1.mean[cluster.idx]
> head(Demo.twolevel[, c("cluster", "x1", "x1.mean", "x1.c")], 12)
cluster x1 x1.mean x1.c
```

（5）模型 3：两层回归模型（两层各有一个预测变量）

该模型有一个第一层的预测变量（经过群平减中心化处理的 x_1），第二层有一个预测变量（x_1 和 w_1 的群平均值），如图 4-13 所示意。

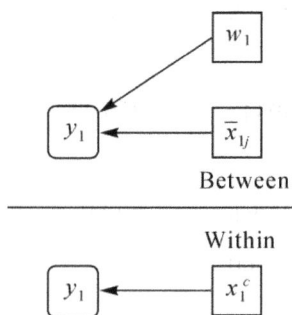

图 4-13　两层回归模型示意

该模型 Laird-Ware 形式的模型方程为：

$$y_{ji} = \beta_0 + \beta_1(x_{1ji} - \overline{x}_{1j}) + \beta_2\overline{x}_{1j} + \beta_3 w_{1j} + b_{0j} + \varepsilon_{ji}$$

（固定）回归系数的解释：（1）β_0 为（潜变量）聚类（估计的）平均值；（2）β_1 为组内情况下当 x_1 每增加一个单位时 y 的预测值变化的量；（3）β_2 为组间情况下当 x_1 每增加一个单位时 y 的预测值变化的量；（4）β_3 为当 w_1 每增加一个单位时 y 的预测值变化的量。

注：w_1 可以选择是否进行群平减中心化处理（只影响截距）。

在 lavaan 中使用 Demo.twolevel 数据集进行 viii 两层回归模型（两层各有一个预测变量）的代码如下：

```
model <- '
level: 1
y1 ~ x1.c
level: 2
```

```
y1 ~ x1.mean + w1
'

fit <- sem(model,
data = Demo.twolevel,
cluster = "cluster")
summary(fit, nd = 4)
```

输出结果如下：

Level 1 [within]:

Regressions:

	Estimate	Std.Err	z-value	P(>|z|)
y1 ~				
x1.c	0.4934	0.0278	17.7382	0.0000

Intercepts:

	Estimate	Std.Err	z-value	P(>|z|)
.y1	0.0000			

Variances:

	Estimate	Std.Err	z-value	P(>|z|)
.y1	1.7601	0.0518	33.9502	0.0000

Level 2 [cluster]:

Regressions:

y1 ~

	Estimate	Std.Err	z-value	P(>|z|)
x1.mean	0.5704	0.2518	2.2653	0.0235
w1	0.1598	0.0789	2.0250	0.0429

Intercepts:

	Estimate	Std.Err	z-value	P(>|z|)
.y1	0.0151	0.0738	0.2042	0.8382

Variances:

	Estimate	Std.Err	z-value	P(>|z|)
.y1	0.9127	0.1074	8.5005	0.0000

5. 随机斜率的两层回归模型

为了更方便地介绍随机斜率的两层回归模型，我们将使用源自 1982 年的"高中及更高年级"的调查数据，该数据涉及 160 所学校（70 所天主教学校，90 所公立学校）的 7185 名美国高中生。

以下为我们将使用的变量：

school 表示学生就读学校的有序变量；

mAch 表示数学成绩分数的连续变量；

ses 表示社会经济分数的连续变量；

meanses 表示每个学校学生社会经济分数（ses）平均分的连续变量；

cses 表示学生社会经济分数根据学校平均分进行中心化处理后的连续变量；

sector 表示学校类型（天主教学校与公立学校）。

以下为在 R 语言中调取该数据集及其基本信息：

> library(mlmRev)

> summary(Hsb82)

school		minrty		sx	
2305	67	No	5211	Male	3390
5619	66	Yes	1974	Female	3795
4292	65				
8857	64				
4042	64				
3610	64				
(Other)	6795				

ses		mAch		meanses	
Min.	−3.758000	Min.	−2.832	Min.	−1.1939459
1st Qu.	−0.538000	1st Qu.	7.275	1st Qu.	−0.3230000
Median	0.002000	Median	13.131	Median	0.0320000
Mean	0.000143	Mean	12.748	Mean	0.0001434
3rd Qu.	0.602000	3rd Qu.	18.317	3rd Qu.	0.3269123
Max.	2.692000	Max.	24.993	Max.	0.8249825

sector		cses	
Public	3642	Min.	−3.6507
Catholic	3543	1stQu.	−0.4479
		Median	0.0160
		Mean	0.0000
		3rd Qu.	0.4694

为了分析学生的数学成绩与其家庭、社会经济地位之间的关系，可以使用以下两个模型：

（1）模型 1：随机系数回归模型

该模型第一层有一个预测变量（经过群平减中心化处理的 x_1），第二层没有预测变量，且具有随机截距和随机斜率。

第一层（学生层面）的模型方程（使用 HLM 表示法）：

$$y_{ji} = \alpha_{0j} + \alpha_{1j} cses_{ji} + \varepsilon_{ji}$$

第二层（学校层面）的模型方程：

$$\alpha_{0j} = \gamma_{00} + \mu_{0j} \quad （随机截距）$$

$$\alpha_{1j} = \gamma_{10} + \mu_{1j} \quad （随机斜率）$$

用 Laird-Ware 形式对两层模型方程进行整合：

$$y_{ji} = (\gamma_{00} + \mu_{0j}) + (\gamma_{10} + \mu_{1j})cses_{ji} + \varepsilon_{ji}$$

$$= \gamma_{00} + \gamma_{10}cses_{ji} + \mu_{0j} + \mu_{1j}cses_{ji} + \varepsilon_{ji}$$

$$= \beta_0 + \beta_1 x_{1ji} + b_{0j} + b_{1j}z_{1ji} + \varepsilon_{ji}$$

固定效应系数 β_0 和 β_1 分别表示在校人群的平均截距和斜率

这个模型有四个方差成分：①$\text{Var}(b_{0j}) = d_0^2$：第二层（学校之间）截距的方差；②$\text{Var}(b_{1j}) = d_1^2$：第二层（学校之间）斜率的方差；③$\text{Cov}(b_{0j}, b_{1j}) = d_{0j}$：第二层（学校之间）和第一层（学校内部）截距和斜率的协方差；④$\text{Var}(\varepsilon_{ji}) = \sigma^2$：在第一层（学校内部）中误差之间的方差。

在 lmer 中使用 Hsb82 数据集进行随机系数两层回归模型（预测变量在第一层）的代码如下：

```
> fit.model3 <- lmer(mAch ~ 1 + cses + (1 + cses | school), data = Hsb82,
REML = FALSE)
> summary(fit.model3, correlation = FALSE)
```

输出结果如下：

Linear mixed model fit by maximum likelihood ['lmerMod']

Formula: mAch ~ 1 + cses + (1 + cses | school)

Data: Hsb82

AIC	BIC	logLik	deviance	df.resid
46723.0	46764.3	−23355.5	46711.0	7179

Scaled residuals:

Min	1Q	Median	3Q	Max
−3.09688	-0.73198	0.01794	0.75445	2.89902

Random effects:

Groups	Name	Variance	Std.Dev.	Corr
school	(Intercept)	8.6206	2.9361	
	cses	0.6782	0.8235	0.02
Residual		36.7000	6.0581	

Number of obs: 7185, groups: school, 160

Fixed effects:

	Estimate	Std. Error	t value
(Intercept)	12.6363	0.2437	51.85
cses	2.1932	0.1278	17.16
(Intercept)	12.6363	0.2437	51.85

（2）模型 2：截距和斜率作为产出模型

对模型 1 进行扩展，在模型 2 中，第二层有两个预测变量：meanses 和 sector，并且同样允许斜率随机变化。

第一层（学生层面）的模型方程（使用 HLM 表示法）：

$$y_{ji} = \alpha_{0j} + \alpha_{1j}cses_{ji} + \varepsilon_{ji}$$

第二层（学校层面）的模型方程：

$$\alpha_{0j} = \gamma_{00} + \gamma_{01}meanses_j + \gamma_{02}sector_j + \mu_{0j} \quad （随机截距）$$
$$\alpha_{1j} = \gamma_{10} + \gamma_{11}meanses_j + \gamma_{12}sector_j + \mu_{1j} \quad （随机斜率）$$

用 Laird-Ware 形式对两层模型方程进行整合：

$$y_{ji} = (\gamma_{00} + \gamma_{01}meanses_j + \gamma_{02}sector_j + \mu_{0j}) +$$
$$(\gamma_{10} + \gamma_{11}meanses_j + \gamma_{12}sector_j + \mu_{1j})cses_{ji} + \varepsilon_{ji}$$
$$= \gamma_{00} + \gamma_{01}meanses_j + \gamma_{02}sector_j + \gamma_{10}cses_{ji} +$$

$$\gamma_{11} meanses_j cses_{ji} + \gamma_{12} sector_j cses_{ji} + \mu_{0j} + \mu_{1j} cses_{ji} + \varepsilon_{ji}$$

$$= \beta_0 + \beta_1 x_{1ji} + \beta_2 x_{2ji} + \beta_3 x_{3ji} + \beta_4 (x_{1ji} x_{3ji}) + \beta_5 (x_{2ji} x_{3ji}) + b_{0j} + b_{1j} z_{1ji} + \varepsilon_{ji}$$

在 lmer 中使用 Hsb82 数据集进行随机系数两层回归模型（两层都有预测变量）的代码如下：

> fit.model4 <- lmer(mAch ~ 1 + meanses*cses + sector*cses + (1 + cses | school), data = Hsb82, REML = FALSE)

> summary(fit.model4, correlation = FALSE)

输出结果如下：

Linear mixed model fit by maximum likelihood ['lmerMod']

Formula: mAch ~ 1 + meanses * cses + sector * cses + (1 + cses | school)

Data: Hsb82

AIC	BIC	logLik	deviance	df.resid
46516.4	46585.2	−23248.2	46496.4	7175

Scaled residuals:

Min	1Q	Median	3Q	Max
−3.1610	−0.7244	0.0168	0.7549	2.9581

Random effects:

Groups	Name	Variance	Std.Dev.	Corr
school	(Intercept)	2.31666	1.5221	
	cses	0.06512	0.2552	0.48
Residual		36.72116	6.0598	

Number of obs: 7185, groups: school, 160

Fixed effects:

	Estimate	Std. Error	t value
(Intercept)	12.1279	0.1974	61.441
meanses	5.3317	0.3655	14.586
cses	2.9457	0.1540	19.128
sectorCatholic	1.2269	0.3033	4.046
meanses:cses	1.0427	0.2960	3.522
cses:sectorCatholic	−1.6440	0.2373	−6.926

十、多层结构方程模型

处理集群数据的一种方法是多层建模方法,但是多层线性回归模型具有一定局限性,例如:多层线性回归模型(大多数情况下)变量使用较为单一;无法对潜变量进行分析;无法直接进行中介分析(只有严格的因变量或自变量);无法分析相互作用;无法进行模型拟合评估。自 20 世纪 80 年代末以来,多层建模方法出现了两个重要的进步:第一,多层线性回归模型扩展到能够测量误差和潜变量(如使用 HLM 和 MLwiN 软件);第二,传统的 SEM 模型能够计算随机截距和随机斜率。在这两个变化之下,SEM 与多层线性回归模型之间的界线逐渐消失。

lavaan 是一个 2017 年 1 月左右开始开发的多层 SEM 开源 R 包,在 0.6-1 中引入了标准的"集群内部和之间"两层方法,因变量须为连续变量,需要数据无缺失值,暂时不支持随机斜率计算模型,默认使用 EM 算法。未来可能能够实现随机斜率和缺失值处理,并将采用 gllamm 框架和个案似然法和混合法。可见,虽然 lavaan 的多层功能仍然有限,但用户仍旧可以实现随机截距的两层 SEM,需要注意的是,该模型需要所有数据都是连续和完整的,当数据存在缺失值,lavaan 会对其进行成列删除。

1. 收敛问题和解决方案

默认情况下,lavaan 0.6 的当前版本使用 quasi-Newton 过程来最大化模型给出的数据的对数可能性(就像在单层情况下),该处理对于大多数模型和数据的收敛有较好而且较快的成果,然而有时也可能会遇到收敛问题。

模型不收敛通常是表明模型或数据有问题的一个信号。典型的情况是:少量的聚类,以及在层级之间(几乎)没有内生变量的方差。然而如果用户认为一切正常,那么可能可以尝试另一个优化过程。lavaan 的当前版本允许使用期望最大化(EM)算法作为替代。要切换到 EM 算法,可以输入以下代码:

fit <- sem(model = model, data = Demo.twolevel, cluster = "cluster", verbose = TRUE, optim.method = "em")

由于 lavaan 包里的 EM 算法还没有经过加速处理,完成以上程序可能需要很长时间,通常需要超过 10000 次迭代才能达到一个解决方案。当需要控制 EM 算法停止的时间时,可以设置如下停止条件:

fit <- sem(model = model, data = Demo.twolevel, cluster = "cluster", verbose = TRUE, optim.method = "em", em.iter.max = 20000, em.fx.tol = 1e-08, em.dx.tol = 1e-04)

em.fx.tol 参数用于监视当前步骤和上一步之间的对数似然变化。如果这个变化小于

em.fx.tol，算法停止。em.dx.tol 参数用于监视（未缩放的）梯度。当达到一个解时，梯度的所有元素都应该接近于零；当最大梯度元素小于 em.dx.tol 时，算法停止。需要注意的是，通过改变停止条件等手段，EM 算法总是可以被强制"收敛"，但这并不意味着一个模型/数据集组合值得收敛。

2. 双层结构方程模型潜变量问题讨论

当在一个两层模型中引入一个代表假设结构的潜在变量时，我们需要仔细思考这个潜在变量的"状态"：①潜变量的指标是在集群之间水平还是在集群内部水平测量的？②相关的理论结构是如何假设潜变量是集群之间水平还是在集群内部水平的？③如何解释在集群之间水平或是在集群内部水平的潜变量？为了回答这些问题，我们需要在集群之间水平和在集群内部水平上以不同的方式创建潜变量。

我们将讨论五种不同的潜变量构造类型：第一，仅集群水平内构造——在这种情况下，如果没有其他的二级变量，我们也可以使用基于集合内协方差矩阵的单层 SEM；第二，仅集群水平间的构造；第三，共享集群水平间的构造；第四，构型构造；第五，共享集群水平间的构型构造。

（1）仅集群水平内构造

在该方式中，潜变量指标仅在集群水平内测量，潜变量对结构的解释在于潜变量在水平内测量的指标之间的协方差，与水平间不相关。

例如需要测量不同学校学生在食用含乳糖的产品后身体反应的程度，且不需要考虑不同学校水平的特征时，可以使用该模型。

该模型如图 4-14 所示，其在 lavaan 中的模型语法如下：

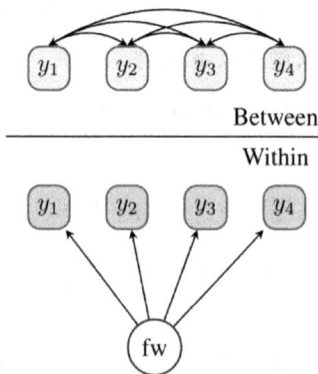

图 4-14　仅集群水平内构造模型示意

```
model <- 'level: 1
fw =~ y1 + y2 + y3 + y4
level: 2
y1 ~~ y1 + y2 + y3 + y4
y2 ~~ y2 + y3 + y4
y3 ~~ y3 + y4
y4 ~~ y4'
```

（2）仅集群水平间的构造

在该方式中，潜变量指标仅在集群水平间测量，潜变量对结构的解释在于潜变量在水平间测量的指标之间的协方差，与水平内不相关。例如需要测量自我报告的"领导风格"，则需要收集由不同校长填写的问卷信息。

该模型如图 4-15 所示，其在 lavaan 中的模型语法如下：

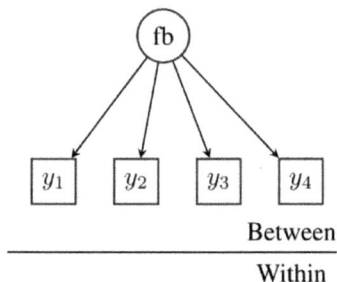

图 4-15　仅集群水平间的构造模型示意

```
model <- '
level: 1
level: 2
fb =~ y1 + y2 + y3 + y4
'
```

（3）共享集群水平间的构造

在该方式中，潜变量指标在集群水平内测量，但是潜变量对结构的解释在于潜变量在水平间测量的指标之间的协方差，与水平内不相关。

例如要研究同一老师在不同班级教学的"教学特点"是否是一个共享的概念，可以构造反映"教学特点"的模型：同一个老师教授的每个班级的学生需要判断该教师的"教学特点"。不同班级个体学生的平均反应应该对于同一个老师的"教学质量"的判断高度相关。

该模型如图 4-16 所示，其在 lavaan 中的模型语法如下：

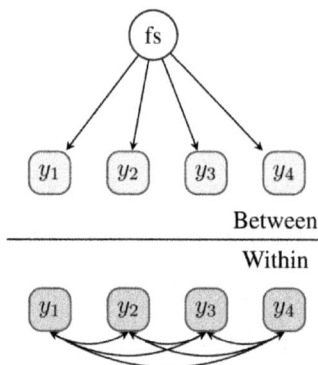

图 4-16　共享集群水平间的构造模型示意

model <- '

level: 1

y1 ~~ y1 + y2 + y3 + y4

y2 ~~ y2 + y3 + y4

y3 ~~ y3 + y4

y4 ~~ y4

level: 2

fs =~ y1 + y2 + y3 + y4'

（4）构型构造

在该方式中，潜变量指标在集群水平内测量，潜变量对结构的解释在于潜变量在水平内和水平间测量的指标之间的协方差。

构型构造在水平间表示集群内个体测量的总和。集群本身不被视为单个结构变化的来源，因此，集群间的因子负荷与集群内的因子负荷相同且固定（可以理解为跨层次的测量不变性）。

例如测量一个学校不同学生的阅读动机，需要测量学生个人层面（集群内），以及在学校层面（集群间）学生的平均动机。

该模型如图 4-17 所示，其在 lavaan 中的模型语法如下：

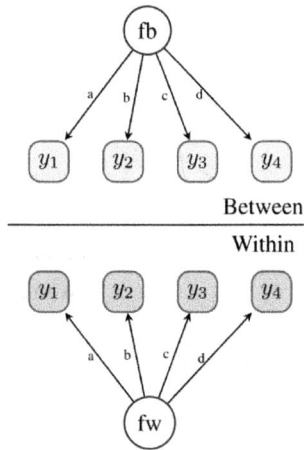

图 4-17　构型构造模型示意

model <- '

level: 1

fw =~ a*y1 + b*y2 + c*y3 + d*y4

level: 2

fb =~ a*y1 + b*y2 + c*y3 + d*y4

#可以选择性地添加跨层次的测量不变性限制

y1 ~~ 0*y1

y2 ~~ 0*y2

y3 ~~ 0*y3

y4 ~~ 0*y4'

（5）共享集群水平间的构型构造

在该方式中，潜变量指标在集群水平内测量，潜变量对结构的解释在于潜变量在水平内和水平间测量的指标之间的协方差。

构型结构在水平间表示集群内个体测量的总和。集群本身不被视为单个结构变化的来源，因此，集群间的因子负荷与集群内的因子负荷相同且固定（可以理解为跨层次的测量不变性）。

例如，不同老师对同一个班级的学生的阅读动机进行评估的方式可能不同，同一个老师反映了共享集群水平间的概念，而构型结构反映了同一个班级里平均阅读动机的情况。

该模型如图 4-18 所示，其在 lavaan 中的模型语法如下：

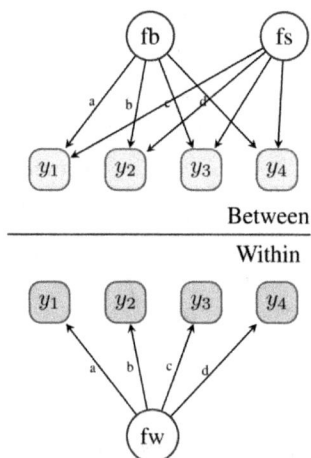

图 4-18　共享集群水平间的构型构造模型示意

model <- '

level: 1

fw =~a*y1 + b*y2 + c*y3 + d*y4

level: 2

fb =~a*y1 + b*y2 + c*y3 + d*y4

fs =~y1 + y2 + y3 + y4

fb 和 fs 必须是正交的

fs ~~ 0*fb'

3. 在双层结构方程中协变量的问题讨论

当协变量被添加到一个两层的模型中时，我们需要再次仔细讨论这些协变量的"状态"：第一，这些协变量是在水平内还是在水平间测量的？第二，如果在水平内测量，将协变量分为水平内和水平间是否有意义？根据以上问题，我们可以区分三种类型的协变量：仅水平内的协变量（非中心化）；仅水平间的协变量；协变量在第一层，并且可以分到水平内和水平间。

（1）仅水平内的协变量

该模型如图 4-19 所示，其在 lavaan 中的模型语法如下：

model <- '

level: 1

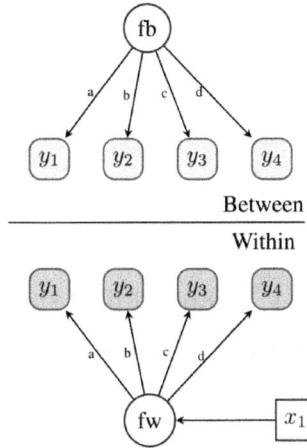

图 4-19　仅水平内的协变量模型示意

fw =~ a*y1 + b*y2 + c*y3 + d*y4

fw ~ x1

level: 2

fb =~ a*y1 + b*y2 + c*y3 + d*y4'

（2）仅水平间的协变量

该模型如图 4-20 所示，其在 lavaan 中的模型语法如下：

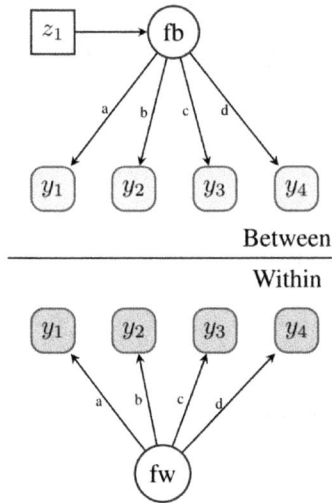

图 4-20　仅水平间的协变量模型示意

model <- '

level: 1

fw =~ a*y1 + b*y2 + c*y3 + d*y4

level: 2

fb =~ a*y1 + b*y2 + c*y3 + d*y4

fb ~ z1'

（3）协变量在第一层，并且可以分到水平内和水平间

该模型如图 4-21 所示，其在 lavaan 中的模型语法如下：

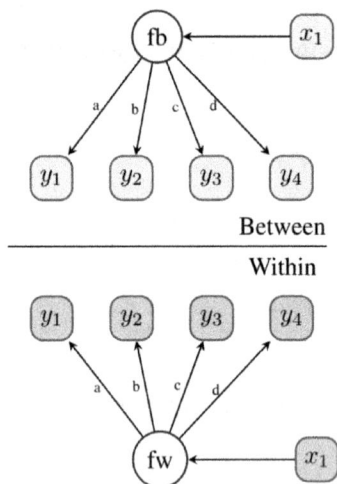

图 4-21　协变量在第一层，并且可以分为水平内和水平间模型示意

model <- '

level: 1

fw =~ a*y1 + b*y2 + c*y3 + d*y4

fw ~ x1

level: 2

fb =~ a*y1 + b*y2 + c*y3 + d*y4

fb ~ x1

'

4. 模型拟合度评估

如果不涉及随机斜率，我们可以拟合一个无限制（饱和）模型：通过估计 Σ_W、Σ_B

和 μ_B 的所有元素，可以计算标准的 χ_2 拟合优度检验统计量为：

$$T = -2(L_0 - L_1)$$

其中 L_0 和 L_1 分别为受限制（用户指定）的模型（h0）和不受限制的模型（h1）的对数似然值。在各种最佳条件下，该统计量遵循卡方分布。自由度计算如两层 SEM 模型，即计算每一层的（非冗余）样本统计数量与自由模型参数数量之间的差异。

原则上，模型拟合度评估参数如 CFI/TLI、RMSEA、SRMR 等，可以以类似于单层 SEM 的方式计算。不过最近的一项模拟研究表明，CFI、TLI 和 RMSEA 对二级模型不敏感（Hsu et al., 2015）。似乎有越来越多的学者认为在多层环境中，综合的模型拟合度评估指数实用性可能不高。另一种方法是评估每个层次的模型拟合度：计算每一层的 SRMR，为每个层次计算传统的模型拟合度来判断多层模型拟合度情况。

十一、实例四：双层验证性因子分析

为了示范如何建构双层验证性因子分析，这里使用一项收集了来自 60 个大家族 399 名学生的研究数据。该数据有两层结构，即学生数据嵌套在家族数据中。该数据测试了六项智力结果，分别为：单词表、卡片、矩阵、数字、动物和职业。6 项指标的 ICC 范围为 0.36 至 0.49，因此需要进行二层建模。本研究探索家庭中共同的遗传因素和环境是否对学生的智力具有显著的影响。

输入以下代码可以查看该数据信息：

```
> FamIQData <- read.table("FamIQData.dat")
> names(FamIQData) <- c("family", "child", "wordlist", "cards", "matrices",
"figures", "animals", "occupats")
> summary(FamIQData)
```

family		child		wordlist		cards	
Min.	1.00	Min.	1.00	Min.	12.00	Min.	11.00
1st Qu.	16.00	1st Qu.	2.00	1st Qu.	27.00	1st Qu.	26.50
Median	33.00	Median	4.00	Median	30.00	Median	30.00
Mean	31.78	Mean	4.04	Mean	29.95	Mean	29.84
3rd Qu.	48.00	3rd Qu.	6.00	3rd Qu.	33.00	3rd Qu.	33.00
Max.	60.00	Max.	12.00	Max.	45.00	Max.	44.00
matrices		figures		animals		occupats	
Min.	15.00	Min.	17.00	Min.	15.00	Min.	15.00

1st Qu.	26.00	1st Qu.	27.00	1st Qu.	27.00	1st Qu.	27.00
Median	30.00	Median	30.00	Median	30.00	Median	30.00
Mean	29.73	Mean	30.08	Mean	30.11	Mean	30.01
3rd Qu.	33.00	3rd Qu.	33.00	3rd Qu.	34.00	3rd Qu.	33.00
Max.	46.00	Max.	44.00	Max.	46.00	Max.	43.00

> # various cluster sizes

> table(table(FamIQData$family))

4	5	6	7	8	9	10	11	12
3	16	11	12	11	4	1	1	1

拟合一个两层模型通常是一个逐步推进的过程。

1. 模型 0：使用探索性因子分析 EFA 对协变量矩阵进行分析

结果显示水平内两个因子的模型拟合度很好。

model 0: a two-factor model at the within level + a null model at the between level

  – a null model implies: zero variances and covariances for all (6) variables

  – if this model fits well, we would conclude that there is no between family structure at all

2. 模型 1：水平内两个因子+水平间空模型

空模型意味着所有变量的方差和协方差为零。如果这个模型吻合得很好，我们可以得出结论，水平间没有家庭层面的结构。该模型如图 4-22 所示，其在 lavaan 中的模型语法如下：

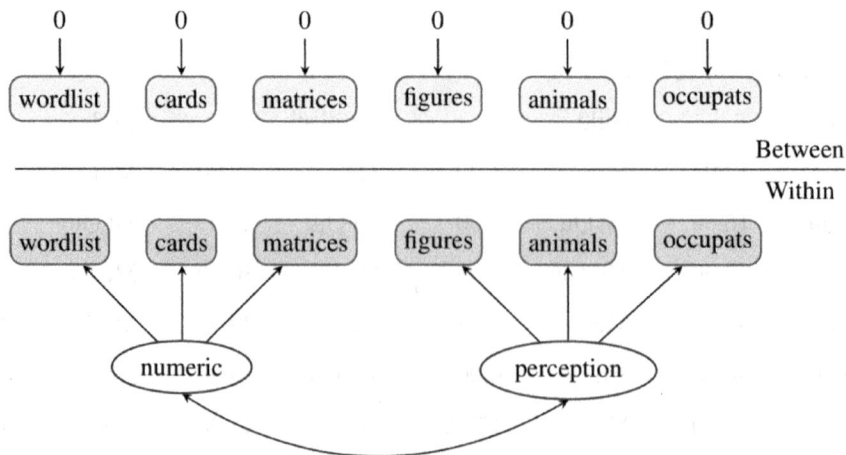

图 4-22　模型 1：水平内两个因子+水平间空模型示意

```
> model1 <- '

level: 1

numeric =~ wordlist + cards + matrices

perception =~ figures + animals + occupats

level: 2

wordlist ~~ 0*wordlist

cards ~~ 0*cards

matrices ~~ 0*matrices

figures ~~ 0*figures

animals ~~ 0*animals

occupats ~~ 0*occupats

'

> fit1 <- sem(model1, data = FamIQData, cluster = "family",

std.lv = TRUE, verbose = FALSE)

> # summary(fit1)

> fit1

lavaan 0.6-7 ended normally after 36 iterations
```

Estimator	ML
Optimization method	NLMINB
Number of free parameters	19
Number of observations	399
Number of clusters [family]	60
Model Test User Model:	
Test statistic	323.649
Degrees of freedom	29
P-value (Chi-square)	0.000

3. 模型2：水平内两个因子+水平间独立模型

独立模型意味着变量的方差存在，但协方差为零。如果这个模型成立，说明水平间
具有家庭层面的差异，但没有实质性的结构模型。该模型如图 4-23 所示，其在 lavaan
中的模型语法如下：

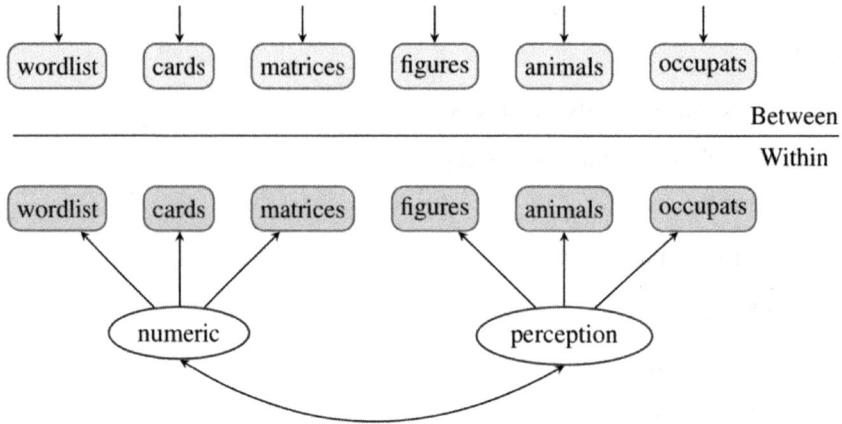

图 4-23　模型 2：水平内两个因子+水平间独立模型示意

```
> model2 <- '
level: 1
numeric =~ wordlist + cards + matrices
perception =~ figures + animals + occupats
level: 2
wordlist ~~ wordlist
cards ~~ cards
matrices ~~ matrices
figures ~~ figures
animals ~~ animals
occupats ~~ occupats
'
> fit2 <- sem(model2, data = FamIQData, cluster = "family",
std.lv = TRUE, verbose = FALSE)
> # summary(fit2)
> fit2
lavaan 0.6-7 ended normally after 43 iterations

  Estimator                                     ML
  Optimization method                           NLMINB
  Number of free parameters                     25
```

Number of observations	399
Number of clusters [family]	60
Model Test User Model:	
Test statistic	177.206
Degrees of freedom	23
P-value (Chi-square)	0.000

4. 模型3：水平内两个因子+水平间饱和模型

这个模型对应我们之前提到的仅集群水平内构造。该模型如图4-24所示，其在lavaan中的模型语法如下：

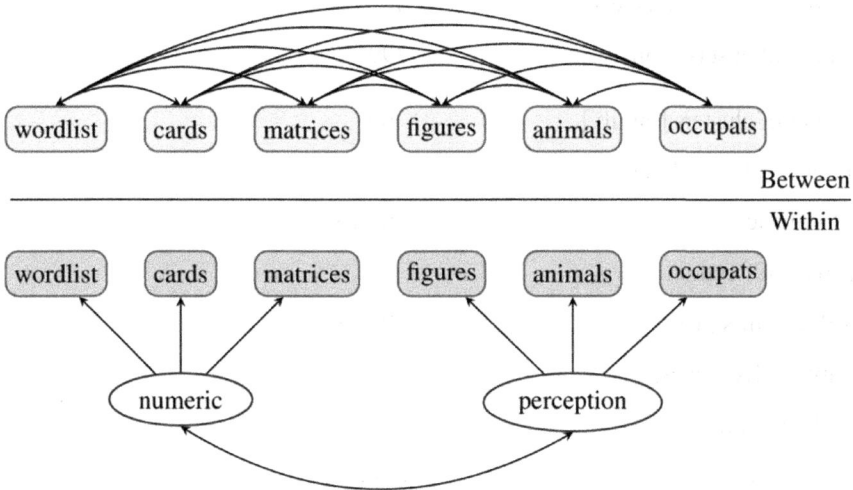

图 4-24　模型3：水平内两个因子+水平间饱和模型示意

> model3 <- '

level: 1

numeric =~ wordlist + cards + matrices

perception =~ figures + animals + occupats

level: 2

saturated

wordlist ~~ cards + matrices + figures + animals + occupats

cards ~~ matrices + figures + animals + occupats

matrices ~~ figures + animals + occupats

figures ~~ animals + occupats

animals ~~ occupats

'

> fit3 <- sem(model3, data = FamIQData, cluster = "family",

std.lv = TRUE, verbose = FALSE)

> summary(fit3)

lavaan 0.6-7 ended normally after 157 iterations

Estimator	ML
Optimization method	NLMINB
Number of free parameters	40
Number of observations	399
Number of clusters [family]	60

Model Test User Model:

Test statistic	6.716
Degrees of freedom	8
P-value (Chi-square)	0.568

Parameter Estimates:

Standard errors	Standard
Information	Observed
Observed information based on	Hessian

Level 1 [within]:

Latent Variables:

	Estimate	Std.Err	z-value	P(>|z|)
numeric =~				
wordlist	3.155	0.203	15.558	0.000
cards	3.156	0.196	16.113	0.000
matrices	3.032	0.199	15.207	0.000
perception =~				
figures	3.091	0.205	15.069	0.000

animals	3.192	0.195	16.397	0.000
occupats	2.774	0.183	15.139	0.000

Covariances:

	Estimate	Std.Err	z-value	P(>|z|)
numeric ~~				
perception	0.386	0.058	6.691	0.000

Intercepts:

	Estimate	Std.Err	z-value	P(>|z|)
.wordlist	0.000			
.cards	0.000			
.matrices	0.000			
.figures	0.000			
.animals	0.000			
.occupats	0.000			
numeric	0.000			
perception	0.000			

Variances:

	Estimate	Std.Err	z-value	P(>|z|)
.wordlist	6.234	0.739	8.433	0.000
.cards	5.344	0.693	7.705	0.000
.matrices	6.443	0.714	9.025	0.000
.figures	6.856	0.757	9.053	0.000
.animals	4.851	0.696	6.968	0.000
.occupats	5.338	0.604	8.835	0.000
numeric	1.000			
perception	1.000			

Level 2 [family]:

Covariances:

	Estimate	Std.Err	z-value	P(>|z|)
.wordlist ~~				
.cards	9.272	2.225	4.168	0.000

.matrices	8.515	2.077	4.100	0.000
.figures	8.410	2.053	4.097	0.000
.animals	9.700	2.195	4.419	0.000
.occupats	10.428	2.357	4.425	0.000
.cards ~~				
.matrices	7.997	2.018	3.964	0.000
.figures	8.424	2.035	4.140	0.000
.animals	10.000	2.203	4.540	0.000
.occupats	10.418	2.337	4.457	0.000
.matrices ~~				
.figures	7.733	1.902	4.067	0.000
.animals	8.022	1.966	4.081	0.000
.occupats	9.000	2.142	4.203	0.000
.figures ~~				
.animals	8.980	2.177	4.125	0.000
.occupats	9.750	2.333	4.179	0.000
.animals ~~				
.occupats	11.080	2.489	4.451	0.000
Intercepts:				
	Estimate	Std.Err	z-value	P(>|z|)
.wordlist	29.890	0.470	63.547	0.000
.cards	29.892	0.465	64.308	0.000
.matrices	29.732	0.439	67.746	0.000
.figures	30.047	0.459	65.476	0.000
.animals	30.135	0.471	63.956	0.000
.occupats	29.967	0.509	58.892	0.000
Variances:				
	Estimate	Std.Err	z-value	P(>|z|)
.wordlist	10.727	2.456	4.368	0.000
.cards	10.559	2.397	4.404	0.000
.matrices	9.097	2.123	4.285	0.000

.figures	10.051	2.321	4.330	0.000
.animals	10.956	2.466	4.442	0.000
.occupats	13.473	2.874	4.688	0.000

5. 模型 4a 和 4b：水平内两个因子+水平间一个因子(4a)或水平间两个因子(4b)

该模型如图 4-25 所示，其在 lavaan 中的模型语法如下：

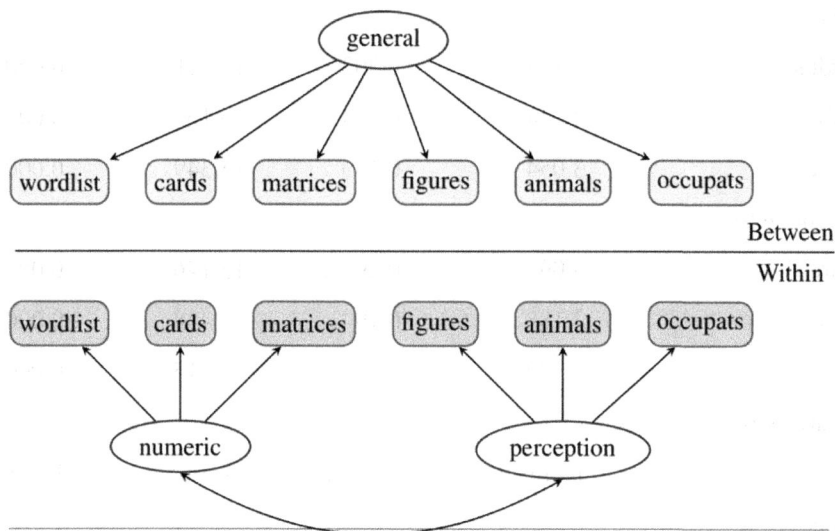

图 4-25　模型 4a 和 4b：水平内两个因子+水平间一个因子(4a)或水平间两个因子(4b)示意

lavaan 0.6-7 ended normally after 45 iterations

Estimator	ML
Optimization method	NLMINB
Number of free parameters	31
Number of observations	399
Number of clusters [family]	60

Model Test User Model:

Test statistic	11.927
Degrees of freedom	17
P-value (Chi-square)	0.805

Parameter Estimates:

Standard errors   Standard

Information   Observed

Observed information based on   Hessian

Level 1 [within]:

Latent Variables:

	Estimate	Std.Err	z-value	P(>|z|)
numeric =~				
wordlist	3.175	0.202	15.711	0.000
cards	3.144	0.194	16.167	0.000
matrices	3.054	0.199	15.349	0.000
perception =~				
figures	3.095	0.204	15.146	0.000
animals	3.188	0.194	16.438	0.000
occupats	2.782	0.183	15.215	0.000

Covariances:

	Estimate	Std.Err	z-value	P(>|z|)
numeric ~~				
perception	0.382	0.057	6.740	0.000

Intercepts:

	Estimate	Std.Err	z-value	P(>|z|)
.wordlist	0.000			
.cards	0.000			
.matrices	0.000			
.figures	0.000			
.animals	0.000			
.occupats	0.000			
numeric	0.000			
perception	0.000			

Variances:

	Estimate	Std.Err	z-value	P(>|z|)
.wordlist	6.194	0.737	8.406	0.000

.cards	5.403	0.692	7.804	0.000
.matrices	6.417	0.714	8.992	0.000
.figures	6.847	0.757	9.049	0.000
.animals	4.881	0.696	7.009	0.000
.occupats	5.324	0.603	8.823	0.000
numeric	1.000			
perception	1.000			

Level 2 [family]:

Latent Variables:

	Estimate	Std.Err	z-value	P(>|z|)
general =~				
wordlist	3.057	0.393	7.785	0.000
cards	3.054	0.389	7.843	0.000
matrices	2.632	0.381	6.904	0.000
figures	2.806	0.398	7.048	0.000
animals	3.204	0.383	8.371	0.000
occupats	3.439	0.415	8.292	0.000

Intercepts:

	Estimate	Std.Err	z-value	P(>|z|)
.wordlist	29.891	0.468	63.847	0.000
.cards	29.890	0.466	64.096	0.000
.matrices	29.749	0.435	68.462	0.000
.figures	30.044	0.458	65.536	0.000
.animals	30.134	0.471	64.042	0.000
.occupats	29.967	0.508	59.012	0.000
general	0.000			

Variances:

	Estimate	Std.Err	z-value	P(>|z|)
.wordlist	1.253	0.569	2.201	0.028
.cards	1.323	0.586	2.258	0.024
.matrices	1.935	0.669	2.891	0.004

.figures	2.158	0.714	3.022	0.003
.animals	0.656	0.487	1.347	0.178
.occupats	1.581	0.624	2.536	0.011
general	1.000		

以上结果证明水平间双因子模型似乎没有比单因子模型更好，因此模型（4a）为最终的模型

十二、实例五：双层结构方程模型

为了适应一个两层的 SEM，必须为这两层指定一个模型，如下所示：

model <- '

level: 1

fw =~ y1 + y2 + y3

fw ~ x1 + x2 + x3

level: 2

fb =~ y1 + y2 + y3

fb ~ w1 + w2'

这个模型语法包含两个部分，一个用于层级 1，一个用于层级 2。在每个模块，可以像单层一样指定一个模型。我们使用 lavaan 包自带的 Demo.twolevel 里的 toy 数据集来展示这个模型。为了实现模型分层，需要在 sem/lavaan 函数调用中添加 cluster = 参数：

fit <- sem(model = model, data = Demo.twolevel, cluster = "cluster")

summary(fit)

lavaan 0.6-8 ended normally after 57 iterations

Estimator	ML
Optimization method	NLMINB
Number of model parameters	20
Number of observations	2500
Number of clusters [cluster]	200
Model Test User Model:	
Test statistic	8.092
Degrees of freedom	10
P-value (Chi-square)	0.620

Parameter Estimates:

Standard errors   Standard

Information   Observed

Observed information based on   Hessian

Level 1 [within]:

Latent Variables:

	Estimate	Std.Err	z-value	P(>|z|)
fw =~				
y1	1.000			
y2	0.774	0.034	22.671	0.000
y3	0.734	0.033	22.355	0.000

Regressions:

	Estimate	Std.Err	z-value	P(>|z|)
fw ~				
x1	0.510	0.023	22.037	0.000
x2	0.407	0.022	18.273	0.000
x3	0.205	0.021	9.740	0.000

Intercepts:

	Estimate	Std.Err	z-value	P(>|z|)
.y1	0.000			
.y2	0.000			
.y3	0.000			
.fw	0.000			

Variances:

	Estimate	Std.Err	z-value	P(>|z|)
.y1	0.986	0.046	21.591	0.000
.y2	1.066	0.039	27.271	0.000
.y3	1.011	0.037	27.662	0.000
.fw	0.546	0.040	13.539	0.000

Level 2 [cluster]:

Latent Variables:

	Estimate	Std.Err	z-value	P(>|z|)
fb =~				
y1	1.000			
y2	0.717	0.052	13.824	0.000
y3	0.587	0.048	12.329	0.000

Regressions:

	Estimate	Std.Err	z-value	P(>|z|)
fb ~				
w1	0.165	0.079	2.093	0.036
w2	0.131	0.076	1.715	0.086

Intercepts:

	Estimate	Std.Err	z-value	P(>|z|)
.y1	0.024	0.075	0.327	0.743
.y2	-0.016	0.060	-0.269	0.788
.y3	-0.042	0.054	-0.777	0.437
.fb	0.000			

Variances:

	Estimate	Std.Err	z-value	P(>|z|)
.y1	0.058	0.047	1.213	0.225
.y2	0.120	0.031	3.825	0.000
.y3	0.149	0.028	5.319	0.000
.fb	0.899	0.118	7.592	0.000

现在的两组输出结果分别是第一层（within）和第二层（between）的结果，看起来类似于多组 SEM 的输出结果。

拟合模型后，输入以下代码，可以查看组内相关系数：

lavInspect(fit, "icc")

y1	y2	y3	x1	x2	x3
0.331	0.263	0.232	0.000	0.000	0.000

为了查看第一层和第二层无限制（h1）的均值和协方差，可以输入以下代码：

lavInspect(fit, "h1")

$within

$within$cov

	y1	y2	y3	x1	x2	x3
y1	2.000					
y2	0.789	1.674				
y3	0.749	0.564	1.557			
x1	0.489	0.393	0.376	0.982		
x2	0.416	0.322	0.299	0.001	1.011	
x3	0.221	0.160	0.155	-0.006	0.008	1.045

$within$mean

y1	y2	y3	x1	x2	x3
0.001	-0.002	-0.001	-0.007	-0.003	0.020

$cluster

$cluster$cov

	y1	y2	y3	w1	w2
y1	0.992				
y2	0.668	0.598			
y3	0.548	0.391	0.469		
w1	0.125	0.119	0.036	0.870	
w2	0.086	0.057	0.130	-0.128	0.931

$cluster$mean

y1	y2	y3	w1	w2
0.019	-0.017	-0.043	0.052	-0.091

注意事项：

● 在 level: 1 中，level 关键字后面需要紧跟着冒号，否则 lavaan 会报错；

● 为每个层级指定一个模型，以下语法在 lavaan 中是不被允许的，将产生错误：

model <- '

level: 1

fw =~ y1 + y2 + y3

fw ~ x1 + x2 + x3

level: 2'

● 如果用户并没有一个级别 2 的模型，可以通过添加内生变量（这里是 y1, y2 和 y3）

的所有方差和协方差来指定一个级别：

```
model <- '
level: 1
fw =~ y1 + y2 + y3
fw ~ x1 + x2 + x3
level: 2
y1 ~~ y1 + y2 + y3
y2 ~~ y2 + y3
y3 ~~ y3'
```

十三、实例六：双层结构方程模型实现多层中介分析

为了示范如何建构双层结构方程模型实现多层中介分析，我们使用一项收集了 58 所学校成列删除后共包括 1382 名学生的研究数据。该数据有以下变量：学生层面的变量，包括父亲的职业（focc）、父亲的教育背景（feduc）、母亲的教育背景（meduc）、学校的 GALO 成绩（galo）和教师对第二教育的建议（advice）；学校层面的变量，包括学校的教派（denom），1 表示新教，2 表示无教派，3 表示罗马天主教。研究目的是探索在考虑了其他变量后，学校的教派是否会影响学校的 GALO 得分及间接影响教师对第二教育的建议。

输入以下代码可以查看该数据信息：

```
> Galo <- read.table("Galo.dat")
> names(Galo) <- c("school", "sex", "galo", "advice", "feduc", "meduc",
"focc", "denom")
> Galo[Galo == 999] <- NA
> Galo$denom1 <- ifelse(Galo$denom == 1, 1, 0)
> Galo$denom2 <- ifelse(Galo$denom == 2, 1, 0)
> summary(Galo)
```

school		sex		galo		advice	
Min	1.00	Min.	1.000	Min.	53.0	Min.	0.000
1st Qu.	16.00	1st Qu.	1.000	1st Qu.	94.0	1st Qu.	2.000
Median	30.00	Median	2.000	Median	103.0	Median	2.000
Mean	29.87	Mean	1.509	Mean	102.3	Mean	3.121

3rd Qu.	43.00	3rd Qu.	2.000	3rd Qu.	111.0	3rd Qu.	4.000
Max.	58.00	Max.	2.000	Max.	143.0	Max.	6.000
						NA's	7

feduc		meduc		focc		denom	
Min.	1.000	Min.	1.000	Min.	1.000	Min.	1.000
1st Qu.	1.000	1st Qu.	1.000	1st Qu.	2.000	1st Qu.	2.000
Median	4.000	Median	2.000	Median	3.000	Median	2.000
Mean	4.002	Mean	2.966	Mean	3.336	Mean	2.007
3rd Qu.	6.000	3rd Qu.	5.000	3rd Qu.	5.000	3rd Qu.	2.000
Max.	9.000	Max.	9.000	Max.	6.000	Max.	3.000
NA's	89	NA's	61	NA's	117		

denom1		denom2	
Min.	0.0000	Min.	0.0000
1st Qu.	0.0000	1st Qu.	0.0000
Median	0.0000	Median	1.0000
Mean	0.1501	Mean	0.6928
3rd Qu.	0.0000	3rd Qu.	1.0000
Max.	1.0000	Max.	1.0000

```
> table(table(Galo$school))
```

```
10 12 13 14 19 20 21 22 23 24 25 26 27 28 29 30 32 33 34 35 36 37 42 46
 1  2  1  3  1  2  3  3  1  6  3  3  4  2  1  4  1  4  5  1  2  2  1  2
```

首先，我们以变量 focc、meduc 和 feduc 作为指标，用构型构造一个潜变量来反映社会经济地位（ses）。集群间的因子负荷与集群内的因子负荷相同且固定，可以理解为跨层次的测量不变性。其次，为了讨论 ses 对教师第二教育的建议的影响是直接的还是间接的，并在水平间和水平内计算 ses 对结果变量的影响，我们将 feduc 在水平间的残差固定为零。

该模型如图 4-26 所示，其在 lavaan 中的模型语法如下：

```
> model <- '
level: within
wses =~ a*focc + b*meduc + c*feduc
# residual correlation
```

focc ~~ feduc

advice ~ wc*wses + wb*galo

galo ~ wa*wses

level: between

bses =~ a*focc + b*meduc + c*feduc

feduc ~~ 0*feduc

advice ~ bc*bses + bb*galo

galo ~ ba*bses + denom1 + denom2

defined parameters

wi := wa * wb

bi := ba * bb

'

> fit <- sem(model, data = Galo, cluster = "school", std.lv = TRUE)

> summary(fit)

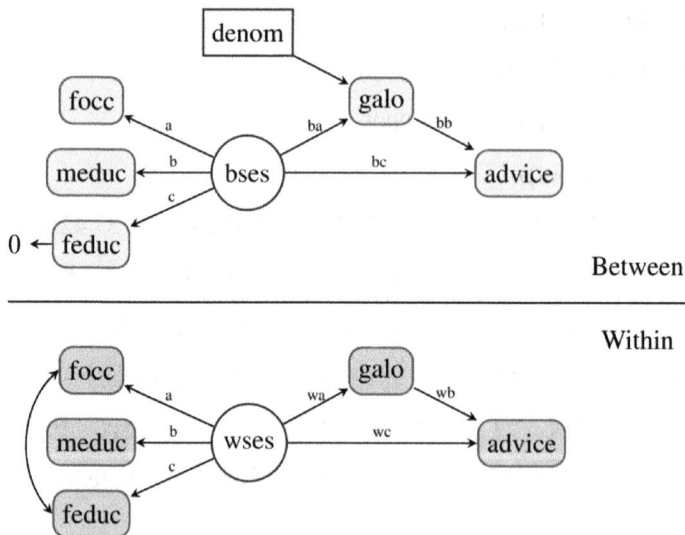

图 4-26　双层结构方程模型示意

输出结果如下：

lavaan 0.6-7 ended normally after 108 iterations

Estimator ML

		Estimate			
Optimization method		NLMINB			
Number of free parameters		29			
Number of equality constraints		3			
Number of observations		1382			
Number of clusters [school]		58			

Model Test User Model:

Test statistic		26.221
Degrees of freedom		19
P-value (Chi-square)		0.124

Parameter Estimates:

Standard errors		Standard
Information		Observed
Observed information based on		Hessian

Level 1 [within]:

Latent Variables:

		Estimate	Std.Err	z-value	P(>|z|)
wses =~					
focc	(a)	0.748	0.038	19.558	0.000
meduc	(b)	1.282	0.047	27.570	0.000
feduc	(c)	1.674	0.057	29.205	0.000

Regressions:

		Estimate	Std.Err	z-value	P(>|z|)
advice =~					
wses	(wc)	0.119	0.027	4.489	0.000
galo	(wb)	0.086	0.002	44.740	0.000
galo ~					
wses	(wa)	4.200	0.371	11.325	0.000

Covariances:

		Estimate	Std.Err	z-value	P(>|z|)
.focc ~~					
.feduc		0.257	0.086	2.986	0.003

Intercepts:

	Estimate	Std.Err	z-value	P(>|z|)
.focc	0.000			
.meduc	0.000			
.feduc	0.000			
.advice	0.000			
.galo	0.000			
wses	0.000			

Variances:

	Estimate	Std.Err	z-value	P(>|z|)
.focc	1.186	0.065	18.132	0.000
.meduc	2.021	0.120	16.900	0.000
.feduc	1.582	0.167	9.462	0.000
.advice	0.574	0.022	25.512	0.000
.galo	125.024	5.123	24.403	0.000

Level 2 [school]:

Latent Variables:

		Estimate	Std.Err	z-value	P(>|z|)
bses =~					
focc	(a)	0.748	0.038	19.558	0.000
meduc	(b)	1.282	0.047	27.570	0.000
feduc	(c)	1.674	0.057	29.205	0.000

Regressions:

advice =~

		Estimate	Std.Err	z-value	P(>|z|)
bses	(bc)	0.274	0.069	3.958	0.000
galo	(bb)	0.062	0.011	5.443	0.000
galo ~					
bses	(ba)	5.121	0.591	8.672	0.000
denom1		-5.153	1.602	-3.216	0.001
denom2		-0.511	1.267	-0.403	0.687

Intercepts:

	Estimate	Std.Err	z-value	P(>|z|)
.focc	3.251	0.108	30.201	0.000
.meduc	2.839	0.178	15.964	0.000
.feduc	3.862	0.228	16.948	0.000
.advice	-3.238	1.164	-2.782	0.005
.galo	103.333	1.335	77.378	0.000
bses	0.000			

Variances:

	Estimate	Std.Err	z-value	P(>|z|)
.feduc	0.000			
.focc	0.032	0.016	2.010	0.044
.meduc	0.021	0.025	0.844	0.398
.advice	0.015	0.008	1.905	0.057
.galo	5.746	2.057	2.793	0.005

本单元小结与习题测试

测试题 1：显性群平减中心化的简单两层回归（预测变量在第一层）

该模型第一层有一个预测变量（经过群平减中心化处理的 x_1），第二层没有预测变量，示意图如下：

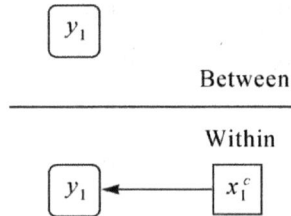

该模型 Laird-Ware 形式的模型方程为：

$$y_{ji} = \beta_0 + \beta_1(x_{1ji} - \overline{x}_{1j}) + b_{0j} + \varepsilon_{ji}$$

（固定）回归系数的解释：①β_0 为（潜变量）聚类（估计的）平均值；②β_1 为组内情况下 x_1 每增加一个单位时 y 的预测值变化的量。

在 lavaan 中使用 Demo.twolevel 数据集进行显性群平减中心化的简单两层回归（预测变量在第一层）的代码如下：

```
model <- '
level: 1
y1 ~ x1.c
level: 2
y1 ~~ y1
fit <- sem(model,
data = Demo.twolevel,
cluster = "cluster")
summary(fit, nd = 4)
```

输出结果如下：

Level 1 [within]:

Regressions:

	Estimate	Std.Err	z-value	P(>|z|)
y1 ~				
x1.c	0.4934	0.0278	17.7381	0.0000

Intercepts:

	Estimate	Std.Err	z-value	P(>|z|)
.y1	0.0000			

Variances:

	Estimate	Std.Err	z-value	P(>|z|)
.y1	1.7601	0.0518	33.9494	0.0000

Level 2 [cluster]:

Intercepts:

	Estimate	Std.Err	z-value	P(>|z|)
.y1	0.0197	0.0754	0.2614	0.7938

Variances:

	Estimate	Std.Err	z-value	P(>|z|)
.y1	0.9632	0.1124	8.5681	0.0000

测试题 2：显性群均值中心化+组间效应的简单两层回归模型（预测变量在第一层）

该模型第一层有一个预测变量（经过群平减中心化处理的 x_1），第二层也有一个预测变量（x_1 为组平均值），示意图如下：

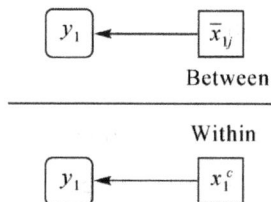

该模型 Laird-Ware 形式的模型方程为：

$$y_{ji} = \beta_0 + \beta_1(x_{1ji} - \overline{x}_{1j}) + \beta_2\overline{x}_{1j} + b_{0j} + \varepsilon_{ji}$$

（固定）回归系数的解释：①β_0 为（潜变量）聚类（估计的）平均值；②β_1 为组内

情况下，x_1 每增加一个单位时 y 的预测值的变化量；③β_2 为组间情况下，x_1 每增加一个单位时 y 的预测值的变化量。

注：加入 x_1 组间情况的部分不会改变组内部分的回归系数 β_1。

在 lavaan 中使用 Demo.twolevel 数据集进行显性群平减中心化+组间效应的简单两层回归（预测变量在第一层）的代码如下：

```
model <- '
level: 1
y1 ~ x1.c
level: 2
y1 ~ x1.mean
'
fit <- sem(model,
data = Demo.twolevel,
cluster = "cluster")
summary(fit, nd = 4)
```

输出结果如下：

Level 1 [within]:

Regressions:

	Estimate	Std.Err	z-value	P(>|z|)
y1 ~				
x1.c	0.4934	0.0278	17.7390	0.0000

Intercepts:

	Estimate	Std.Err	z-value	P(>|z|)
.y1	0.0000			

Variances:

	Estimate	Std.Err	z-value	P(>|z|)
.y1	1.7599	0.0518	33.9532	0.0000

Level 2 [cluster]:

Regressions:

	Estimate	Std.Err	z-value	P(>|z|)
y1 ~				
x1.mean	0.5704	0.2518	2.2653	0.0235

Intercepts:

	Estimate	Std.Err	z-value	P(>|z|)
.y1	0.0197	0.0754	0.2614	0.7938

Variances:

	Estimate	Std.Err	z-value	P(>|z|)
.y1	0.9361	0.1096	8.5429	0.0000

测试题 3：潜性群均值中心化+组间效应的简单两层回归模型（预测变量在第一层）

该模型第一层有一个预测变量（组内的 x_1），第二层也有一个预测变量（组间的 x_1），示意图如下：

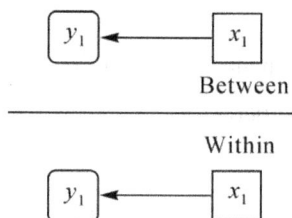

该模型 Laird-Ware 形式的模型方程为：

$$y_{ji} = \beta_0 + \beta_1 x_{1w} + \beta_2 x_{1B} + b_{0j} + \varepsilon_{ji}$$

（固定）回归系数的解释：①β_0 为（潜变量）聚类（估计的）平均值；②β_1 为组内情况下，x_1 每增加一个单位时 y 的预测值的变化量；③β_2 为组间情况下，x_1 每增加一个单位时 y 的预测值的变化量。

注：在许多情况下，与显性群均值中心化相比，潜性群均值中心化的方式获得的 β_2 系数的偏差较小。这种模型需要在 SEM 中实现。

在 lavaan 中使用 Demo.twolevel 数据集进行潜性群平减中心化+组间效应的简单两层回归（预测变量在第一层）的代码如下：

```
model <- '
level: 1
y1 ~ x1
level: 2
y1 ~ x1
'
```

```
fit <- sem(model,
data = Demo.twolevel,
cluster = "cluster")
summary(fit, nd = 4)
```

输出结果如下：

Level 1 [within]:

Regressions:

	Estimate	Std.Err	z-value	P(>|z|)
y1 ~				
x1	0.4939	0.0278	17.7885	0.0000

Intercepts:

	Estimate	Std.Err	z-value	P(>|z|)
.y1	0.0000			

Variances:

	Estimate	Std.Err	z-value	P(>|z|)
.y1	1.7599	0.0518	33.9533	0.0000

Level 2 [cluster]:

Regressions:

	Estimate	Std.Err	z-value	P(>|z|)
y1 ~				
x1	-0.0024	2.9408	-0.0008	0.9994

Intercepts:

	Estimate	Std.Err	z-value	P(>|z|)
.y1	0.0186	0.0776	0.2399	0.8104

Variances:

	Estimate	Std.Err	z-value	P(>|z|)
.y1	0.9381	0.1113	8.4269	0.0000

第五单元

多层线性模型分析方法

全球教育治理的公开数据（如 PISA）具有多层次的嵌套性特征，传统的回归方法难以满足数据分析要求，易产生聚合型偏差，而多层线性模型对参数估计的精准度较高，更适合用于对数据进行分析。本单元简要介绍多层线性模型的历史发展、理论基础、基本原理和用途，并主要探讨多层线性模型的优势特点。与此同时，本单元详细介绍建立多层线性模型的具体操作过程，从安装多层线性模型软件，到多层线性模型的建模步骤、操作流程，及如何进行多层线性模型的检验，从而判断数据的可靠性、精准度及干扰性。本单元旨在通过利用对多层线性模型的系统介绍及其操作步骤，为学习者对具有学生、家庭、学校、国家多层嵌套性的数据分析提供理论和实际操作指导。

第一节　数据预处理之标准化

一、连续变量进行标准化（Normalization）处理

在统计学中，变量可按照变量值是否连续，分为连续变量与离散变量两种。在一定区间内可以任意取值的变量叫连续变量，其数值是连续不断的，相邻两个数值可作无限分割，即可取无限个数值，其数值只能用测量或计量的方法取得。例如：生产零件的规格尺寸，人体的身高、体重、胸围等测量数据。反之，数值只能用自然数或整数单位计算的则为离散变量，这种变量只能按计量单位数计数，数值一般用计数方法取得。例如：企业个数，职工人数，设备台数等。对于连续变量（即 SPSS 中的度量变量 Scale），数据中不同特征的量纲可能不同，数值间也可能存在较大差别，不具有可比性，若不对其进行处理，可能会影响数据分析的结果解读。因此，需要对数据按照一定比例进行缩放，使之落在一个较小的特定区域，如 0～1 或-1～1 之间，便于进行综合分析。这个过程叫作标准化，也称规范化、归一化、中心化。

在多指标评价体系中，不同性质的评价指标通常具有不同的量纲和数量级。当各指标间的水平相差很大时，如果直接用原始指标值进行分析，就会突出数值较高的指标在综合分析中的作用，数值水平较低指标的作用则被相对削弱。因此，为了保证结果的可靠性，需要对原始指标数据进行标准化处理。

数据标准化也就是统计数据的指数化，数据标准化处理主要包括数据同趋化处理和无量纲化处理两个方面。数据同趋化处理主要解决不同性质的数据问题，对不同性质的指标直接加总不能正确反映不同作用力的综合结果，须先考虑改变逆指标数据性质，使所有指标对测评方案的作用力趋同，再加总，才能得出正确结果。数据无量纲化处理主要解决数据的可比性问题。经过上述标准化处理，原始数据均转换为无量纲化指标测评值，各指标值都处于同一个数量级别上，从而可以进行综合测评分析。

从经验上说，标准化是让不同维度之间的特征在数值上有一定比较性，可以大大提高分类器的准确性，其在数据处理中有两个优势：

第一，提升模型的收敛速度。如果特征的各个维度的取值范围不同，那么目标函数的等线形状可能是一组椭圆。各个特征取值范围的差别越大，椭圆等高线就越狭长，由于梯度方向垂直于等高线方向，这时数据优化路线会较为曲折，数据迭代速度也相对较慢。相比之下，如果特征的各个维度取值范围相近，那么目标函数很可能很接近于一组正圆，因而优化路线就会较为直接，数据迭代速度也相对较快。

第二，提升模型的精准度。标准化的另一个好处是提高精度，这在涉及一些距离计算的算法时效果显著，而标准化可以让各个特征对结果做出的贡献相同，因此很有必要。

常用的标准化方法有"最小—最大标准化"（Min-max Normalization）、"Z-score 标准化"、模糊量化法、log 函数转换、atan 函数转换等方法，本节主要介绍两种比较常见的方法，即"最小—最大标准化"和"Z-score 标准化"，可用 SPSS 来进行操作。

1. 最小—最大标准化

【操作原理】将原始值通过标准化映射成在区间[0,1]中的值，其公式为：

$$x' = \frac{x - min}{max - min}$$

其中 x' 表示标准化后的新数据，x 表示原始数据，min 表示该指标的最小值，max 表示该指标的最大值。使用该方法时，需保证数据不会再有增减，因为新数据的加入可能会导致 max 和 min 的变化，需要重新计算。

【操作步骤】

步骤 1：点击"分析"—"描述"，得到描述性统计结果，可知变量的极小值、极大值、均值和标准差（见表 5-1）。

表 5-1 最小—最大标准化操作步骤 1：描述统计量

项目	N	极小值	极大值	均值	标准差
Plausible Value 1 in Reading	15	238.89	434.35	362.2357	66.40685
有效的 N（列表状态）	15	/	/	/	/

步骤 2：点击"转换"—"计算"，输入标准化后变量的名称及最小—最大标准化的公式，如图 5-1。点击"确定"，生成标准化后的新数据。

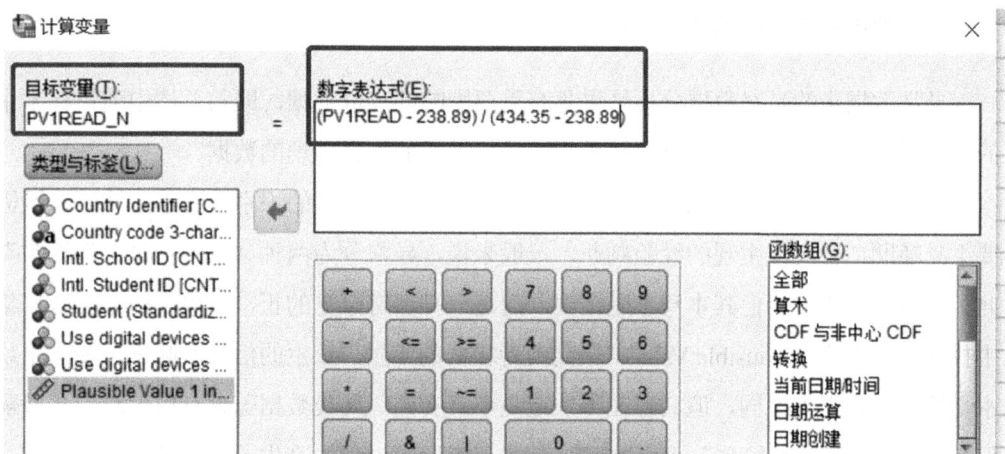

图 5-1　最小—最大标准化操作步骤 2

2. Z-score 标准化

【操作原理】将原始数据的均值（Mean）和标准差（Standard Deviation）进行数据标准化，经过处理的数据应符合标准正态分布，即均值为0，标准差为1，数值有正有负。

【适用范围】数据的最大值、最小值未知，有超出取值范围的离群数据，以及不同量级数据的无量化处理。

【公式】新数据 =（原数据－均值）/ 标准差

【操作步骤】点击"分析"—"描述"，勾选"将标准化得分另存为变量"，即生成标准化后的新变量（见图 5-2）。

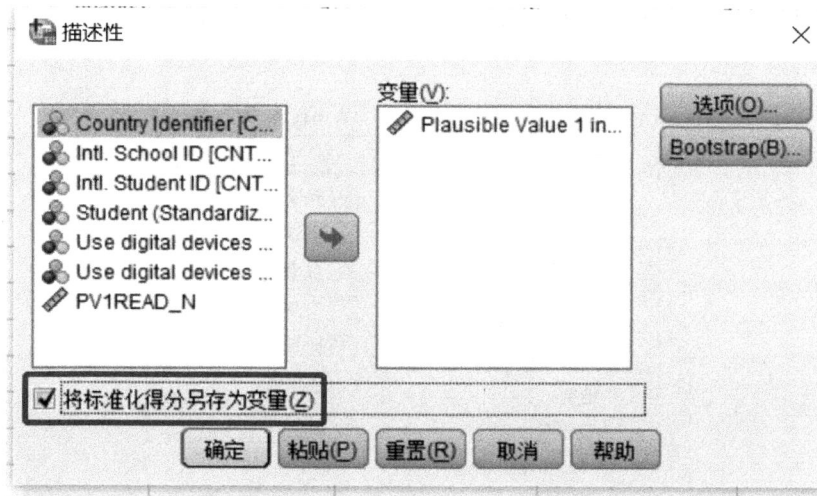

图 5-2　Z-score 标准化操作步骤

二、数据异常值检测（Outlier）

异常数据指的是对数据分析结果具有重要影响的离群数据，即与总体中随机样本中的其他值存在异常距离，并且会严重影响分析结果的不合常理的数据。

在对异常值进行处理以前，首先要识别异常值。异常值的识别没有绝对法则，既需要工具辅助，也要靠主观的经验判断。一般来说，异常分为两种。第一种是"伪异常"。此类数据虽然离群，但其本身不是错误，而是一种新奇罕见的正常现象。比如在数据集中找到了似真值（Plausible Value）极高或者极低的学生，该生的信息看起来可能与平均水平的学生有很大不同，但其存在不一定是不真实的。此类数据蕴含有用信息，一般需保留。第二种是"真异常"。数据测量、输入、提取等过程中产生的误差使得数据分布异常，例如在 PISA 数据集中找到了年龄为 100 岁的学生（如果数据提取不出错，一般不会发生该情况），或者在取值范围为 1～5 的变量中找到了数值 7、9 等值，此类异常数据需要追溯异常原因，进行相应的处理。

异常数据的检测方法很多，在 SPSS 中，可以先查看描述性统计量中变量的最大值、最小值是否超出了规定的范围，如果还希望深入检测，可通过计算 Z-score 或绘制箱型图（boxplot）进行检测，从而进行操作。

1. 利用 Z-score 检测异常值

经过 Z-score 转化后，绝对值大于阈值的值被视为异常值，阈值一般设置为 2.5、3.0 或 3.5。

$$|异常值| > 阈值$$

【操作步骤】

步骤 1：点击"分析"—"描述统计"—"描述"（见图 5-3）。

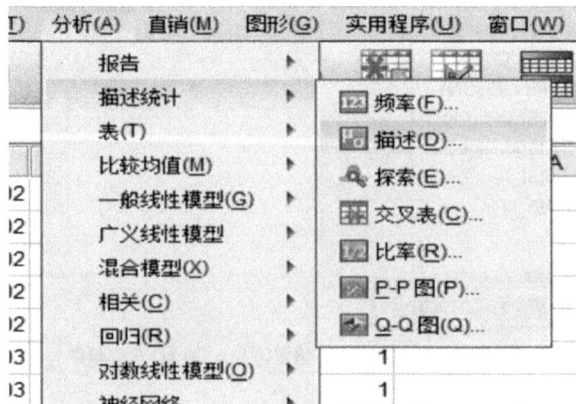

图 5-3　异常值检测操作步骤 1

将需要检测的变量选入右侧"变量"框中，同时勾选"将标准化得分另存为变量"，点击"确定"（见图 5-4）。

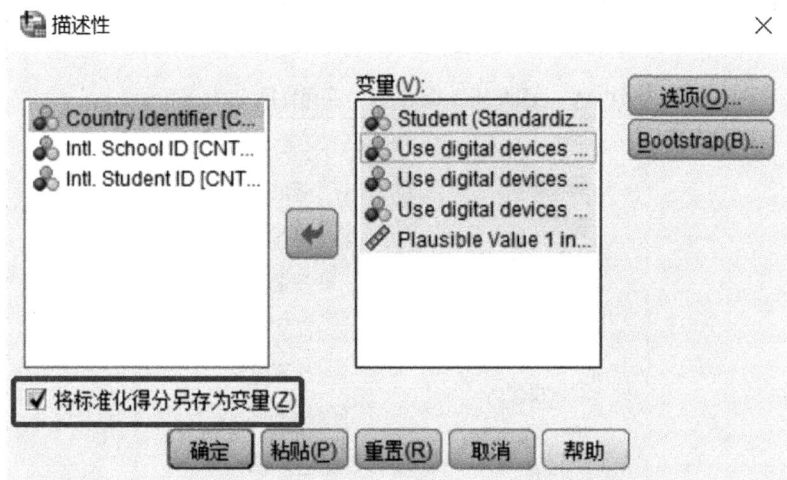

图 5-4　异常值检测操作步骤 2

步骤 3：SPSS 生成的新变量即原值对应的 Z-score。如图 5-5 所示，3.81978 绝对值大于 3，为异常值。实际操作中可对变量实行升序/降序排列，如果有异常值，会出现在顶部或底部。

ST004D01T	IC008Q03TA	IC008Q04TA	IC008Q05TA	PV1READ	ZST004D01T	ZIC008Q03TA	ZIC008Q04TA	ZIC008Q05TA	ZPV1READ
1	2	1	2	359.191	-.97468	-.49485	-1.26053	-.47754	-.27110
1	2	2	2	352.271	-.97468	-.49485	-.60853	-.47754	-.32344
1				412.724	-.97468				.13384
1	1	99	1	373.022	-.97468	-1.10390		-1.11425	-.16648
1				412.048	-.97468				.12873
1	4	4	4	426.085	-.97468	.72325	.69546	.79589	.23491
1	1	1	1	404.316	-.97468	-1.10390	-1.26053	-1.11425	.07024
1	1	1	1	409.369	-.97468	-1.10390	-1.26053	-1.11425	.10847
1	3	4	4	395.244	-.97468	.11420	.69546	.79589	.00162
1				357.074	-.97468				-.28711
2	3	3	1	375.984	.97468	.11420	.04347	-1.11425	-.14407
2	1	1	1	434.352	.97468	-1.10390	-1.26053	-1.11425	.29745
2	5	5	5	425.131	.97468	1.33230	1.34746	1.43261	.22770
2	4	4	4	306.028	.97468	.72325	.69546	.79589	-.67324
2	5	5	5	271.213	.97468	1.33230	1.34746	1.43261	-.93659
2				264.194	.97468				-.98969
2	5	3	3	355.834	.97468	1.33230	.04347	.15918	-.29649
2	1	2	2	238.894	.97468	-1.10390	-.60853	.15918	-1.18107
2	5	5	5	427.622	.97468	1.33230	1.34746	1.43261	.24654
2		3	2	900.002	.97468	-.49485		.04347	-.47754	3.81978

原值　　　　　　　　z-score　　　　　　异常

图 5-5　异常值检测操作步骤 3

2. 利用箱型图检测异常值

【操作步骤】

步骤 1：点击"分析"—"描述统计"—"探索"（图 5-6）。

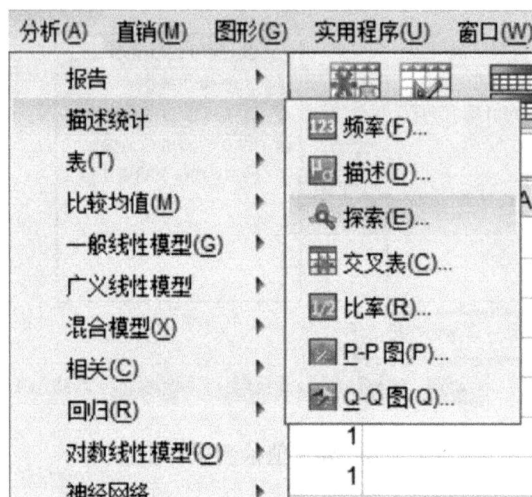

图 5-6　箱型图检测异常值操作步骤 1

步骤 2：出现"探索"窗口，将需要检测的变量拖入"因变量列表"框中，勾选"图"（见图 5-7）。

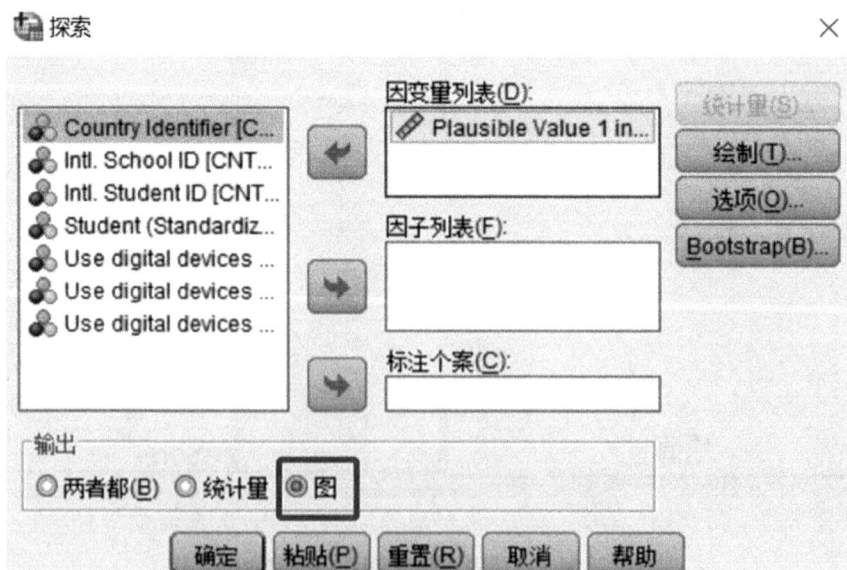

图 5-7　箱型图检测异常值操作步骤 2

步骤3：点击"绘图"，选择"不分组""茎叶图"，点击"继续"—"确定"（见图5-8）。

图5-8　箱型图检测异常值操作步骤3

步骤4：输出箱型图（见图5-9），圆圈表示离群值，星号表示极端离群值，数字表示离群值所在的个案，即18号、20号个案的变量数值出现异常，具体数值可返回数据视图查看。

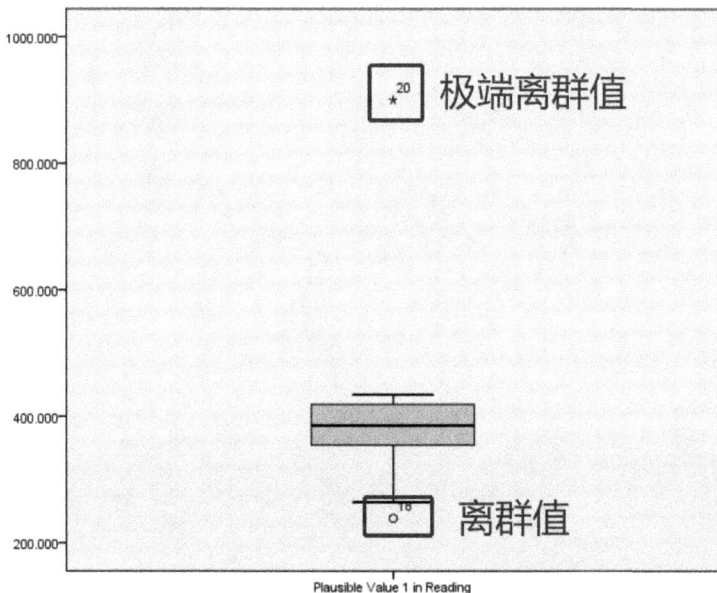

图5-9　箱型图检测异常值操作步骤4

3. 异常值的处理

检测出异常值后，可以视具体情况判断数值是伪异常还是真异常，并采取以下几种处理办法（见表5-2）。

表5-2　异常值处理方法

异常值处理方法	方法描述
删除含有异常值的记录	直接将含有异常值的记录删除
视为缺失值	将异常值视为缺失值，利用缺失值处理的方法进行处理
平均值修正	可用前后两个观测值的平均值修正该异常值
不处理	直接在具有异常值的数据集上进行挖掘建模

第二节　多层线性模型方法简介

一、全多层嵌套数据的普遍性

多层嵌套的数据结构广泛存在于社会科学研究中。在跨国研究中，研究者探究国家经济发展的差异与成人教育成绩的交互作用，及其进一步对生育率产生的影响（Mason et al., 1983）。该领域研究主要结合了国家层面和家庭背景方面相关的经济指标，即该家庭层面的数据嵌套于国家层面的指标中，基本数据结构是多层嵌套的数据结构。类似的数据结构也出现在组织研究中，研究人员调查企业内部特征（例如组织文化、知识整合和核心能力）如何影响个体员工的绩效，此时企业和企业员工都可以被视为一个整体，即企业员工数据嵌套在企业数据内。

此外，发展研究则随着时间的推移，针对一组研究对象收集观察统计数据，即对其研究对象的个体变化轨迹进行重复测量，在这类研究中，心理学家更关注个体的内部因素，以及环境因素的差异如何对个体的发展轨迹产生影响。例如，Huttenlocher et al.（1991）研究了在相同的固定时间点观察时，儿童在家庭中接触语言的差异如何影响每个孩子的词汇随时间的发展的预测，传统上认为设计是由人交叉的场合，但当时间点的数量和时间间隔因人而异时，可以把场合看作是嵌套在人里面的。

在教育研究中，研究者对高层次因素（例如，学校或国家层面的信息）对低层次因素（例如，个人表现）的分布情况的自上而下或跨层次交互研究有浓厚兴趣。例如，不同学校或国家内部的个体差异可能相同或不同，而不同变量之间的关系基于学校或国家的差异，个体行为总是受到自身特征和周围环境的影响。具体而言，学生的学业成绩可能同时受到自身内在动机或自我期望及背景因素（如学校背景或家庭背景）的影响，前者是个体效应，而后者是"大鱼小池塘"效应，也称为背景效应或群体效应。具体而言，研究人员探究与学校相关的因素，例如学校社会群体、校长领导、学校规模、教师（教师的具体专业知识、教师的有效性、教师与学生的关系等），以及学生本身（学习动机、学业成就、学生个性等）。而每一个学生学业成绩的相关因素都可以包含在不同层次的嵌套关系中，例如第一层级的学生个体相关因素嵌套于第二层学校层面相关因素，而学校因素又嵌套在国家因素中。该研究通过结合个人、学校和国家背景信息，通过个体因素与环境因素的交互作用，从更深入的层面探讨学生学业成绩的影响因素。这方面的案例非常具有挑战性，因为它经常包括重复测量的双重嵌套结构。具体而言，学生代表第一层次，学校代表第二层次，国家代表第三层次，形成一个三层的层次结构：学生嵌套在学校里，学校嵌套在国家里，三者交互影响。

半个世纪以来，研究人员更关注区分不同分析水平的效应，例如上述提到的个体效应和群体效应（Dansereau et al., 1984; Klein & Kozlowski, 2000），并首次提出了"聚合"和"分解"，这在本质上是个人效应和群体效应之间的区分和选择。心理学等方面的研究者更关注个体效应，但与此同时忽略了群体效应，从而影响了相关参数的准确性，因为组外个体之间的相似性指数大于组内相似背景个体。另外，错误可能得到放大，因为观察到的效应不仅涉及群体效应，还涉及个体效应。例如，从自然存在的组中提取的个体变量的关系反映了两种情况：个体效应和组效应之间的协同变量，即 X 的协同变量系数对 Y 的变量系数的贡献。在这种情况下，变量 X 和 Y 彼此很可能紧密相连，而如果添加另一个相关变量，则将会降低这种相关系数。

统计分析发展的另一个标志是组分析（Within Analysis Between Analysis, WABA）。WABA 算法原理是基于相同数据集的计算。首先，考虑群体内效应，在群体内的个体层面上进行计算；其次，考虑组间效应，计算二级统计的平均值；最后，总结所有统计数据，考虑其总体影响。该分析方法能够在一定程度上反映组内和组间的方差比例，但无法分析导致这些结果的具体因素，以及不同组之间存在组内效应差异的原因。

尽管多层数据结构在社会科学研究中很普遍，但过去的研究没有深入探讨有效的数据分析方法，也没有充分考虑传统回归方法的局限性，及传统回归方法在多层数据分析时产生的问题。

二、多层线性模型的发展历程

在许多研究中，取样往往来自不同层级和单位，这种数据带来了很多跨级（多层）的研究问题，解决这些问题的一种新的数据分析方法便是多层模型分析技术。

对于这一方法的开创及发展，主要贡献者之一是英国伦敦大学的戈尔斯坦（Harvey Goldstein）教授，他把这种方法称作"多层分析"。另一主要开拓者美国密歇根大学的劳登布什（Stephen W. Raudenbush）教授及其同行把它称为"多层线性模型结构"。在此，我们按照张雷等人的称法，称其为"多层线性模型"。

多层线性模型最先由 Lindley & Smith（1972）及 Smith（1973）引入，作为其对线性模型经验贝叶斯估计的开创性贡献的一部分。在此背景下，Lindley & Smith（1972）构建了一个通用框架，用于分析数据结构嵌套的多个层次。然而，由于无法解决不平衡数据的协方差估计问题，无法继续进行。因此，在 20 世纪 70 年代初，没有一种通用的估算方法是可行的。Dempster et al.（1977）提出了一种 EM 算法，为解决协方差估计问题提供了一种可能的方法。Dempster（1981）阐述了该算法在分层数据结构中的实用性。Laird & Ware（1982）及 Stenio et al.（1983）将其应用于生长研究，Mason et al.（1983）则将其应用于具有嵌套数据结构性质的横截面数据。

在接下来的几年中，研究者通过给出迭代加权广义最小二乘法（Goldstein, 1986）和 Fisher 评分算法（Longford, 1987）的应用优势，对协方差分量估计进行了大量相关研究。此外，越来越多的计算程序及软件包为多层线性模型提供数据分析，如 HLM（Raudenbush et al., 2000）、MLWIN（Rasbash et al., 2000）、SAS Proc Mixed（Littel et al., 1996）等。

如上文所述，分层或多层嵌套数据普遍存在于社会和行为研究中。也就是说，个人可能聚集在组织单位内，组织单位可能聚集在社区内，甚至国家或州内。例如，人们生活在家庭、学校、企业、城镇、州和国家等结构中。在教育中，学生存在于一个等级社会结构中，包括家庭、同龄人群体、教室、年级、学校、学区、州和国家。这种层次结构中的每个层次都有自己的子模型，子模型的数据有助于表达给定层次内预测值或变量之间的关系，即一个层次上的某个变量如何影响另一个层次上的变量及与其他变量的关系。然而，尽管我们可以描述任意数量的级别，但基本的两级结构具有所有重要的统计特性。

下面将要介绍的早期应用主要强调三个研究目标。第一，提高对组织单位内个体效应的准确估计，例如利用其他学校提供的类似估计，为单个学校开发单独的计算方程或回归模型。第二，检验或制定关于跨层面效应的假设，如不同学校类型或学校位置如何影响学校层面内社会地位和学业成绩之间的关系。第三，将方差和协方差分量在不同层次上进行划分，例如将个体层次内不同预测因子或变量之间的协变量分解为学校内部和学校之间的分量。

1. 个体效应估计值的准确度提高

Braun et al.（1983）主要使用标准化考试分数选择少数族裔商学院毕业生申请人。许多学校利用考试成绩来预测未来的学业成绩，其部分是为了做出入学选择。然而，由于白人占 MBA 申请者的大多数，他们的数据主导了计算出的预测方程。但是，这些方程可能无法为少数族裔学生的选择提供合理的支持。从理论上讲，为每所学校的少数族裔考生建立一个单独的方程式更为公平，但预测此类方程式具有挑战性，因为大多数学校的少数族裔学生很少，没有足够的数据来进行可信的预测。在 Braun et al.（1983）对59 所研究生商学院进行的研究中，14 所学校没有少数族裔群体，20 所学校有一到三个少数族裔群体。使用标准回归方法为这些学校的少数族裔群体建立预测方程十分困难，即使在有足够数据支持单独估算的 25 所学校中，样本仍然很小，导致少数族裔群体系数估算不尽人意。

数据可能会忽略学校内部的学生数量而对所有学校汇总，尽管这也带来了一系列挑战。由于少数族裔群体更可能出现在某些学校，如果不考虑这些选择伪影，可能会导致计算出的预测系数出现偏差。为了克服这个问题，Braun et al.（1983）采用了分层线性模型，从而能够有效利用所有可用信息，从完整的数据集合中，为每所学校提供针对白人和少数族裔的不同预测方程。需要注意的是，每个学派的估计数是该学派的信息和整个样本的关系的加权组合（Rubin, 1980），可以假设分配给每个组件的相对权重由其精度决定。

2. 跨层次效应的估计

多层线性模型的第二个常见应用是开发和评估在一个层次上测量的变量如何影响更高层次上的关系的假设。跨层次效应在行为和社会研究中非常普遍，其建模框架比以前的方法得到了相当大的改进。例如，Mason et al.（1983）研究了 15 个国家母语教学和家庭住址（城市/农村）对生育率的影响。人们普遍认为，在许多国家，高水平的教育和城市生活预示着生育率的下降，然而研究人员推断，这些可能受到国家特征的影响，如国家经济增长水平（以国民生产总值衡量）和计划生育活动的强度。Mason等人发现，一方面在其研究的所有国家中，较高的母语教育水平与生育率的降低有关；另一方面，城市和农村生育率的差异因国家而异，GDP 较高但计划生育活动较少的国家中差异最大。

另一个例子来自发展心理学。据语言发展研究人员称，词汇习得的发展被认为基于两个因素：所接触到的语言环境及从该环境中学习的能力的根本差异。人们通常认为，儿童词汇发展的差异主要是由于能力的根本差异，然而，几乎没有实际证据支持这一说法。根据遗传力研究，父母在标准化词汇测试中的分数解释了孩子在相同考试中表现的 10%~20%的差异。而词汇习得中的大多数个体差异尚不清楚。研究人员传统上使用两个时间点设计暴露效应的研究：在 14 个月时，对孩子的词汇量及其母亲的语言技能或语言使用情况作出第一次探究；在以后的某个日期（比如 26 个月）对孩子的词汇量进行评估。在控制了儿童的"启动能力"后，使用传统的线性模型对数据进行评估，即评估母亲对 14 个月及 26 个月词汇量的言语效果。

Huttenlocher et al.（1991）收集了儿童的纵向数据，这些儿童在 14 至 26 个月之间接受了七次语言监测，这种历时的研究能够使研究者根据重复观察的情况为每个孩子创建自定义的词汇增长轨迹、定义各自的发展参数。为了预测这些生长因子，第二个模型加入了孩子的背景信息，例如，孩子的性别和母亲在家里说话的语句数量情况。基于多层线性模型，研究人员发现婴儿期接触语言对词汇增长的影响要比从前认为的大得多（事实上，如果在传统分析中使用第一个和最后一个时间点，其影响要比实际观察到的大得多），该应用也进一步证明了传统回归分析方法难以对儿童语言习得增长相关性做出有效判断。

3. 方差—协方差分量的划分

使用不平衡嵌套数据估计方差和协方差分量是多层线性模型的第三种用途。例如，教育学者经常致力于在教室和学校的背景下调查学生个体的发展，这种现象的形式化建模需要一个三级模型。Bryk & Raudenbush（1988）利用持续效应研究的一小部分纵向数据证明了这种方法（Carter, 1984）。他们分析了 86 所学校的 618 名学生的算术成绩数据，这些学生在 1 年级到 3 年级之间进行了五次测试。他们从每个学校的每个学生的学业成绩模型开始，该模型基于个人成长（或重复测量）。三级方法允许将这些个体成长轨迹中的异质性分解为学校内部和学校之间的组成部分。研究结果令人震惊：学校间的增长率占增长率变化的 83%，相比之下，学校仅占初始状态差异的 14% 左右。这与学校影响的横断面研究结果一致。同时，这项研究发现了不同学校之间的显著差异，而传统的模型没有考虑到 p 值，这些差异是传统分析方法无法发现的。

总体而言，传统回归模型（如 ANOVA）的发展重要性受到了削弱，因为它无法解决跨层次的关系问题，无法同时分析具有两个或多个层次的整个数据集。传统回归模型无法同时测试所有学生水平、学校水平和国家水平的数据，而只能合并单一水平的数据效应。假设数据是在单一水平上组织的，如果继续使用传统的回归模型，将会违反独立性假设，导致聚合偏差和不准确的估计（Hofmann, 1997）。

三、多层线性模型的基本原理

多层线性模型的基本形式如下。

第一层面（水平 1，如学生层面）：

$$Y_{ij} = \beta_{0j} + \beta_{1j}X_{ij} + e_{ij}$$

第二层面（水平 2，如学校层面）：

$$\beta_{0j} = \gamma_{00} + u_{0j}$$
$$\beta_{1j} = \gamma_{10} + u_{1j}$$

其中，γ_{00} 和 γ_{10} 为固定成分，指第二层单位间 β_{0j} 和 β_{1j} 的平均值；u_{0j} 和 u_{1j} 为随机成分，指第二层单位间 β_{0j} 和 β_{1j} 的变异。

把第一层和第二层方程整合如下：

$$Y = \gamma_{00} + \gamma_{10}x_{ij} + u_{0j} + u_{1j} + e_{ij}$$

若误差项间相关，则同一第二层单位的个体有相同的 u_{0j} 和 u_{1j}；若误差项间方差不等，则相同第二层单位内的个体间相似性比不同单位内个体相似性高，且其中误差项与自变量有关：残差项包含 X_{ij}。

由此可见，多层线性模型将残差项进行了分解，解决了多层数据在 OLS 回归分析关于残差项的诸多假设带来的误差和弊端，更符合实际情况，所以对于多层数据，使用多层线性模型进行分析更为合理。

1. 零模型（Null Model）

第一层模型：

$$Y_{ij} = \beta_{0j} + e_{ij}$$

第二层模型：

$$\beta_{0j} = \gamma_{00} + u_{0j}$$

将以上两个模型合并得到：

$$Y_{ij} = \gamma_{00} + u_{0j} + e_{ij}$$

其中，β_{0j} 指第 j 个二层单位 Y 的平均值；e_{ij} 指第 j 个二层单位 Y 的变异；γ_{00} 指所有二层单位的 Y 的总体平均数；u_{0j} 指第二层方程的残差（随机项）。

跨级相关：指 Y 的总体变异中有多大比例是由第二层的变异引起的。

2. 完整模型（Full Model）

完整模型既包含了第一层的预测变量，又包含了第二层的预测变量，可通过理论建构来说明解释 Y 的总体变异如何受到第一层变量和第二层变量的交互作用。

第一层计算公式：

$$Y_{ij} = \beta_{0j} + \beta_{1j}X_{ij} + e_{ij}$$
$$\mathrm{Var}(e_{ij}) = o^{-2}$$

第二层计算公式：

$$\beta_{0j} = \gamma_{00} + \gamma_{01}W_j + u_{0j}$$

$$\beta_{1j} = \gamma_{10} + \gamma_{11} W_j + u_{1j}$$

$$\text{Var}(u_{0j}) = \gamma_{00} \ ; \text{Var}(u_{1j}) = \gamma_{11}$$

$$\text{Cov}(u_{0j}, u_{1j}) = \gamma_{10}$$

其中，在第一层计算公式中，0 代表截据，1 代表斜率；在第二层计算公式中，第一个下标代表第一层计算方程参数的类型；第二个下标代表第二层计算方程参数的类型。

β_{0j} 和 β_{1j} 的预测变量可以相同，也可以不同。

在零模型与完整模型之间，可以在第一层、第二层或第三层方程中增加不同的变量，通过设置不同的随机成分与固定成分来建构各种分析模型，常用的模型有四种：单因素—随机效应方差分析模型、平均值—结果变项的回归模型、单因素随机分析协方差模型和随机系数回归模型。

3. 单因素—随机效应方差分析模型（One-way ANOVA with Random Effects）

最基本的多层线性模型为具有随机效应的单因素—随机效应方差分析模型，该模型不包含第一层和第二层的自变量，我们也将其称为完全无条件模型。作为多层数据分析的一个基本的有效方法，单因素—随机效应方差分析模型主要通过对数据变异的分析来推断两个或多个样本均数所代表的总体均数是否有显著差异。简单来说，就是用来检验同一个影响因素的不同水平对因量是否有影响的一种方法。在这种情况下，β_{1j} 表示在一级模型中，所有 j 均设置为零，公式如下所示：

$$Y_{ij} = \beta_{0j} + r_{ij}$$

我们假设每个一级误差呈正态分布，平均值为 0，方差为常数。需要注意的是，该模型仅使用一个二级参数，即截距 β_{0j}，来预测每个一级单元的结果。在这种情况下，β_{0j} 只是第 j 个单元的平均结果。具有随机效应的单向方差分析的二级模型中，γ_{01} 设置为零：

$$\beta_{0j} = \gamma_{00} + u_{0j}$$

γ_{00} 代表总体数量的平均结果，u_{0j} 表示当平均值为 0，方差为 0 时，j 的随机效应。

同时，将以上两个公式合并后得到如下公式：

$$Y_{ij} = \gamma_{00} + u_{0j} + r_{ij}$$

其中，γ_{00} 代表单因素方差分析模型的总体平均值，u_{0j} 表示第二层因素的组效应，而 r_{ij} 表示第一层因素的个体效应。需要注意的是，表示最后结果的方差是：

$$\text{Var}(Y_{ij}) = \text{Var}(u_{0j} + r_{ij}) = \gamma_{00} + o^{-2}$$

4. 平均值—结果变项的回归模型（Regression Model with Means-as-Outcomes）

另一个常见的统计问题涉及许多组中每一组的平均值问题，将其作为由组内特征来预测的结果，可以通过平均值—结果变项的回归模型得到有效解决。该模型方程是随机截距模型的一种形式。

第一层模型方程为：

$$Y_{ij} = \beta_{0j} + r_{ij}$$

第二层模型方程为：

$$\beta_{0j} = \gamma_{00} + \gamma_{01}W_j + u_{0j}$$

其中，γ_{00}表示截距，γ_{01}表示变量W_j的平均值对β_{0j}的影响。需要注意的是，固定效应是γ_{00}和γ_{01}，随机效应为u_{0j}和r_{ij}。

5. 单因素随机分析协方差模型（One-Way ANCOVA with Random Effects）

单因素随机分析协方差模型在原理上与经典的协方差分析模型基本相同，只是在第二层面的效应被认为是随机的。

第一层方程：

$$Y_{ij} = \beta_{0j} + \beta_{1j}(X_{ij} - \overline{X}..) + r_{ij}$$

第二层方程：

$$\beta_{0j} = \gamma_{00} + u_{0j}$$
$$\beta_{1j} = \gamma_{10}$$

将两个方程合并得到：

$$Y_{ij} = \gamma_{00} + \gamma_{01}W_j + \gamma_{10}(X_{ij} - \overline{X}..) + r_{ij} + u_{0j}$$

6. 随机系数回归模型（Random-Coefficients Regression Model）

随机系数回归模型第一层模型方程为：

$$Y_{ij} = \beta_{0j} + \beta_{1j}(X_{ij} - \overline{X}..) + r_{ij}$$

其中，Y_{ij}可以用以下两个参数来描述，即β_{0j}和β_{1j}。β_{0j}表示截距，β_{1j}表示斜率。以计算学校学生的阅读成绩为例，每个学校的成绩分布由以上方程中的参数β_{0j}和β_{1j}来描述。由于第一层次（比如学生）的自变量是按照学校的平均值得来的，所以β_{0j}表示学校平均成绩的结果，r_{ij}表示剩余的残差方差。其中，方程中的参数β_{0j}和β_{1j}作为总平均数和随机误差随着学校数值的变化而改变。

第二层模型方程为：

$$\beta_{0j} = \gamma_{00} + u_{0j}$$
$$\beta_{1j} = \gamma_{10} + u_{1j}$$

其中，γ_{00}表示学校中阅读成绩的平均数，γ_{10}表示学校中的某一具体变量与学生阅读成绩关系的平均回归斜率，u_{0j}表示在第二层次模型中学校j对应的截距的性增量，u_{0j}

表示在第二层次模型中学校 j 对应的斜率的特性增量。

将上述三个模型合并，得到混合模型：

$$Y_{ij} = \gamma_{00} + \gamma_{01}W_j + \gamma_{10}(X_{ij} - \overline{X}..) + r_{ij} + u_{0j}$$

表示学校效应的方差为：

$$\text{Var}(u_{0j}) = \gamma_{00} \; ; \text{Var}(u_{1j}) = \gamma_{11}$$

它们之间的协方差为：

$$\text{Cov}(u_{0j}, u_{1j}) = \gamma_{01}$$

小节练习

一、单项选择题

测试题 1：多层嵌套的数据结构广泛存在，研究人员可用其来调查企业内部特征（例如组织文化、知识整合和核心能力）如何影响个体员工的绩效。在这种情况下，（　　）嵌套在（　　）中。

A. 员工绩效；员工

B. 企业；员工

C. 员工；企业

D. 员工；员工绩效

测试题 2：多层线性模型中，平均值—结果变项的回归模型可以有效解决（　　）问题。

A. 个体效应和组效应间的关系

B. 个体特征来预测的结果

C. 由组内特征来预测的结果

D. 以上均是

测试题 3：组分析，即 WABA 算法原理是基于（　　）的计算。

A. 相同数据集

B. 不同数据集

C. 以上均是

测试题 4：传统回归模型（如 ANOVA）的发展重要性受到了削弱，因为它无法（　　）。

A. 解决跨层次的关系问题

B. 同时分析具有多个层次的数据集

C. 实现准确的个体估计

D. 以上均是

二、填空题

测试题 7：在教育领域研究中，学生的学业成绩可能同时受到自身内在动机或自我期望及背景因素（如学校背景或家庭背景）的影响。前者是_____效应，而后者是_____效应。

测试题 8：多层线性模型的基本表达计算方程为_____。

测试题 9：在零模型与完整模型之间，可以向第一层、第二层或第三层方程中增加不同的变量，通过设置_____成分来建构各种分析模型。

测试题 10：单因素方差分析模型主要是通过对_____来推断两个或多个样本均数所代表的总体均数是否有显著差异的一种统计推断方法。

三、简答题

测试题 13：请简述多层线性模型的发展历史及主要脉络。

测试题 14：请简述多层线性模型与传统回归分析的主要差异。

测试题 15：请列举多层线性模型的几种常见模型。

第三节　多层线性模型在 HLM 软件运行的操作步骤

本节主要讲解如何用 HLM（Hierarchical Linear Model）软件运行多层线性模型。同时，以三层次随机截距、固定斜率模型（Three-level Random Intercept and Fixed Slopes Model）为例，讲解数据导入方法、软件逐步建模的操作，以及对输出结果的重点解读。

一、明确变量概况

首先将多层线性模型所需要的变量按变量类型分层次整理，如示范数据中所示分为学生、学校和国家三个层面，共包括 26 个变量（表 5-3）。

表 5-3　示范数据

变量类型	变量名称
Student-level 学生层面	
ID	CNTSTUID
因变量	PV1READ, PV2READ, PV3READ, PV4READ, PV5READ, PV6READ, PV7READ, PV8READ, PV9READ, PV10READ
学生权重	W_FSTUWT
自变量	IC008Q03TA
	IC010Q03TA
	IC011Q01TA
	IC013Q05NA
控制变量	ST004D01T
	ESCS

School-level 学校层面	
ID	CNTSCHID
自变量	SC156Q06HA
	M_USESCH
	M_INT
控制变量	SCHLTYPE
	SCHSIZE
Country-level 国家层面	
ID	CNTRYID
控制变量	GDP per capita

二、数据导入 HLM 软件

1. 制作 HLM 能够识别的多层次文件

经过数据预处理，我们已经得到一个整合了学生、学校、国家三个层次数据的文件，此处命名为 original data.sav。但由于 HLM 软件无法直接对整合文件进行分析，需先将文件拆分为 level 1、level 2、level 3 三个文件，以便导入。

步骤 1：为 original data.sav 创建副本，重命名为 level 1.sav。

步骤 2：用 SPSS 打开 level 1.sav，右键单击 CNTSCHID（即 school ID），选择"升序排列"，然后点击"数据"—"分类汇总"（见图 5-10）。

a

b

图 5-10　制作 HLM 能够识别的多层次文件操作步骤之一

步骤 3：在弹出菜单中，①将 CNTSCHID 选入"分组变量"；②将所有学校层面的变量选入"变量摘要"；③勾选"写入只包含汇总变量的新数据文件"，单击"文件"按钮，将文件命名为 mean.sav；④点击"确定"（见图 5-11）。

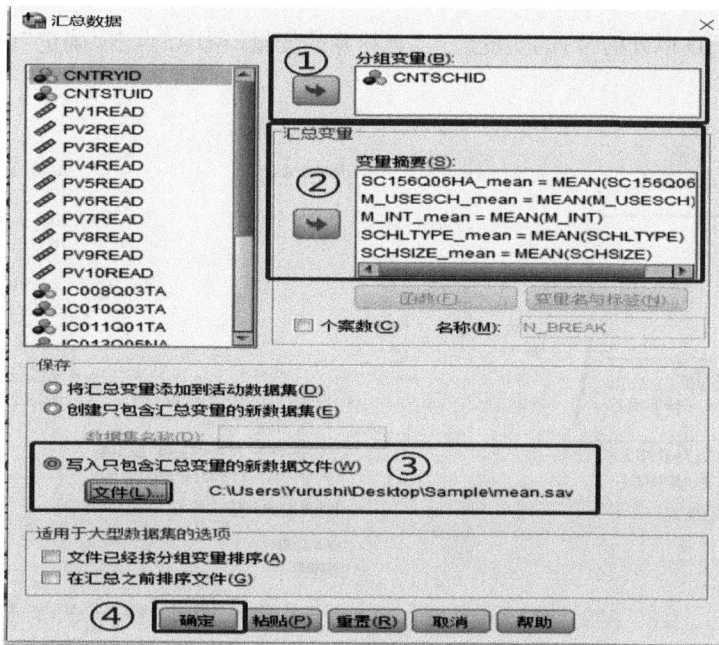

图 5-11　制作 HLM 能够识别的多层次文件操作步骤之二

步骤4：把CNTRYID（country ID）并入新文件mean.sav中，也可以直接在上一步把CNTRYID选上，mean值不会变。打开文件，按CNTSCHID升序排列，然后选择"数据"—"合并文件"—"添加变量"，点击level 1.sav[数据集1]并点击"继续"（见图5-12）。

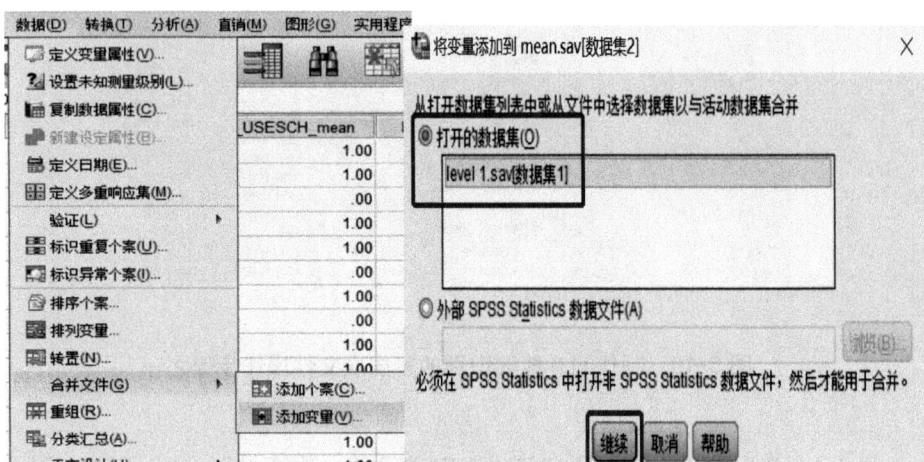

图5-12　制作HLM能够识别的多层次文件操作步骤之三

在弹出菜单中，①勾选图中所示选项；②将CNTSCHID选入"关键变量"框。"新的活动数据集"框中，*表示本文件包含的变量，+表示准备合并的数据集包含的变量，把除CNTRYID以外的带+的变量选入"已排除的变量"框中，点击"确定"（见图5-13）。

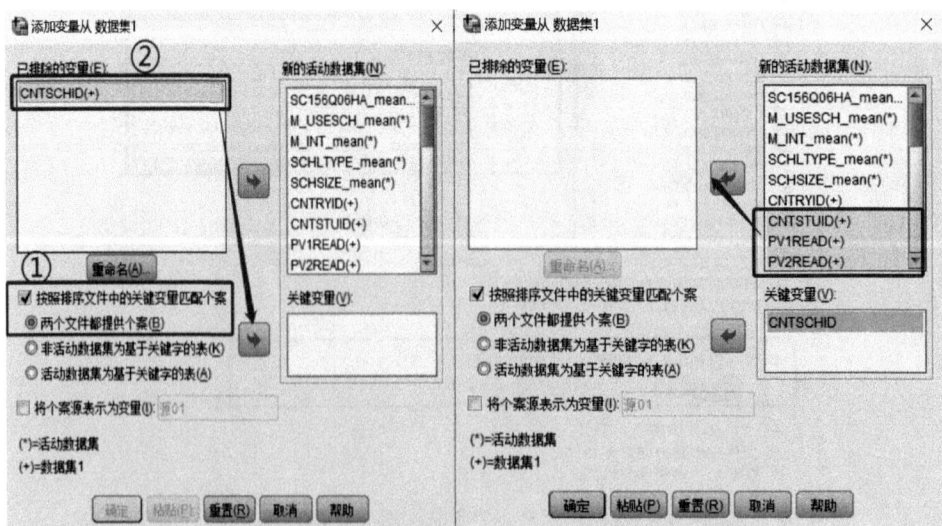

图5-13　制作HLM能够识别的多层次文件操作步骤之四

步骤 5：完成合并后，需要删除重复信息。点击"数据"—"标识重复个案"。在弹出菜单中，把 CNTSCHID 选入"定义匹配个案的依据"框中，勾选"每组中的第一个个案为基本个案"，点击"确定"（见图 5-14）。

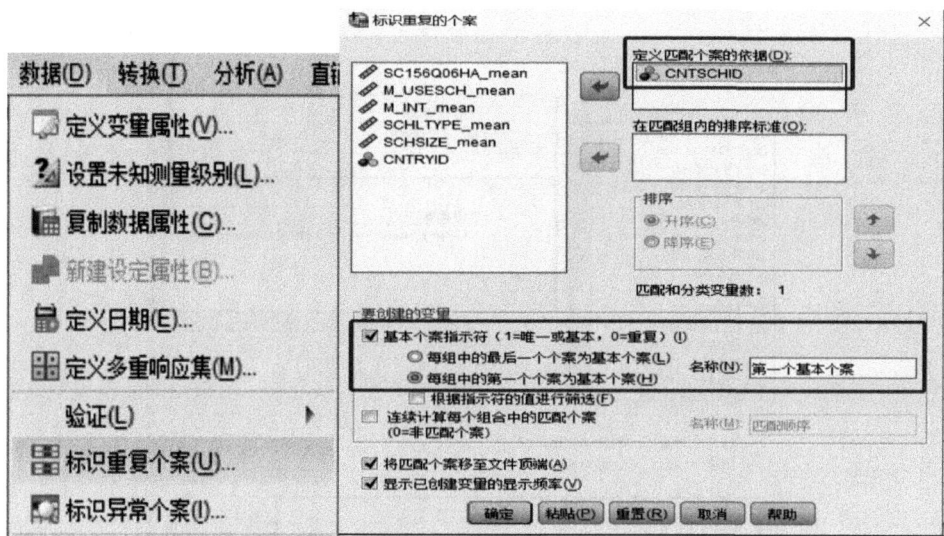

图 5-14　制作 HLM 能够识别的多层次文件操作步骤之五

接下来点击"数据"—"选择个案"，在弹出菜单中，勾选"删除未选定个案"及"如果条件满足"，并点击"如果"按钮。将条件设为"第一个基本个案=1"，执行操作。文件另存为并命名为 level 2.sav（见图 5-15）。

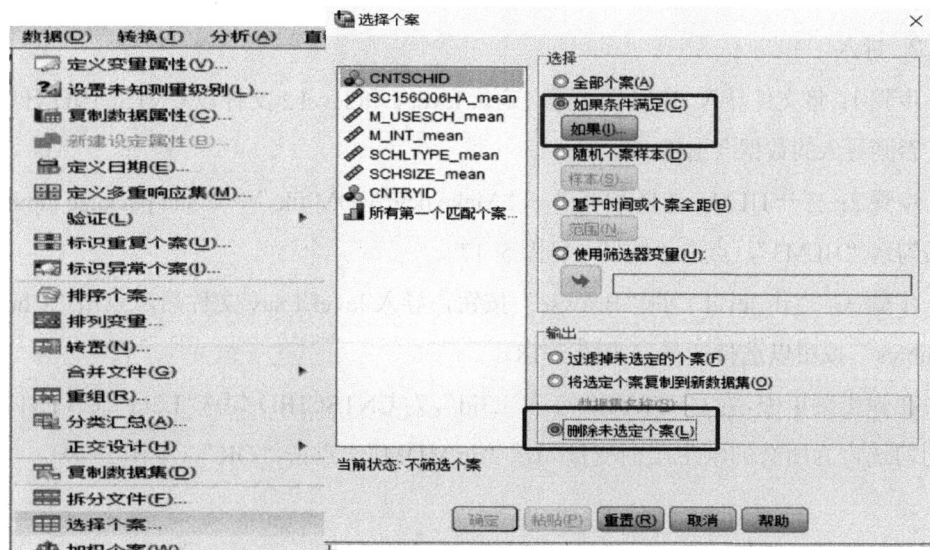

图 5-15　制作 HLM 能够识别的多层次文件操作步骤之六

步骤 6：制作 level 3 的文件。打开 level 1.sav，点击"数据"—"分类汇总"后弹出如图 5-16 所示菜单，将 CNTRYID 选入"分组变量"框，将国家层面的变量选入"变量摘要"框，勾选"写入只包含汇总变量的新数据文件"，单击"文件"按钮，将文件命名为 level 3.sav，点击"确定"即完成。

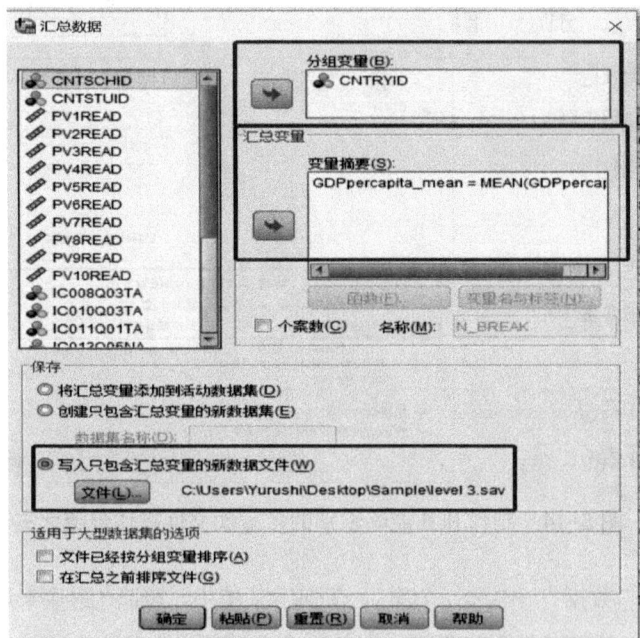

图 5-16　制作 HLM 能够识别的多层次文件操作步骤之七

2. 导入

步骤 1：将文件导入 HLM 前，再次确认 level 1 和 level 2 文件以 CNTSCHID 升序排列，否则导入的数据会出错。

步骤 2：打开 HLM，选择"File"—"Make new MDM file"—"Stat package input"。然后勾选"HLM3"，点击"OK"（见图 5-17）。

步骤 3：点击 level 1 的"Browse"按钮，导入 level 1.sav 文件后，点击"Choose variables"按钮以选择变量（见图 5-18）。

在弹出菜单中，为 CNTRYID 勾选"L3id"，为 CNTSCHID 勾选"L2id"，CNTSTUID 不用勾选，为所有的学生层面变量勾选"in MDM"，点击"OK"（见图 5-19）。

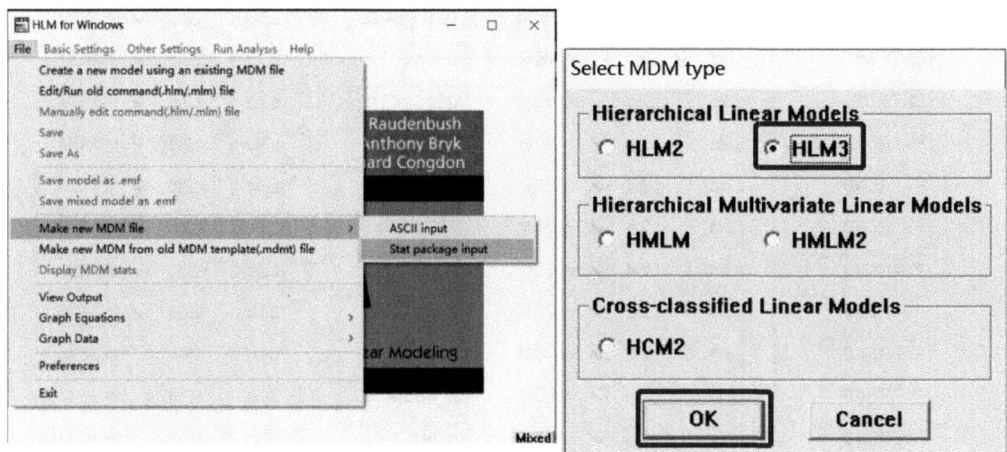

图 5-17　导入 HLM 软件操作步骤之一

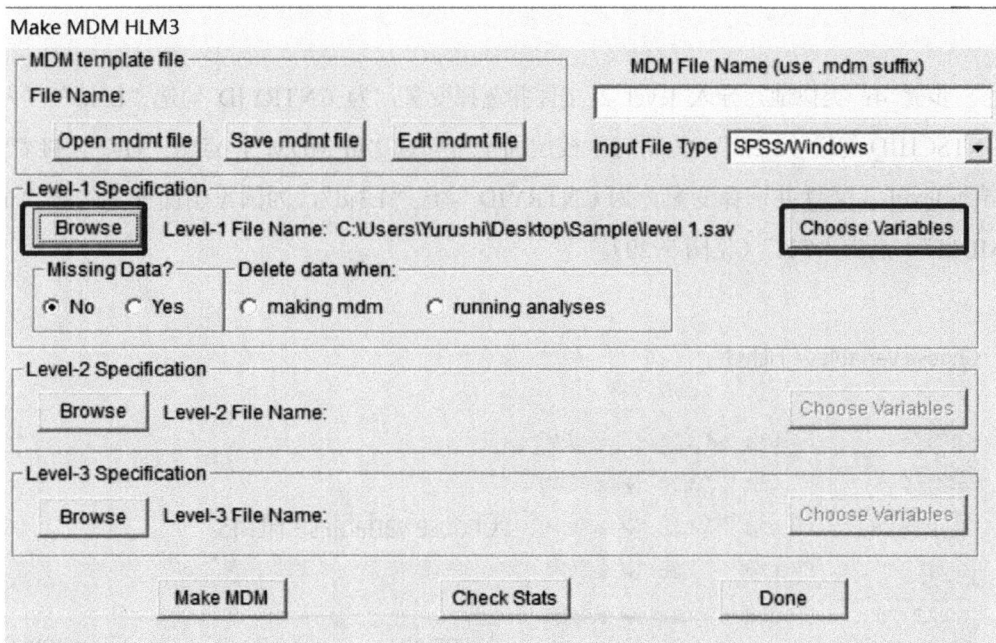

图 5-18　导入 HLM 软件操作步骤之二

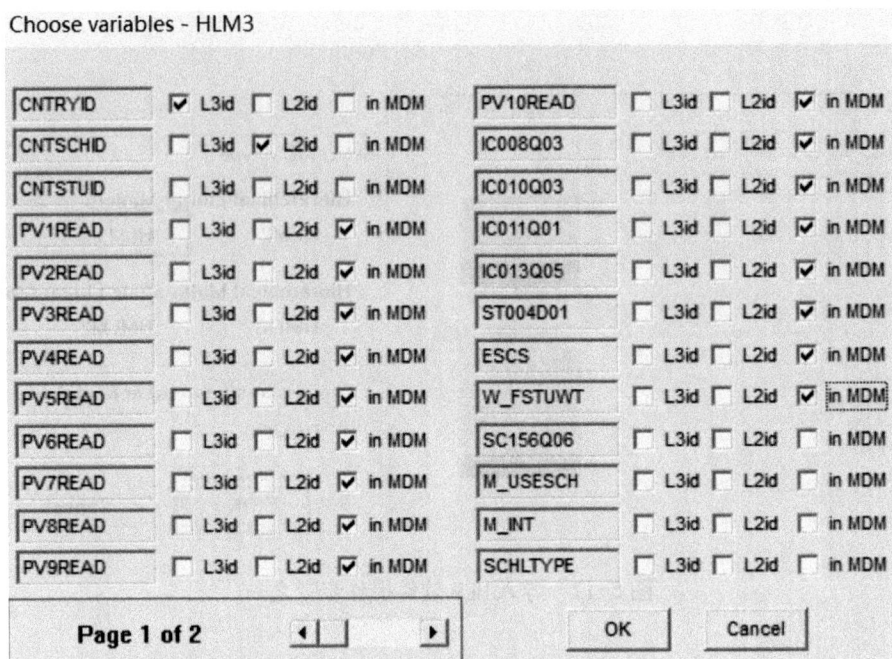

图 5-19　导入 HLM 软件操作步骤之三

步骤 4：类似地，导入 level 2 文件并选择变量，为 CNTRYID 勾选"L3id"，为 CNTSCHID 勾选"L2id"，为所有学校层面变量勾选"in MDM"，点击"OK"。接着，导入 level 3 文件并选择变量，为 CNTRYID 勾选"L3id"，为国家层面变量勾选"in MDM"，点击"OK"（见图 5-20）。

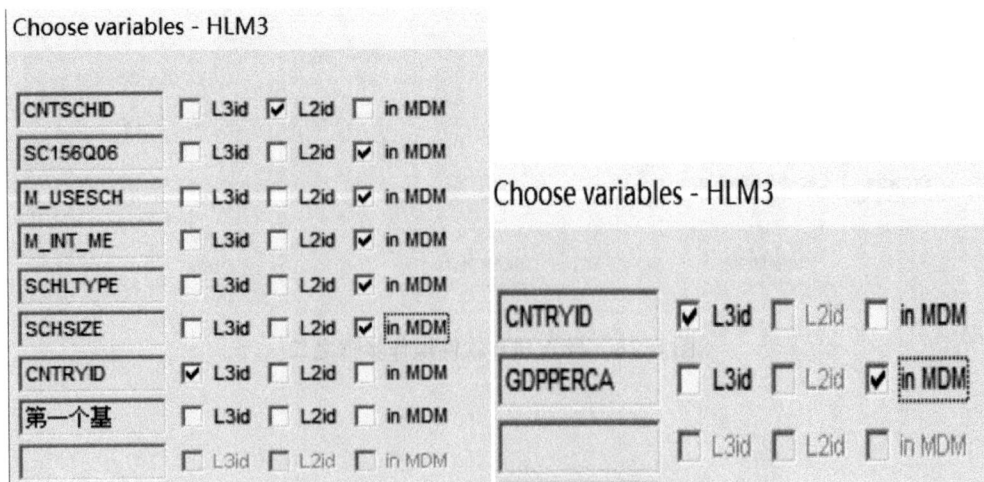

图 5-20　导入 HLM 软件操作步骤之四

步骤 5：如图 5-21，①为文件命名，此处命名为 analysis.mdm；②点击 "Save mdmt file"
按钮，在弹出框中将文件命名为 analysis（无须填写后缀）并保存；③点击 "Make MDM"。

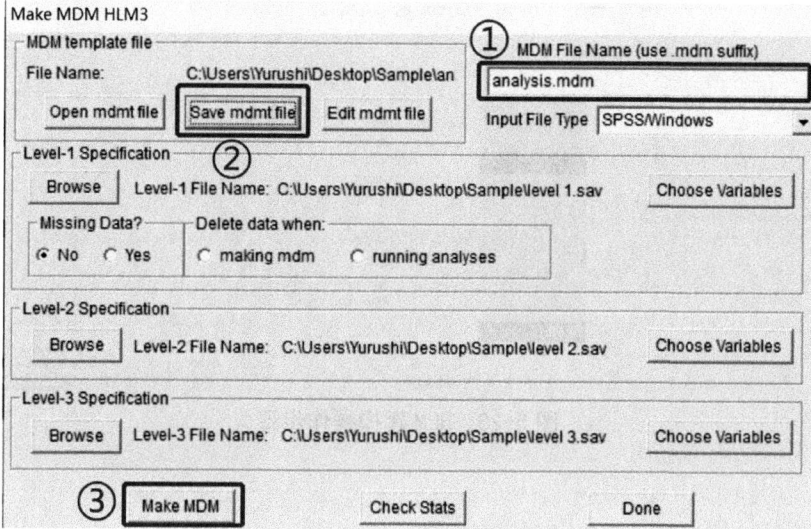

图 5-21　导入 HLM 软件操作步骤之五

3. 检查数据

数据导入后，必须检查导入后的文件与源文件的描述性统计数据是否一致。点击
"Check stats" 后（图 5-22），弹出导入文件的描述性统计数据，与源文件 level 1.sav, level
2.sav, level 3.sav 的描述性统计进行核对。确认无误后，方可点击 "Done" 按钮。

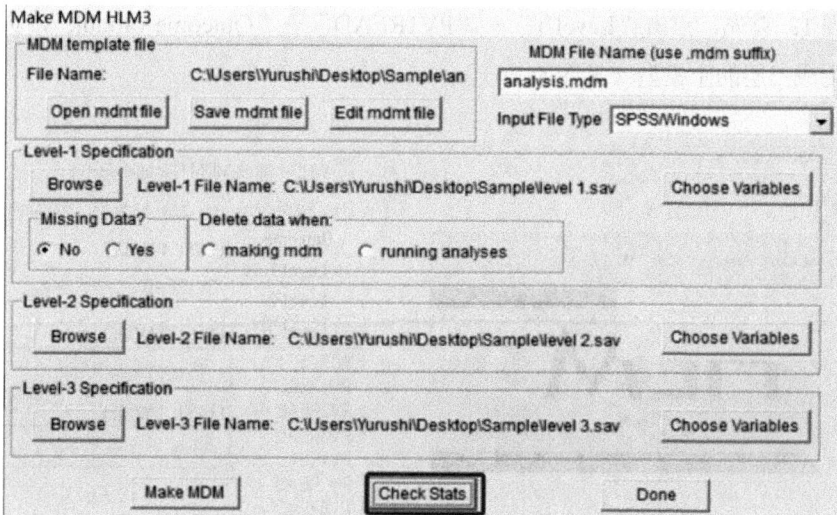

图 5-22　检查描述性统计数据操作步骤

接下来开始建模，可直接在导入数据后弹出的页面上操作。如果一次无法完成建模或不小心关闭软件，可用如图 5-23 所示的步骤重新打开数据文件。

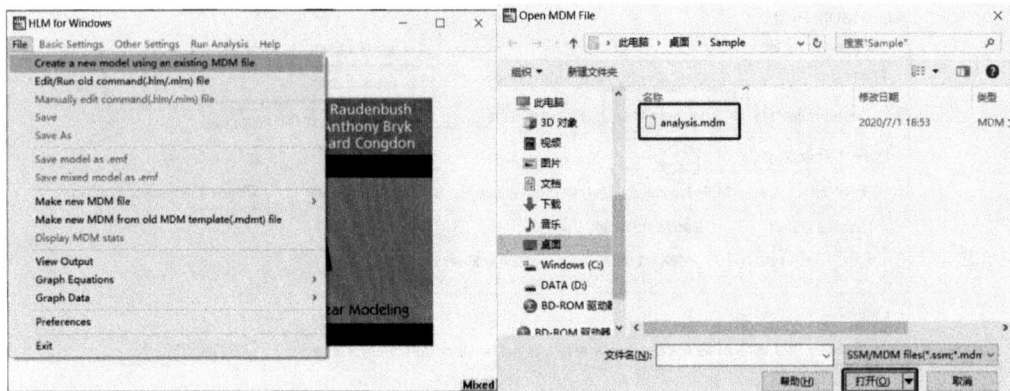

图 5-23　HLM 建模操作步骤

三、HLM 模型搭建步骤及结果解读

1. Model 1：空模型（null model）

空模型，也叫零模型，即只包含因变量，不包含任何自变量、控制变量的随机 ANOVA 模型。该模型是 HLM 分析的基础，通过计算各个层次上的方差，验证数据是否适合进行多层次分析。

（1）模型搭建及运行

步骤 1：首先，点击"Level-1"—"PV1READ"—"Outcome variable"，页面右侧将自动生成三层的空模型（见图 5-24）。

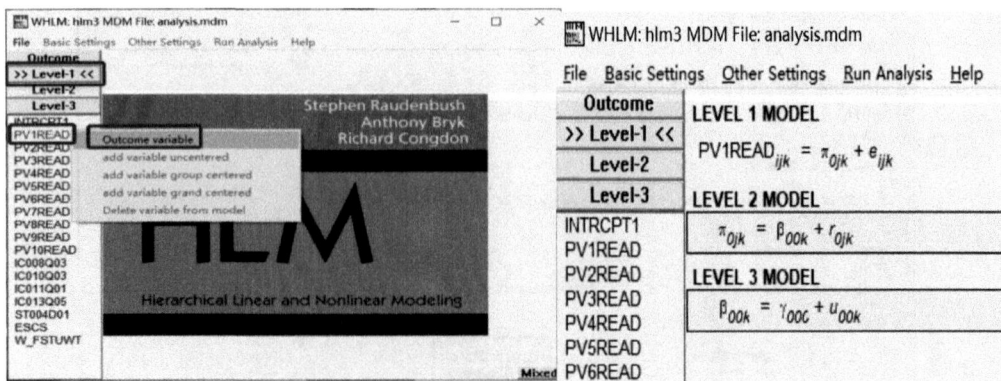

图 5-24　HLM 模型搭建操作步骤之一

步骤 2：用 HLM 分析 PISA 数据的一个便利之处在于软件允许同时将 10 个 plausible values（PV 值）设为因变量，软件分析时会先对每个 PV 值分别进行一次运算，生成对应的 10 个输出文档，最后自动对 10 个文档的系数求均值，生成平均值文档，即总共生成 11 个输出文档。一次性将 10 个 PV 值设为因变量的操作为：点击"Other Settings"—"Estimation Settings"（见图 5-25）。

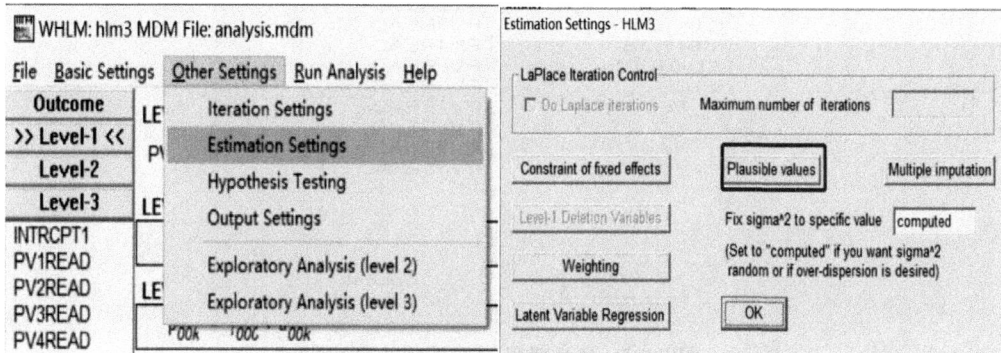

图 5-25　HLM 模型搭建操作步骤之二

在弹出菜单中点击"Plausible values"。①在下拉菜单中选择"PV1READ"（见图 5-26）；②依次双击变量 PV2READ 至 PV10READ，将其选入右侧框中，点击"OK"（见图 5-27）。

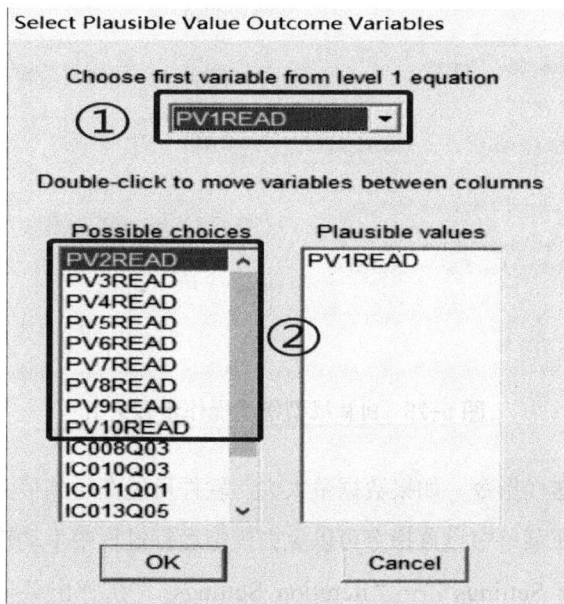

图 5-26　HLM 模型搭建操作步骤之三

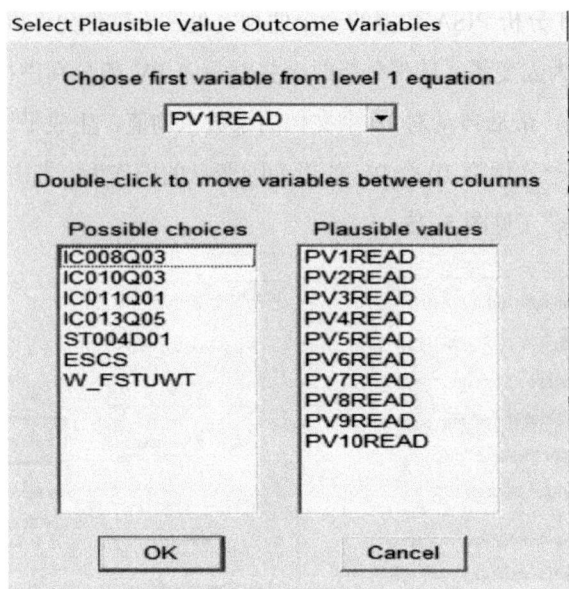

图 5-27　HLM 模型搭建操作步骤之四

步骤 3：设置学生权重。在 Estimation Settings 菜单框中点击 "Weighting" 按钮，在 Level-1 Weight 下拉菜单中选择 "W_FSTUWT"，点击 "OK"（见图 5-28）。

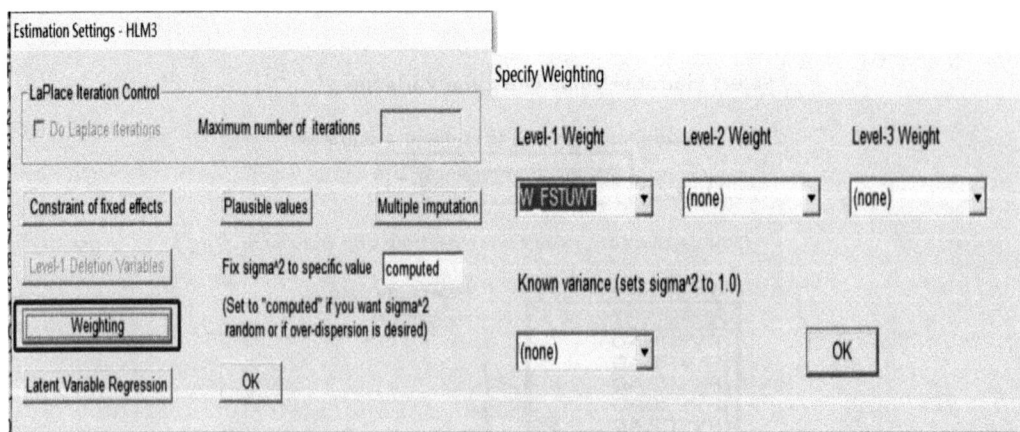

图 5-28　HLM 模型搭建操作步骤之五

步骤 4：设置迭代指令。如果数据量太大，软件可能在达到最大迭代次数后仍无法收敛，因此，提前在菜单中设置指令可以免去模型运行过程中手动输入 "继续" 指令的麻烦。点击 "Other Settings" — "Iteration Settings"。在弹出菜单中勾选 "Continue iterating"，点击 "OK"（见图 5-29）。

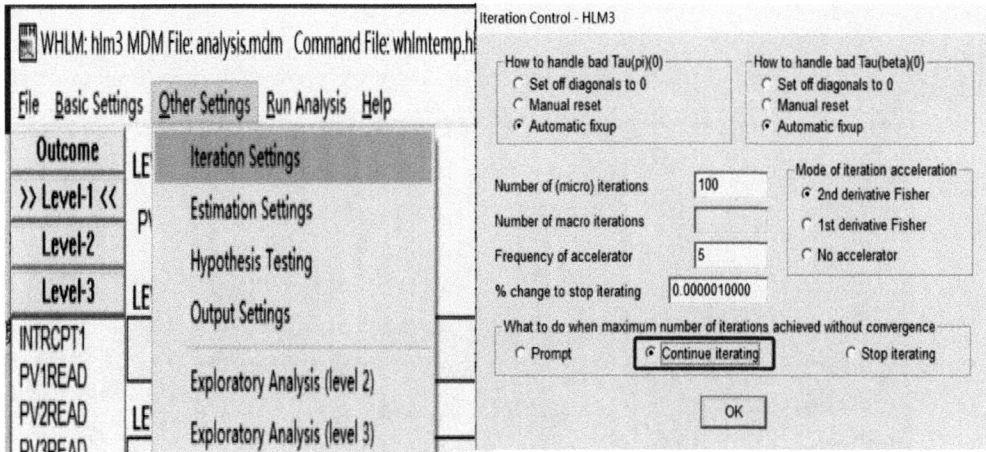

图 5-29　HLM 模型迭代操作步骤

步骤 5：运行空模型。在主界面点击"Run Analysis"—"Run the model shown"（见图 5-30）。

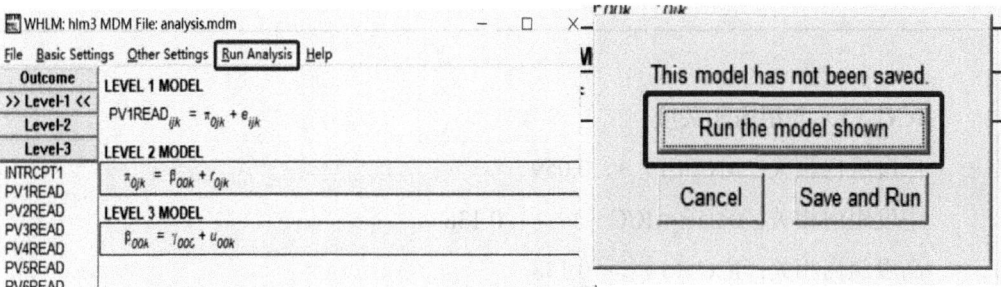

图 5-30　HLM 模型运行操作步骤之一

此时会弹出如图 5-31 所示的黑色程序框。待其自动消失后，存放数据的文件夹中生成共 11 个文件，可将其存入新建的文件夹"Model 1"，以免被新模型的文件覆盖。点击"File"—"View Output"可打开输出的平均值文件。

（2）输出结果解读

Model 1：零模型

利用零模型的输出结果计算组内相关系数（Intraclass Correlation Coefficient）ICC（1），就可以验证多层次分析的必要性。简单来说，ICC（1）数值越大，越适合做 HLM 分析。

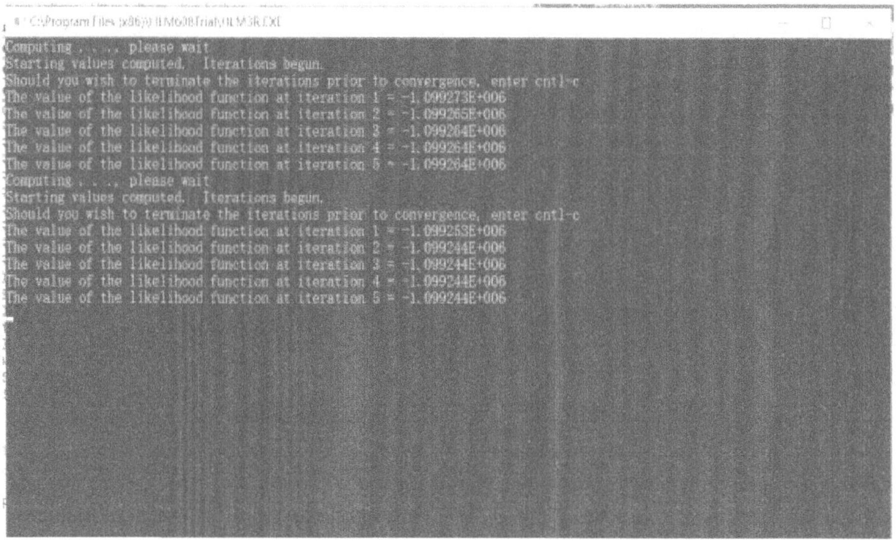

图 5-31　HLM 模型运行操作步骤之二

ICC（1）与组内相关度

低度组内相关：ICC（1）< 0.059

中度组内相关：0.059 < ICC（1）< 0.138

高度组内相关：ICC（1）> 0.138

因此，只要 ICC（1）大于 0.059，就有必要进行多层次分析。

Cohen (1988)

ICC（1）计算方法

总方差=学生+学校+国家层面方差

学生层面 ICC（1），即"学生层面方差所占的比例"，等于学生层面方差/总方差；

学校层面 ICC（1）等于学校层面方差/总方差；

国家层面 ICC（1）等于国家层面方差/总方差。

张雷（2003）

将输出文档拉至底部，可见如图 5-32 的表格，可以计算出本例中：

总方差 = 5853.12769 + 2636.45795 + 2734.70931= 11,224.29495

学生层面 ICC（1）= 5853.12769/11,224.29495 ≈ 0.521；

学校层面 ICC（1）= 2636.45795/11,224.29495 ≈ 0.235；

国家层面 ICC（1）= 2734.70931/11,224.29495 ≈ 0.244；

学校和国家层面 ICC（1）都大于 0.059，代表不同的学校之间、国家之间的阅读成绩存在较大的差异性，因此需要进一步进行 HLM 分析。

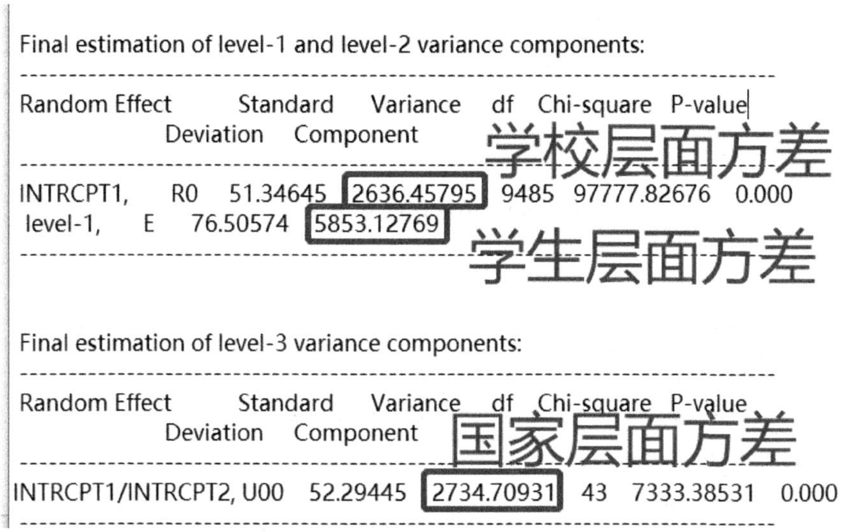

图 5-32　学生、学校、国家层面方差

Model 2：仅含控制变量的模型

该模型主要是为了检测控制变量的显著性，以及计算出控制变量所解释的方差。

①模型搭建及运行

在 Model 1 的基础上，把三个层次的控制变量加入模型：点击需要加入的变量，根据需要选择一种中心化策略，本例选择了"add variable uncentered"。点击"Run Analysis"运行搭建好的模型，可将生成的 11 个文件存入新建的文件夹"Model 2"（见图 5-33）。

②输出结果解读

首先，如图 5-34，在模型的固定效果部分（fixed effects）检查控制变量的 p 值，小于 0.05 即为显著。本例中所有控制变量皆显著，因此全部保留。

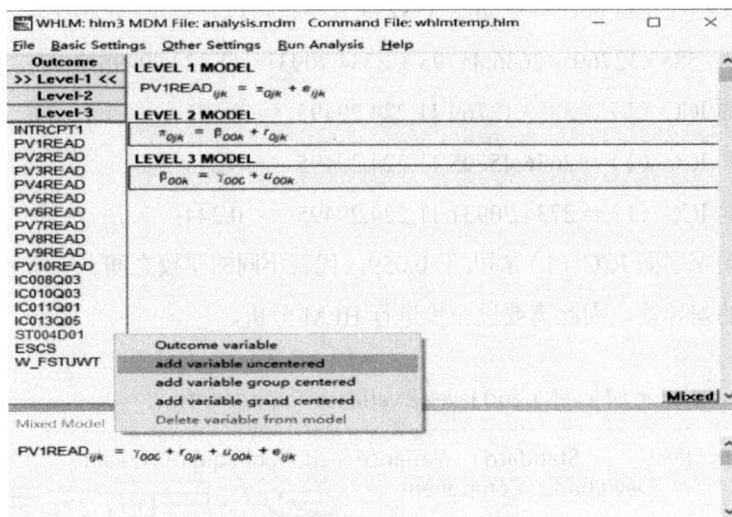

图 5-33 模型搭建及运行

Final estimation of fixed effects
(with robust standard errors)

Fixed Effect	Coefficient	Standard Error	T-ratio	Approx. d.f.	P-value
For INTRCPT1, P0					
For INTRCPT2, B00					
INTRCPT3, G000	342.714913	9.595388	35.717	42	0.000
GDPPERCA, G001	119.577428	40.867774	2.926	42	0.006
For SCHLTYPE, B01					
INTRCPT3, G010	9.271263	3.575867	2.593	9526	0.010
For SCHSIZE, B02					
INTRCPT3, G020	160.248191	18.048821	8.879	9526	0.000
For ST004D01 slope, P1					
For INTRCPT2, B10					
INTRCPT3, G100	-21.093520	1.270638	-16.601	9086	0.000
For ESCS slope, P2					
For INTRCPT2, B20					
INTRCPT3, G200	153.334892	11.364019	13.493	189074	0.000

图 5-34 HLM 输出数据结果解读之一

然后，查看模型的随机效果（random effects），即计算控制变量所解释的方差比例。各个层面所解释的方差比例计算公式为：（空模型方差－控制变量模型方差）/空模型方差。根据图 5-35，

学生层面所解释的方差 ＝（5853.12769-5673.13817）/5853.12769 ≈ 3.08%；

学校层面所解释的方差 ＝（2636.45795-1793.96035）/2636.45795 ≈ 31.96%；

国家层面所解释的方差 ＝（2734.70931-1289.66547）/2734.70931 ≈ 52.84%。

Final estimation of level-1 and level-2 variance components:

Random Effect		Standard Deviation	Variance Component	df	Chi-square	P-value
INTRCPT1,	R0	42.35517	1793.96035	9483	72372.35720	0.000
level-1,	E	75.32024	5673.13817			

Final estimation of level-3 variance components:

Random Effect		Standard Deviation	Variance Component	df	Chi-square	P-value
INTRCPT1/INTRCPT2,	U00	35.91191	1289.66547	42	5011.36159	0.000

图 5-35　HLM 输出数据结果解读之二

Model 3：仅含学生层面变量的模型

该模型的目的是检测学生变量的显著度，保留显著变量以便下一步分析。

①模型搭建及运行

流程如图 5-36：先把全部学生变量放入空模型跑一次，如果有不显著的变量就剔除，重新跑剩余的显著变量，直到所有变量都显著为止。

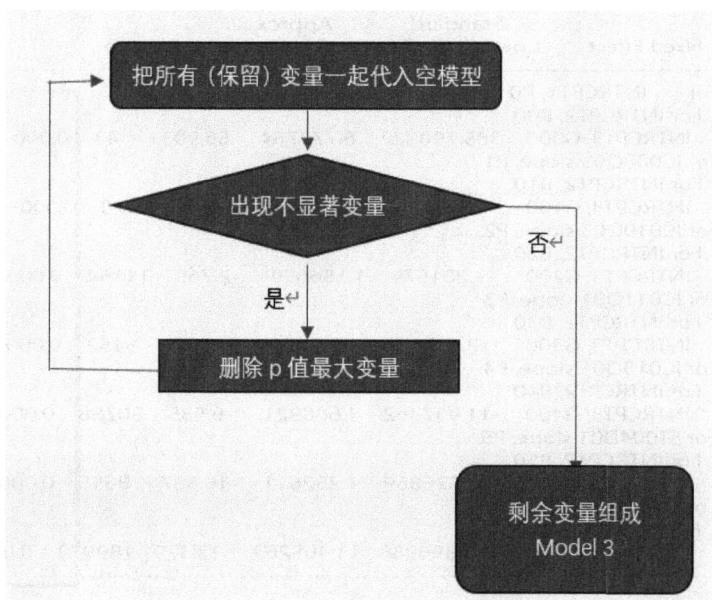

图 5-36　HLM 模型运行操作步骤之一

如图 5-37，点击变量并选择"delete variable from model"可将变量从模型中去除。包含所有学生变量的模型，点击"Run Analysis"运行。可将生成的 11 个文件存入新建的文件夹"Model 3"。

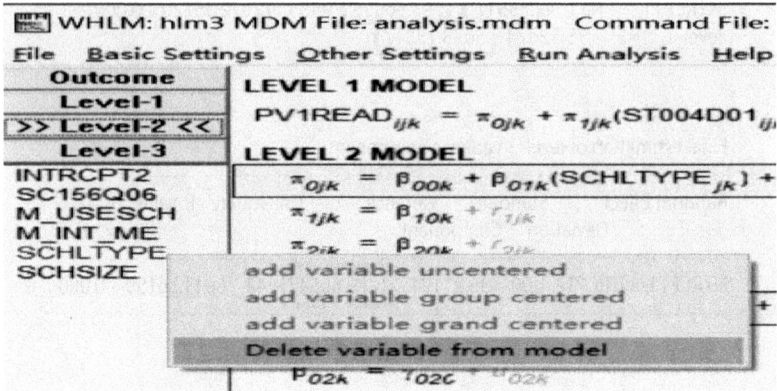

图 5-37　HLM 模型运行操作步骤之二

②输出结果解读

如图 5-38，所有学生层面变量 p 值都小于 0.05，即都显著，因此全部保留。

```
Final estimation of fixed effects
(with robust standard errors)
------------------------------------------------------------
                        Standard      Approx.
Fixed Effect   Coefficient  Error   T-ratio  d.f.  P-value
------------------------------------------------------------
For      INTRCPT1, P0
  For INTRCPT2, B00
    INTRCPT3, G000  385.790822  6.779764  56.903    43   0.000
For IC008Q03 slope, P1
  For INTRCPT2, B10
    INTRCPT3, G100    4.259172  0.914046   4.660  2610   0.000
For IC010Q03 slope, P2
  For INTRCPT2, B20
    INTRCPT3, G200   -3.281579  1.186659  -2.765 11164   0.006
For IC011Q01 slope, P3
  For INTRCPT2, B30
    INTRCPT3, G300  -12.437320  1.350878  -9.207  5152   0.000
For IC013Q05 slope, P4
  For INTRCPT2, B40
    INTRCPT3, G400  -11.037362  1.688921  -6.535 30788   0.000
For ST004D01 slope, P5
  For INTRCPT2, B50
    INTRCPT3, G500  -20.526869  1.252611 -16.387  8655   0.000
For   ESCS slope, P6
  For INTRCPT2, B60
    INTRCPT3, G600  153.396988 11.465263  13.379 18907 3 0.000
------------------------------------------------------------
```

图 5-38　模型输出结果解读

Model 4：包含学生和学校层面变量的模型

该模型与 Model 3 的目的和流程类似，为的是检测学生及学校变量的显著度，保留显著变量以便下一步分析。建好的模型如图 5-39 所示，点击"Run Analysis"运行。可将生成的 11 个文件存入新建的文件夹"Model 4"。

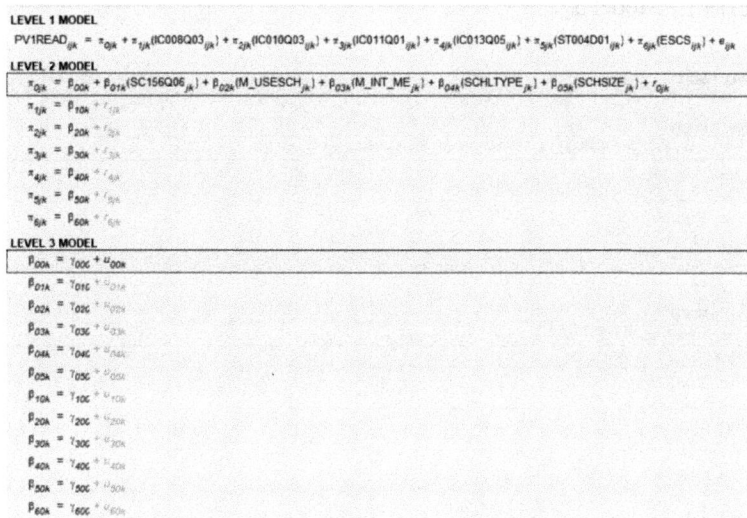

图 5-39　检测学生及学校变量的显著性操作步骤之一

如图 5-40，输出结果显示 SC156Q06 与 M_USESCH 两个学校变量不显著。因此，将这两个变量从模型中移除，直到结果显示所有变量皆显著，全部保留。重新运行后的输出文件可存入文件夹"Model 4.1"。

图 5-40　检测学生及学校变量的显著性操作步骤之二

Model 5：完整模型

该模型包括所有经过前期检验显著的学生、学校、国家层面的自变量和控制变量。

①模型搭建及运行

搭建好的模型如图 5-41 所示。点击"Run Analysis"运行，可将生成的 11 个文件存入新建的文件夹"Model 5"。

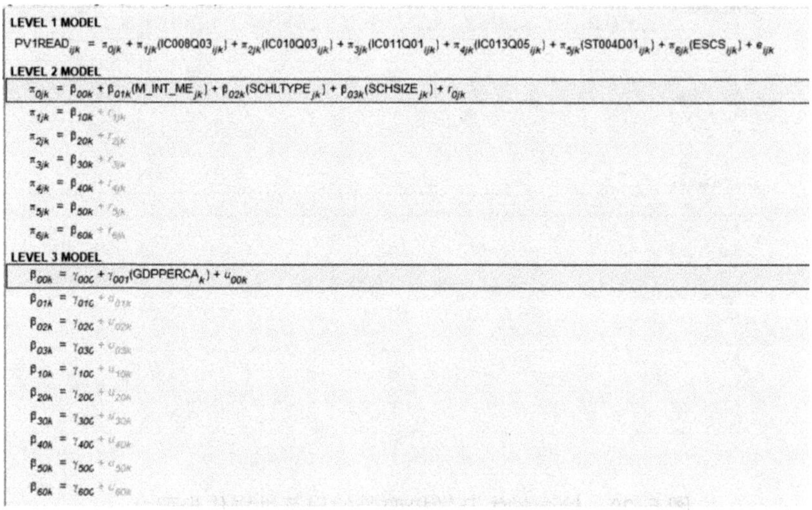

LEVEL 1 MODEL

$$PV1READ_{ijk} = \pi_{0jk} + \pi_{1jk}(IC008Q03_{ijk}) + \pi_{2jk}(IC010Q03_{ijk}) + \pi_{3jk}(IC011Q01_{ijk}) + \pi_{4jk}(IC013Q05_{ijk}) + \pi_{5jk}(ST004D01_{ijk}) + \pi_{6jk}(ESCS_{ijk}) + e_{ijk}$$

LEVEL 2 MODEL

$$\pi_{0jk} = \beta_{00k} + \beta_{01k}(M\_INT\_ME_{jk}) + \beta_{02k}(SCHLTYPE_{jk}) + \beta_{03k}(SCHSIZE_{jk}) + r_{0jk}$$
$$\pi_{1jk} = \beta_{10k} + r_{1jk}$$
$$\pi_{2jk} = \beta_{20k} + r_{2jk}$$
$$\pi_{3jk} = \beta_{30k} + r_{3jk}$$
$$\pi_{4jk} = \beta_{40k} + r_{4jk}$$
$$\pi_{5jk} = \beta_{50k} + r_{5jk}$$
$$\pi_{6jk} = \beta_{60k} + r_{6jk}$$

LEVEL 3 MODEL

$$\beta_{00k} = \gamma_{000} + \gamma_{001}(GDPPERCA_k) + u_{00k}$$
$$\beta_{01k} = \gamma_{010} + u_{01k}$$
$$\beta_{02k} = \gamma_{020} + u_{02k}$$
$$\beta_{03k} = \gamma_{030} + u_{03k}$$
$$\beta_{10k} = \gamma_{100} + u_{10k}$$
$$\beta_{20k} = \gamma_{200} + u_{20k}$$
$$\beta_{30k} = \gamma_{300} + u_{30k}$$
$$\beta_{40k} = \gamma_{400} + u_{40k}$$
$$\beta_{50k} = \gamma_{500} + u_{50k}$$
$$\beta_{60k} = \gamma_{600} + u_{60k}$$

图 5-41　HLM 模型搭建及运行

②输出结果解读

完整模型的结果解读分为两部分：固定效果（系数、t 值、p 值）与随机效果（所解释的方差）。

如图 5-42，系数代表了所选变量对因变量阅读成绩的影响，t 值和 p 值代表了影响的显著性。本例中所有变量的影响都为显著。

然后，查看模型的随机效果，即计算变量所解释的方差比例。与空模型 Model 1 相比较，各个层面所解释的方差比例计算公式为：（空模型方差－完整模型方差）/空模型方差，代表整个模型的解释能力。根据图 5-43，

学生层面所解释的方差 ＝（5853.12769-5641.29264）/5853.12769 ≈ 3.62%；

学校层面所解释的方差 ＝（2636.45795-1724.12117）/2636.45795 ≈ 34.60%；

国家层面所解释的方差 ＝（2734.70931-1226.16881）/2734.70931 ≈ 55.12%。

通过与 Model 2 所解释的方差比例相比较，可以清楚地看到排除控制变量的影响后模型的解释能力。在本例中，

Final estimation of fixed effects
(with robust standard 系数

t值   p值

Fixed Effect	Coefficient	Standard Error	Approx. T-ratio	d.f.	P-value
For INTRCPT1, P0					
For INTRCPT2, B00					
INTRCPT3, G000	349.469368	9.177007	38.081	42	0.000
GDPPERCA, G001	113.453896	39.134882	2.899	42	0.006
For M_INT_ME, B01					
INTRCPT3, G010	-41.658451	4.577119	-9.101	6344	0.000
For SCHLTYPE, B02					
INTRCPT3, G020	9.183787	3.456854	2.657	9525	0.008
For SCHSIZE, B03					
INTRCPT3, G030	152.530069	17.331613	8.801	9525	0.000
For IC008Q03 slope, P1					
For INTRCPT2, B10					
INTRCPT3, G100	4.238467	0.908235	4.667	2543	0.000
For IC010Q03 slope, P2					
For INTRCPT2, B20					
INTRCPT3, G200	-3.211237	.180460	-2.720	10880	0.007
For IC011Q01 slope, P3					
For INTRCPT2, B30					
INTRCPT3, G300	-12.476182	1.339581	-9.313	4999	0.000
For IC013Q05 slope, P4					
For INTRCPT2, B40					
INTRCPT3, G400	-10.662294	1.701667	-6.266	3033	0.000
For ST004D01 slope, P5					
For INTRCPT2, B50					
INTRCPT3, G500	-20.463837	1.255398	-16.301	8674	0.000
For ESCS slope, P6					
For INTRCPT2, B60					
INTRCPT3, G600	151.698005	11.567058	13.115	18969	0.000

图 5-42   HLM 模型输出结果解读之一

Final estimation of level-1 and level-2 variance components:

Random Effect	Standard Deviation	Variance Component	df	Chi-square	P-value
INTRCPT1, R0	41.52254	1724.12117	9482	70637.70595	0.000
level-1, E	75.10854	5641.29264			

Final estimation of level-3 variance components:

Random Effect	Standard Deviation	Variance Component	df	Chi-square	P-value
INTRCPT1/INTRCPT2, U00	35.01669	1226.16881	42	4986.30425	0.000

图 5-43   HLM 模型输出结果解读之二

学生层面：3.62% - 3.08% = 0.54%；

学校层面：34.60% - 31.96% = 2.64%；

国家层面：55.12% - 52.84% = 2.28%。

可见在示例中本模型解释力有限，这是因为本单元主要目的是讲解操作，选取的变量不够全面且并非基于特定研究问题。在有较强理论支撑的正式研究中，模型的解释能力会更高。

小节练习

一、单项选择题

测试题 1：在制作 HLM 文件时，打开 HLM，选择 "File" —"Make new MDM file" —"Stat package input"，然后勾选（　）。

A. HLM2

B. HLM3

C. HMLM

D. HMLM2

测试题 2：空模型，也叫零模型，即只包含（　）变量的随机 ANOVA 模型。该模型是 HLM 分析的基础，通过计算各个层次上的方差，验证数据是否适合进行多层次分析。

A. 因变量

B. 自变量

C. 控制变量

D. 以上均是

测试题 3：在分析三层数据时，导入 level 1.sav 文件后，点击 "Choose variables" 按钮以选择变量。在弹出菜单中，为所有的学生层面变量勾选（　）。

A. L3id

B. L2id

C. L1id

D. in MDM

测试题 4：在设置学生权重时。在 Estimation Settings 菜单框中点击 "Weighting" 按钮，在（　）下拉菜单中选择 "W_FSTUWT"。

A. Level-1 Weight

B. Level-2 Weight

C. Level-3 Weight

D. 以上均是

测试题 5：对于模型的结果解读，在模型的固定效果部分（fixed effects）检查控制变量的 p 值，（　）即为显著。

A. 小于 0.05

B. 小于 0.138

C. 大于 0.05

D. 大于 0.138

二、填空题

测试题 6：数据导入后，必须检查导入后的文件与源文件的描述性统计数据是否一致。点击"_____"后，弹出导入文件的描述性统计数据。

测试题 7：对于多层线性模型的结果解读，完整模型的结果解读分为两部分：_____（系数、t 值、p 值）与_____（所解释的方差）。

测试题 8：系数代表了所选变量对因变量阅读成绩的影响，t 值和 p 值代表了_____。

测试题 9：各个层面所解释的方差比例计算公式为：_____，代表整个模型的解释能力。

三、简答题

测试题 10：请简述多层线性模型总方差及更层次方差计算方法。

测试题 11：请简述用 SPSS 合并文件的主要操作步骤。

测试题 12：请简述在运行多层线性模型时，如果出现不显著变量应该如何处理。

测试题 13：请简述运行三层的数据分析时，HLM 模型的主要搭建步骤。

第四节　多层线性模型参数估计及模型检验

最大似然估计方法作为参数估计、回归系数、截距方差和斜率方差检验最常用的方法之一，能够明确地使用概率模型，以寻找能够以较高概率产生观察数据的系统发生树。本节对最大似然估计方法进行非技术的解释，旨在帮助读者理解当前软件显示的研究估计并对此做出明确的决定。此外，本节简要介绍和比较最大似然估计方法的几种替代方法，包括广义最小二乘及经验贝叶斯估计方法等。与此同时，本节简要讨论自举法的特征，及用于改进参数估计和标准误差的优势，并在最后提供可以用于检验特定参数假设的基本步骤。

一、最大似然估计法

最大似然估计，或极大似然估计（Maximum Likelihood, ML）方法是多层线性模型中一种通用的估计程序，用于对总体参数进行估计，在给定模型的情况下，使观测实际观测数据的概率（产生"最大似然"）最大化（Eliason, 1993），即一种基于"模型已定，参数未知"的估计方法。Stiratelli et al.（1984）及 Wong & Mason（1985）是最早使用最大似然值估计法来解决问题的开拓者。Goldstein（1991）和 Longford（1993）开发了最大似然估计软件，使该方法可用于几种类型的离散结果及两层和三层模型。然而，Breslow & Clayton（1993）及 German & Rodriguez（1995）的研究结果表明，这种近似在某些条件下可能非常不准确。此外，Goldstein（1995）提出了一个二阶近似。Hedeker & Gibbons（1996）及 Pinheiro & Bates（1995）使用自适应高斯求积法对最大似然值估计进行了精确的近似，这些方法现在分别在 Mixor 和 SAS Proc Mixed 软件包中得到了实现。另一种通常准确且计算方便的近似方法是使用高阶拉普拉斯变换（Raudenbush et al., 2000），这种方法可以在 HLM 程序中实现。

最大似然估计方法的优势之一是其稳健性，即所得到的估计是渐近的、有效的和一致的。对于大样本，最大似然值估计是通过最大化似然函数来实现的，因而在轻微违反假设（如有非正态误差）的情况下，通常能保持稳健。在多层线性建模中，似然估计主要分为两种。一种是完全最大似然估计，涉及似然函数中的回归系数和方差分量。另一种称为约束最大似然估计，只考虑方差分量，在第二步估计中估计回归系数。两种方法都产生带有相关标准误差和总体模型偏差的参数估计，为似然函数。

完全最大似然估计在估计变量分量时，将回归系数作为固定的未知数参考，但不考虑估计固定效应时损失的自由度。约束极大似然估计的对象则是该模型中排除固定效应后的方差分量。因此，完全最大似然估计对于方差分量的估计是有偏差的，相比之下，约束极大似然估计的偏差较小。此外，如果群体是均衡的（具有相同的群体规模），约束极大似然估计等价于最优的方差分析（ANOVA）估计。

理论上，约束最大似然估计更能提供准确的估计，尤其是当组数较少时，如果我们将数据的仅截距模型的完全最大似然估计与相应的约束最大似然估计进行比较，两种差异较小，如果发现重要差异，约束最大似然法通常表现更好（Browne, 1998）。但是，完全最大似然估计之所以仍在应用，是因为它相较于约束最大似然估计有两个优点：首先，它通常很容易计算；其次，由于回归系数包含在似然函数中，基于似然的总体 Chi-suqaresquare 检验可用于比较固定部分中的两个不同模型，即回归系数。对于约束最大似然，只有随机部分的差异（方差分量）可以与该测试进行比较。

计算最大似然估计需要一个迭代过程。开始时，计算机程序为不同的参数生成合理的起始值参数（在多水平回归分析中，这些参数通常基于单水平回归估计）。在下一步中，计算程序试图细化起始值以产生更好的估计值。第二步重复（迭代）几次，在每次迭代之后，程序检查估计值与前一步相比实际发生的变化，如果变化很小，则程序认为估计量已收敛且正确完成。然而，软件有时也会出现计算问题，对于使用迭代最大似然法的程序，并不总是能保证迭代过程的停止，对于某些模型和数据集，程序可能会经历无休止的一系列迭代，而这些迭代只能通过停止程序来结束。如果在该限制范围内未达到收敛，则可使用更高的最大似然重复计算。如果计算不收敛，经过大量迭代之后，我们可以推断该模型永远不会收敛。对于这种不收敛的模型，常见的解释是，问题之一在于模型本身，一个不收敛的模型是一个不合理模型，即如果没有找到估计值，模型相当于无效。然而，问题也可能出在数据上，特别是对于小样本数据，即使模型有效，估计也可能失败。此外，若有更好的计算机算法或更好的起始值，我们甚至有可能找到可接受的估计值。然而，经验表明，如果一个程序不能收敛到一个合理大小的数据集，往往是出现了严重的模型错误。在多层线性模型分析中，由于估计了太多实际上接近或等于零的随机（方差）分量，模型往往会出现不收敛的情况。而解决方法是通过省略一些随机变量来简化模型，一般来讲，非收敛估计可以提供有关忽略随机变量的建议。

二、广义最小二乘法

广义最小二乘法（GLS）是普通最小二乘法（OLS）的扩展，指变换原回归模型，使变换后模型的随机误差项消除自相关，进而用普通最小二乘法估计回归参数。即通过最小化误差的平方和寻找数据的最佳函数匹配，利用最小二乘法简便地求得未知的数据，并使得这些求得的数据与实际数据之间误差的平方和为最小，主要考虑到异质性和不同观测值的差异问题。在抽样方差方面，广义最小二乘法估计与最大似然值估计相似，且一般是等价的。Goldstein（2003）将迭代次数限制为一次，发现通过最大似然法可以得到"期望广义最小二乘法"估计值。由于广义最小二乘估计值的计算速度明显快于完整最大似然法估计，因此在计算大数据集使用梯度时，广义最小二乘估计可以作为最大似然估计值的替代方案。与此同时，当最大似然估计程序不能收敛时，也可以使用该估计方法。

广义最小二乘法直接从残差估计多层模型随机部分的方差和协方差，因此计算速度快于完全最大似然估计。多级数据中的嵌套和层级关系通常可以由一个简单的广义最小二乘法模型来解释，例如，对于群体中的个人，假设同一群体中的受访者都具有同等的相关性。在重复测量中，可以先假设一个简单的自相关结构，获得方差分量估计值后，通过广义最小二乘法估计固定回归系数，稳定标准误差以消除随机结构的近似估计。Raudenbush & Bryk（2002）主要基于最大似然估计的多水平单位特定模型旨在对预测变量的影响进行建模，同时为不同水平的其他预测变量及模型中的随机效应提供统计控制。相比之下，主要基于 GEE 估计的人口平均模型控制其他预测变量，但不控制随机效应。在估计非线性模型时，GEE 估计不同于最大似然估计。例如，在仅截取逻辑回归模型中，重复类的总体平均概率可以从截取的总体平均值估计。单位截距通常不用于计算这种概率。例如，如果问题是集团层面的变化，则在使用二级变量对一级效应差异进行建模时，适合采用特定于机组的模型。如果我们只对一级变量的平均效应的人口估计感兴趣，例如男孩和女孩在复学概率方面的国家差异，那么人口平均模型是合适的。根据 Goldstein（2003），GEE 估计的效率低于完整的最大似然估计，但其关于多层模型随机部分的假设较弱。如果正确指定了模型的随机部分，则最大似然估计更有效，基于最大似然（ML）的标准误差通常小于基于 GEE 的稳健标准误差。如果随机部分的模型不正确，则基于 GEE 的估计仍与稳健标准误差一致。因此，如果样本量相当大，GEE 估计对模型随机部分的错误指定具有鲁棒性，包括违反正态性假设。但 GEE 方法的一个缺点是它近似于随机效应结构，不能详细分析随机效应。因此，大多数软件选择估计完整随机部分的非结构化协方差矩阵，从而无法估计截距斜率的随机效应。

三、贝叶斯分析方法

贝叶斯分析方法（Bayesian Analysis）提供了一种计算假设概率的方法，这种方法基于假设的先验概率、给定假设下观察到不同数据的概率及观察到的数据本身。其方法为：综合关于未知参数的先验信息与样本信息，再根据贝叶斯公式得出后验信息，并根据后验信息推断未知参数。这一方法通过将潜在值的分布归因于贝叶斯统计中模型参数的总体值，解释关于模型参数总体值的一些不确定性。因为这种分布独立于数据设置，被称为先验分布。当先验分布与数据的可能性配对时，就产生了后验分布，而后验分布代表了研究人员在研究数据后对总体价值的不确定。

一般来说，后验分布的方差低于前验分布的方差，这意味着观测数据减少了对总体可能值的不确定性。我们有两种优先分配选择：信息优先或非信息优先。具有适度变化的峰值分布意味着对未知总体参数的强烈信念，称为信息先验。当然，信息丰富的过去知识将对后验分布产生重大影响，从而对研究结果产生重大影响。因此，许多统计学家更喜欢非信息性或扩散性先验，它们只是用来生成后验概率，对后验概率没有影响。均匀分布是非信息先验的一个例子，它本质上断言未知参数值是介于正负无穷大之间的整数，并且所有值的可能性相等。

如果后验分布具有一定顺序，如正态分布，则可用于构造点估计和总体参数的置信区间。然而，在复杂的多变量模型中，后验分布通常是一个复杂的多变量分布，这使得直接从后验分布生成参数估计和置信区间具有很大挑战性。为此，可以使用模拟技术从位置分布生成随机样本，然后利用模拟后验分布提供点估计，例如模拟值的模式或中值及置信区间。

总之，贝叶斯方法提供了一种合理的替代方法，即准确的参数估计，并能够预测与之相关的不确定性（Goldstein, 2003）。在这些情况下，标准误差往往比最大似然误差更为真实。此外，通过提供每个感兴趣参数的后验分布，贝叶斯方法提供了关于研究问题的各种有趣的图形和数字证据摘要。但是，它们的计算要求很高，必须对其模拟进行监控，以确保其正常工作。

四、自举法

自举法的基本思想是对现有的数据，不断随机取小的样本，对每个小样本数据进行处理，得到估计值，从而了解估计值的分布。自举法是一种重新取样的方法，从现有的样本数据中独立取样，并替换相同数量的样本，在这些重新取样的数据中进行推断。

一般来说，自举法包括以下步骤：

首先，如图 5-44 所示从总体中抽取一个样本，样本量为 n；

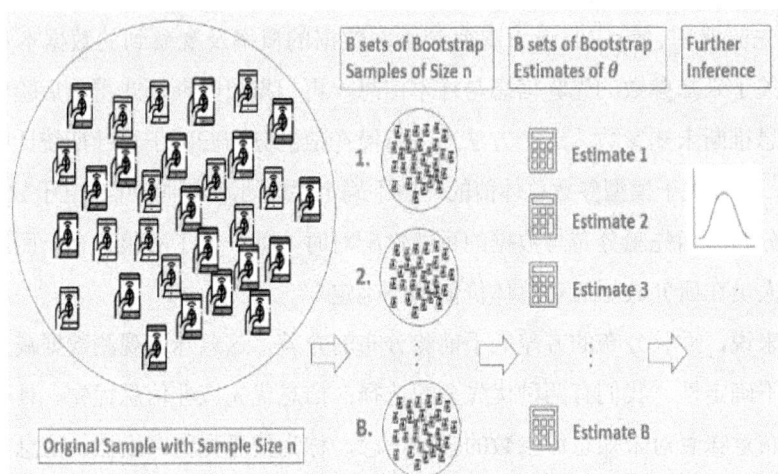

图 5-44　自举法操作步骤

其次，从样本数据中抽取一个大小为 n 的替换样本，并复制 B 次，每个重新抽取的样本称为 Bootstrap 样本，总共会有 B 个 Bootstrap 样本。

再次，对每个 Bootstrap 样本评估 θ 的统计量，将有总共 B 个 θ 的估计值。

最后，用这 B 个 Bootstrap 统计量构建一个抽样分布，并利用它来做进一步的统计推断，例如：估计 θ 的统计学标准误差，获得 θ 的置信区间等。

可以看到，我们通过对现有样本的重新取样，产生了新的数据点，并能仅仅根据这些新的数据点进行推断。在自举过程中，我们重复选择随机样本并替换观察数据。在每个随机样本中，通常使用估计的模型参数、FML 或 RML 最大似然估计。此过程重复 B 次，即对每个模型参数进行一组 B 参数估计，并将这些 B 估计值的方差作为与从完整样本获得的参数估计值相关的抽样方差的指标。由于自举法样本是通过对总样本进行重新采样获得的，因此自举法属于重采样方法的通用术语（Good, 1999）。自举法可用于改进点估计和标准误差，一般来说，需要至少 1000 个引导样本才能获得足够的准确性，这使得该方法在计算上要求很高，但比上一部分讨论的贝叶斯方法要求要低。

小节练习

一、单项选择题

测试题 1：对于最大似然估计方法，（　　）提出了二阶近似方法。

A. Goldstein

B. Stiratelli, Laird, and Ware

C. Breslow and Clayton

D. Eliason

测试题 2：对于（　　）模型估计，在估计变量分量时，将回归系数作为固定的未知数参考，但不考虑估计固定效应时损失的自由度。

A. 约束最大似然估计

B. 完全最大似然估计

C. 广义最小二乘法

D. 自举法

测试题 3：由于（　　）的计算速度明显快于完整最大似然估计，因此在计算大数据集使用梯度时，（　　）可以作为完整最大似然估计的替代方案。

A. 广义最小二乘估计

B. 限制最大似然估计

C. 自举法

D. 经验贝叶斯统计

测试题 4：贝叶斯分析方法提供了一种计算假设概率的方法，这种方法是基于假设的（　　）、给定假设下观察到不同数据的概率及观察到的数据本身得出的。

A. 先验概率

B. 后验分布

C. 未知参数

D. 总体参数

测试题 5：（　　）可用于改进点估计和标准误差。一般来说，需要至少 1000 个引导样本才能获得足够的准确性，使得该方法在计算上要求很高。

A. 广义最小二乘估计

B. 限制最大似然估计

C. 自举法

D. 经验贝叶斯统计

二、填空题

测试题 6：最大似然估计方法是多层线性模型中的一种通用的估计程序，它用于对_____进行估计，在给定模型的情况下，使观测实际观测数据的概率最大化。

测试题 7：Hedeker & Gibbons（1993）及 Pinheiro & Bates（1995）使用_____对最大似然值估计进行了精确的近似。

测试题 8：对于大样本，最大似然值估计是通过最大化似然函数来实现的，因而在_____的情况下，通常能保持稳健。

测试题 9：贝叶斯分析方法将关于_____与样本信息综合，再根据贝叶斯公式，得出后验信息，然后根据后验信息去推断未知参数。

测试题 10：在自举过程中，重复选择_____并替换观察数据。

三、简答题

测试题 11：请简述最大似然估计中，完全最大似然估计和限制性最大似然估计的区别。

测试题 12：请简述最大似然估计的迭代过程。

测试题 13：请简述先验分布和后验分布的差别。

第五节　多层线性模型与全球教育治理

一、多层线性模型优势特点

多层线性模型（Hierarchical Linear Model, HLM）是目前国际上较前沿的一种社会科学数据分析的理论和方法，其产生有利于克服传统回归分析方法的局限性及弊端。近年来,越来越多的研究开始采用多层线性模型的分析方法,显示出其在研究中的独特优势。

传统的线性回归模型在处理不同层次变量之间的关系时，采用散记和合计的方法，假设变量间存在线性关系，变量总体上服从正态分布，方差齐性，个体间随机误差相互独立。前两个假设较易保证，但违反回归的独立性假设，也会产生合计误差。例如，在研究中，可以假设不同班级的学生相互独立，但是同一班级的学生由于受相同班级变量的影响，很难保证相互独立。多层线性回归模型是专门用于分析不同层次变量之间关系的工具，可以估计各层次的效果，以及各层次所能够解释的变异量，同时可以解决散记和合计过程中产生的误差问题。

针对多层嵌套的数据，比如在对学校的学生进行的研究中，收集到的变量可以分为一定的层次：首先是学生本身的变量，比如学习动机、学习策略、学生年龄等；其次是有关班级的变量，例如班级人数、男女生比例等；最后是学校的变量，比如学校教育资源、学校地理位置、学校种类等。这就构成了一种多层嵌套的数据结构，传统回归方法在处理这种多层嵌套数据主要有以下两种变通的方法：

其一是基于个体水平的分析，即直接把来自不同组的数据进行合并，在个体层次上进行分析，以获得对个体整体状况的了解。将所有更高一层的变量都视为第一水平的变量，直接在学生个体水平上对数据进行分析。这样做存在的问题是：班级变量对同一个班级内的学生有相同的影响，不同班级学生对应不同的班级变量；若不区分班级对学生的影响，假设同一班级的学生间相互独立，这是不合理的，同样对不同班级的学生和相同班级的学生做同一假设也是不合理的。该方法放弃考虑不同组之间的差异，使得很多本来由分组带来的差异被解释为个体的差异。

其二是基于组水平的分析，把个体的数据以均数或其他形式放到更高一层变量的分析中，即将第一水平变量的测量直接合并为第二水平变量的估算测量，仅仅考虑组水平的因素对因变量的影响，而不考虑个体差异因素的作用。例如，在教育研究中，直接对第二层的班级层面数据进行分析，而不考虑学生个体因素的影响。该方法的主要问题是丢失了班级内学生个体间的差异的信息，而这一部分的变异有可能占总变异中很大的一部分。该传统回归分析方法虽然在一定程度上可以反映组因素的作用，但放弃了对个体差异的解释，从而使得很多结论缺乏说服力。

显而易见，上述两种分析方法都有可能得到不同的研究结果，在对研究结果的解释上也很不一致。但是基于上述讨论，两种方法都有一个共同点：它们都没有考虑到数据间分层的特点，从而有可能对数据结果做出不合理的，甚至是错误的解释。这就是传统回归分析方法在分析具有结构层次的数据时的局限性。而多层线性模型的优势主要体现在两个方面：一是克服了传统回归分析方法在分析多层数据嵌套时的局限性；二是为历时研究或重复测量研究引入了新方法。

例如，检验之前的假设涉及城市和省两级的数据，其中，城市嵌套在省内。对于多层嵌套数据，传统的回归方法通常有两种处理方法：一种是将省、市变量作为同一层次的变量，直接在市一级对数据进行分析。这种方法存在的问题是，假设同一省份的城市相互独立是不合理的，假设不同省份的城市样本和同一省份的城市样本相同也是不合理的。另一种方法是将城市层面的数据直接合并到省级层面的数据中，然后在省级层面进行分析。这种方法的缺点是，它丢失了省内各个城市之间的差异信息，这些信息在实际评估中可能占总差异的很大一部分。这两种方法可能产生不同的结果，并可能以不同的方式解释结果，因为它们没有考虑数据的层次性。这种忽视可能会导致对数据结果的不合理的甚至是错误的解释，这是传统回归分析方法在分析具有分层特征的数据时不可避免的局限性（张雷等，2003）。

相对于传统回归分析方法，多层线性模型的参数估计方法在原理上与进行两次回归的方法相似，但二者的统计估计和验证方法不同，并且多层线性模型的参数估计方法更为稳定。因此多层模型的应用范围也相对广泛，凡是具有嵌套和分层的数据均可使用多层线性模型来进行分析。与传统的用于处理多元重复测量数据的方法相比，该模型具有对数据资料要求低的特点。

第一，多层线性模型通过考察个体水平在不同时间点的差异，能够明确表示个体在第一层次中的变化情况，可以通过定义第一层次和第二层次的随机变异解释个体随时间的复杂变化情况，在将不同水平的预测因子保持在适当的分析水平的同时，通过在个体水平上同时估计这些预测因子对结果变量的影响，来明确分析数据的嵌套性质、考虑更高一层次的变量对于个体增长的影响等。因而其对于数据的解释（个体随时间的增长趋势）是在个体与重复观测交互作用基础上的解释，不仅包含不同观测时点的差异，也包含个体之间存在的差异。

第二，多层线性模型能够使研究者利用总体数据，通过贝叶斯估计来改进低水平变量的系数估计值，这对估计高水平变量的固定效应具有重要意义（Raudenbush et al., 2004）。在使用多层线性模型、广义最小二乘法（而不是普通最小二乘法）估计高层变量的固定效应时，多层线性模型为更可靠和准确的低层估计提供更大的权重。这是传统回归方法（如协方差分析）无法实现的。

第三，多层线性模型可以通过定义重复观测变量之间复杂的协方差结构，对不同协方差结构进行显著性检验，并通过定义不同数据水平的随机差异，清楚地解释个体随时间变化的复杂情况。例如，就个体之间的差异而言，HLM 模型假设不同观察时间的研究对象与测量因子之间的个体异质性有关，生成模型中的随机回归系数集，如用随机截距反映不同初始水平个体结果的测量值、用时变随机斜率反映个体结果随时间变化的差异率，从而引入个体特异性效应来处理个体间异质性问题。从个体内差异的角度出发，可以在模型开始时建立适当的残差方差—协方差结构来处理数据的序列相关性。

多层线性模型还可以用于纵向研究，如采用多层分析的方法处理重复测量数据与时间变量之间的关系，在多层结构中可以对非平衡测量数据得到参数的有效估计。因而在使用多层线性模型处理重复测量的数据时，不要求所有的观测个体有相同的观测次数。考虑到在纵向调查研究中，由于各种各样的原因，会存在被试个体观测值部分缺失的情况，而多层线性模型可以在不影响参数估计精度的情况下有效处理缺失数据，这一特征使得其在处理纵向观测数据时，与传统的用于处理多元重复测量数据的方差分析和回归分析方法相比更为准确。

但是多层分析模型也有缺点，比如用于多层分析模型的参数估计方法较传统估计参数的方法要复杂得多，而且不能处理变量之间间接的影响关系，以及复杂的观测变量和潜变量之间的关系，此时可以采用中介分析和多层线性模型方法。

二、多层线性模型在全球教育治理中的应用

全球教育治理是全球化时代全球教育管理的理念和方法，也是未来教育发展的趋势之一，全球性教育问题，如学习危机、全球公民教育等，依然存在，呈现出复杂的形势和客观全球化的教育理念。因此积极整合和发挥国际组织和个人的力量，协调不同的利

益冲突和需求，实现全球教育领域的治理与优化至关重要。

经济合作与发展组织作为全球教育治理的主要机构，主要通过组织强大的专家和学者团队收集学校数据，并对学生和教师在其成员的教育体系中实施大规模的跨国比较测试，如国际学生能力评估规划（PISA），同时发表年度教育政策分析报告和教育概览，其中载有主要的教育指标，以发现和推广各国（地区）教育的成功经验。经济合作与发展组织通过扩大 PISA 考试的内容和范围，加强了其在全球教育治理中的影响力；通过覆盖更多的国家和地区，加强了 PISA 报告的解读能力。各国（地区）都在根据 PISA 考试成绩和报告制定教育指标和审查教育政策，这为全球的教育卓越化提供了途径，引导着快速发展的全球化进程。PISA 已成为经济合作发展组织参与全球教育治理最重要的工具之一。

随着信息技术和互联网的飞速发展，在信息技术、大数据和人工智能的支持下，全球教育治理通过共享全球教育相关数据、资料和信息，推动着全球教育信息化、智能化治理的发展，这不仅从根本上改变了人类的生活方式和工作方式，对人类社会的治理也有着重要的意义。因此，将大数据引入全球教育治理领域，将更容易、更有效地收集全球教育信息，在此基础上进行分析，将大大提高世界教育研究的效率和科学性。PISA 等全球教育治理数据呈现了海量、多层和多维等特性，传统研究方法逐渐难以无法满足数据分析的要求，因而将多层线性模型方法引入全球教育治理的理念逐渐受到了教育界的广泛关注。本节主要综合以往多层线性模型在 PISA 领域应用的文献，如应用多层线性模型对学生阅读素养、数学素养、科学素养的评估，探究来自多层次数据结构，例如学生个体因素、家庭因素、学校因素、国家社会背景因素的综合影响及存在的问题，详细说明了多层线性模型在全球教育治理领域的优势及应用。

一些研究者指出，学生的学业成绩，如阅读素养、数学素养、科学素养会受到不同因素的影响，这些因素既有个体因素，也有环境因素。根据以往的文献，PISA 阅读研究中涉及的因素可以分为四类：学生个人因素、学校因素、家庭因素和社会文化因素。学生个体因素主要集中在学生的性别差异、阅读策略的元认知意识、阅读动机、阅读时间等方面；学校因素主要涉及学校地理位置、教师质量和数量、教师教学方式、教育资源等情况；家庭因素涉及学生的家庭背景和家庭环境，例如父母的教育程度及社会经济地位（SES）等；社会文化因素可能与国家文化和社会背景有关。

在 PISA 研究领域，研究人员已经做出了大量的努力。考虑到所选择的数据结构是多层嵌套的关系，即学生层面的变量嵌套在学校层面的变量中，使用多层线性模型进行数据分析能够有效地综合个人因素与环境因素之间的相互作用，从多层次、多元化的角度深入探讨和分析影响阅读素养的因素及其具体影响。与传统回归分析方法相比，多层次线性模型具有更好的鲁棒性和稳健性，能够更准确地处理不同层级变量之间的相互作用关系，有效避免了传统回归分析方法造成的聚合型偏差，从而提高数据分析结果的准确性。本部分将简要概述近年来多层线性模型在 PISA 阅读研究中的应用，进一步深入挖掘学生因素、学校因素、家庭因素及社会文化因素对学生素养表现的不同影响。

1. 学生个体因素

Mak（2017）使用多层线性模型的研究方法，对 PISA 2009 中提取的数据进行分析，深入探讨性别差异对澳门学生阅读成绩的影响。该研究的两个发现分别来自理论和教学兴趣。首先，从学生培养的角度来看，阅读参与的三个方面（即学生阅读兴趣、阅读目标和阅读元认知策略）有效解释了学校层面的性别差异。其次，在男女同校的情况下，学生阅读动机更强烈，阅读兴趣更高，不同性别同伴对学生的阅读成绩有不同的影响。

同样，Nataila（2018）研究了学生性别因素与学生阅读、数学和科学成绩之间的关系。对来自 35 个经合组织成员、11527 名第二代移民的 PISA 数据库的研究表明，性别社会因素对女孩的数学素养有积极影响，并且父母对性别的认知情况会通过传递对认知技能的偏好进一步影响青少年的考试成绩。学生的阅读、数学和科学素养也会受到对女性经济机会和政治赋权的观念的影响。此外，性别社会观念会通过父母（或父母的社会网络）从性别不平等的国家（地区）传播到其他地方。女孩对数学的偏好低于男孩，而女孩的阅读能力优于男孩。如果这些国家（地区）性别观念更加平等，她们的阅读成绩往往也比男孩高。综上所述，研究结果揭示了一般性别刻板印象与学生考试成绩性别差异的相关性，表明父母的性别观念通过传递给孩子而进一步影响他们的学业成绩。

同样，Lau & Ho（2016）利用多层线性模型分析了 PISA 2009 中提取的数据，探索了学生层面的自我调节学习（SRL）与学生在 PISA 中的阅读素养之间的关系。结果表明，与其他经合组织成员相比，中国香港的学生在阅读课上表现出较好的阅读参与性，且阅读课堂气氛更为积极。但他们倾向于使用较少的阅读策略，这些策略被认为是促进学生阅读成绩提高的最重要的 SRL 组成部分。此外，研究者还调查了影响中国香港学生 SRL 和阅读成绩的相关文化和社会因素，为理解中国学习者的悖论和改进语文课堂教学实践提供了启示。

Kim et al.（2017）采用多层线性模型，根据来自韩国、日本和新加坡的 PISA 2012 结果，挖掘了低阅读水平学生的共同点和差异因素。根据 PISA 2012 结果分析报告，经合组织成员每四名 15 岁学生中就有一名以上未能达到阅读、数学和科学的基本水平。阅读是"受教育者"的基本能力，也是公共教育的关键目标 3R（即阅读、写作和数学）

之一，因此，阅读成绩的低下将对社会科学研究等其他学科产生不利影响。此外，研究结果表明，作为学生的终身学习技能和必备能力之一，阅读水平的低下也会对学生的未来发展产生负面影响，如升入高等学校或未来工作等。

David & Sonia（2012）采用两层的多层线性模型分析 PISA 2009 数据，其集中了来自 65 个国家（地区）的学生在阅读、数学和科学素养方面的性别差异，深入分析了不同层次之间的相互关系，探讨了学生认知能力的性别差异。例如，学生层面、学校层面变量如何影响学生的阅读成绩，以及对世界各国（地区）在阅读素养方面的差异进行比较分析。此外，尽管阅读、数学和科学及数学素养方面存在性别差距，这些差距往往更可能归因于先天的、内在的生理差异，而非受社会和文化因素的综合影响。与此同时，研究结果表明在美国，女生在阅读素养方面优于男生，相反，男生的数学成绩优于女孩。在科学素养方面，尽管美国在所有经合组织成员中表现出最大的性别差异，但经合组织成员之间的性别差异并不显著，对于非经合组织成员，女生的优势较小。此外，这项研究还探讨了导致这种性别差异的教育影响和社会影响及其调节机制。

2. 学校环境因素

自 1964 年《科尔曼报告》发表以来，关于学校与家庭背景在影响学生成绩方面的作用研究引起了广泛讨论。大量跨国研究也致力于分析学校环境对学生成绩的影响。

Huang & Sebastain（2015）采用了两层的多层线性模型，分析全球教育中学校层面因素，如学校的社会经济地位（SES）差距，对于学生学业成绩的作用，并比较了全球 61 个国家（地区）的 PISA 统计数据。基于 PISA 2012 年数据分析结果，研究人员发现学校社会经济地位（SES）差距对于学生学业成绩的作用较小，且学校的课堂环境和学校地理位置、学校种类等特定因素与学校的社会经济地位差距没有系统的、内在的联系。

Bo et al.（2015）利用多层线性模型，同时从两个层面比较芬兰和中国上海这两个在全球教育中表现出色的地方在教育效率方面的差异和相同点。该研究主要选取 14 个代表学生背景的预测因素，如学生的经济、社会文化地位和性别因素，以及学校层面的因素，如学校种类和教育资源。研究结果表明，芬兰教育系统在将给定的输入（特别是学生背景特征）转化为阅读成绩方面更为有效，而上海学校课堂氛围的总体状况对学生阅读素养有积极影响。

刘浩和翟艺芳（2020）通过分析 PISA 2018 统计数据，调查了中国四个代表地区（北京、上海、江苏、浙江）中处境不利学生的阅读素养的影响因素。该研究采用两层的多层线性模型，从多层面分析影响学生阅读素养的因素，首先发现学生层面的阅读兴趣、阅读策略、阅读目标，以及教师层面的教学方法、教学质量均对处境不利学生的阅读成绩有最显著的决定作用。其次，学校的经济、社会和文化状况，以及学校的地理位置、学校种类、学校教育资源等也对处境不利学生的阅读成绩有显著影响。最后，该研究针对处境不利学生存在的问题提出了针对性建议，即教师应注重教学策略的调整，更好地采用适用性教学策略和以学生为导向的教学方法，从而激发学生的阅读兴趣，引导学生正确使用阅读策略，从而帮助处境不利学生提高阅读素养。

3. 家庭因素

Ho（2010）使用多层线性模型分析调查了在以往的国际研究中表现优异的中国香港地区，探究了该地区家庭背景因素与学生科学素养之间的关系。数据主要基于 PISA 2006 数据库。研究结果发现，学生的科学素养表现（通过其科学成就和对科学的自我效能感来衡量）与家长投入和参与度显著相关，即使在控制了学生和学校的背景因素之后也是如此。与此同时，父母在文化资源方面的投资和在早期科学学习活动方面的参与度与学生的科学素养表现显著相关。该研究指出，在儿童早期提供的活动（例如，观看有关科学的电视节目，阅读有关科学发现的书籍，阅读科幻小说）都被证明是促进儿童科学素养和自我效能非常有效的活动。

4. 信息与通信技术因素

Skryabin et al.（2015）调查了国家信息通信技术发展水平及个人的信息通信技术使用情况对四年级和八年级学生的阅读、数学和科学素养成绩的影响。研究者采用两层的多层线性模型，分析来自 TIMSS 2011、PIRLS 2011 和 PISA 2012 数据集的国家和个人层面变量。研究结果表明，国家信息通信技术发展水平是四年级和八年级学生所有三门学科中个人学业成绩的显著的积极预测因素。此外，学生对于信息技术的使用也是对个人学业成绩的一个重要预测因素，但其影响在不同的学生群体和学科中不同，取决于信息通信技术的使用类型。

Hu et al.（2018）持有类似的观点，他们采用三层的多层线性模型对全球 44 个国家（地区）的 PISA 2015 的数据库进行分析，主要研究信息和通信技术的使用与学生的数学、阅读和科学素养之间的关系。研究结果表明，国家信息通信技术发展水平与所能提供的支持对学生学业成绩具有积极影响。此外，学生在学校使用信息通信技术与学业成绩呈正相关，而学生在家使用信息通信技术与学生学业成绩呈负相关。研究还发现，学生对信息通信技术的使用兴趣对其学业成绩的影响可能是消极的或者积极的。

同样，陈纯瑾（2016）在教育生产心理学理论的框架下考察了信息通信技术的使用对学生数字化阅读成绩的影响。该研究数据来源于亚洲学生 PISA 2012 阅读素养测试数据。通过多层线性模型的分析，表明学校信息资源的输入对中国学生的数字化阅读成绩有显著的正向影响；相反，社交媒体的使用有显著的负面影响。此外，研究结果还表明在学校，更频繁地使用笔记本电脑和平板电脑对学生数字化阅读成绩具有消极影响。

综上所述，这些研究为多层线性模型在 PISA 学生综合素养的应用方面提供了理论基础，同时证明了多层线性模型在 PISA 学生综合素养中分析多层嵌套数据结构时的有效性。

小节练习

一、单项选择题

测试题 1：多层线性回归模型是专门用于分析（　　）变量之间关系的工具，其可以估计（　　）的效果，以及（　　）所能够解释的变异量。

A. 不同层次

B. 相同层次

C. 个体层面

D. 群体层面

测试题 2：在传统回归分析方法中，基于个体水平的分析，是把来自（　　）的数据进行合并，在个体层次上进行分析，以获得对个体整体状况的了解。

A. 不同个体

B. 不同组

C. 相同个体

D. 相同组

测试题 3：传统回归分析方法基于组水平的分析，仅仅考虑组水平的因素对（　　）的影响，而不考虑个体差异因素的作用。

A. 因变量

B. 自变量

C. 协同变量

D. 以上均是

测试题 4：在原理上，多层线性模型的参数估计方法与进行两次回归的方法在概念上是相似的，但二者的统计估计和验证方法却是不同的，并且（　　）的参数估计方法更为稳定。

A. 传统回归分析

B. 多层线性模型

C. 发展模型

D. 中介分析模型

测试题 5：多层线性模型可以通过定义重复观测变量之间的（　　）结构，对不同（　　）进行显著性检验，并通过定义不同数据水平的随机差异，清楚地解释个体随时间变化的复杂情况。

A. 方差

B. 协方差

C. 标准差

D. 残差

测试题 6：学生的学业成绩，如阅读素养、数学素养、科学素养，会受到不同因素的影响。这些因素既有个体因素，也有环境因素。以下（　　）因素属于个体因素。

A. 学生父母受教育情况

B. 学校课堂氛围

C. 学生性别

D. 教师教学兴趣

二、填空题

测试题 7：传统的线性回归模型在处理不同层次变量之间关系时，采用＿＿＿＿＿＿方法，假设变量间存在线性关系，变量总体上服从正态分布，方差齐性，个体间随机误差相互独立。

测试题 8：多层线性回归模型是专门用于分析＿＿＿＿＿＿关系的工具，其可以估计各层次的效果，以及各层次所能够解释的变异量，同时可以解决散记和合计过程中造成的误差问题。

测试题 9：在教育研究中，以学生、班级、学校三层数据为例，直接对第二层的班级层面数据进行分析，而不考虑学生个体因素的影响。该方法主要问题是丢失了＿＿＿＿＿＿信息，而这一部分的变异可能占总变异中很大部分。

测试题 10：多层线性模型考察个体水平在＿＿＿＿＿＿的差异，能够明确表示个体在层次中的变化情况。

测试题 11：多层线性模型还可以用于纵向研究。采用多层分析的方法＿＿＿＿＿＿之间的关系，在多层结构中可以对非平衡测量数据得到参数的有效估计。

三、简答题

测试题 12：请简述传统线性模型的弊端及在数据分析中存在的问题。

测试题 13：请简述多层线性模型在全球教育治理中的应用领域，并列举相关文献说明。

本单元小结与习题测试

　　本单元简要介绍了多层线性模型的历史发展、理论基础、基本原理和用途，主要探讨了多层线性模型的优势特点，并与传统回归分析方法进行对比分析。与此同时，本单元详细介绍了建立多层线性模型的具体操作过程，从安装多层线性模型软件，到多层线性模型建模步骤、操作流程，及如何进行多层线性模型的检验，从而判断出数据的可靠性、精准度及干扰性。同时，本单元以多层线性模型在全球教育治理中的应用，说明了多层线性模型应用的广泛性与必要性。总体而言，本单元旨在通过利用对多层线性模型的系统介绍及其操作步骤，为学习者对具有学生、家庭、学校、国家多层嵌套性的数据分析提供理论和实际操作指导。

一、单项选择题

测试题 1：多层线性模型的概念由 Lindley 和 Smith 提出，最早见于（　　）。

A. 20 世纪 60 年代

B. 20 世纪 70 年代

C. 20 世纪 80 年代

D. 20 世纪 90 年代

测试题 2：多层线性模型的早期应用，主要强调（　　）目标。

A. 个体效应估计

B. 跨层次效应的估计

C. 不平衡数据的协方差估计问题

D. 以上均是

测试题 3：多层嵌套的数据结构广泛存在，研究人员可用其来调查企业内部特征（例如组织文化、知识整合和核心能力）如何影响个体员工的绩效。在这种情况下，（　　）嵌套在（　　）中。

A. 员工绩效；员工

B. 企业；员工

C. 员工；企业

D. 员工；员工绩效

测试题 4：在将数据导入 HLM 软件时，需用 SPSS 对文件进行拆分，拆分时，应该先对数据进行（　　）。

A. 升序排序

B. 降序排序

C. 分组整理

D. 合并数据

测试题 5：利用模型的输出结果计算组内相关系数（Intraclass Correlation Coefficient）ICC，就可以验证多层次分析的必要性，其中，ICC 值大于（　　）表示高组内相关。

A. 0.059

B. 0.01

C. 0.138

D. 0.001

测试题 6：在用 SPSS 完成文件合并后，需要删除重复信息，点击（　　）中标记重复个案进行数据处理。

A. 分类

B. 数据

C. 转换

D. 文件

二、填空题

测试题 7：传统的线性回归模型在处理不同层次变量之间关系时，采用_____方法，假设变量间存在线性关系，变量总体上服从正态分布，方差齐性，个体间随机误差相互独立。

测试题 8：多层线性回归模型是专门用于分析_____关系的工具，其可以估计各层次的效果，以及各层次所能够解释的变异量，同时可以解决散记和合计过程中造成的误差问题。

测试题 9：在发展研究中，随着时间的推移，对一组研究对象个体变化轨迹的重复测量，在这类研究中，心理学家更关注的是个体的内部因素及对于环境因素的差异如何对_____产生影响。

测试题 10：通过给出迭代加权广义最小二乘法和 Fisher 评分算法的应用优势，为_____提供了大量研究。

测试题 11：数据导入后，必须检查导入后的文件与源文件的描述性统计数据是否一致。点击"_____"后，弹出导入文件的描述性统计数据。

测试题 12：利用零模型的输出结果计算组内相关系数 ICC，就可以验证多层次分析的必要性。简单来说，ICC 数值越_____，越适合做 HLM 分析。

三、简答题

测试题 13：请简述多层线性模型总方差及更多层次方差计算方法。

测试题 14：请简述在多层线性模型的结果解读中完整模型与 Model 2 相比较的目的。

测试题 15：请简述多层线性模型与传统回归分析的主要差异.

测试题 16：多层嵌套的数据结构在社会科学领域中广泛存在，请列举一组具有多层嵌套的数据特征的例子。

测试题 17：请对比分析广义最小二乘法、最大似然估计和自举法的特征和不同点。

第六单元

全球教育治理量化研究的经验启示

本单元概括、总结前五单元的内容，并在此基础上：首先，对全书的数据方法进行总结与梳理；其次，立足时代背景，希望在参与全球教育治理及全球教育治理量化研究等方面提出未来愿景，以期为推动中国参与全球教育治理、促进全球教育问题解决、推动全球教育事业发展等建言献策。

就全球教育治理而言，考虑到不同治理主体与不同利益相关者的多元化与参与方式的多样性，目前尚未完全形成统一的定义。然而，"治理"一词由来已久。自"治理危机"于 1989 年第一次嵌入在世界银行的报告中之后（俞可平，2001），"治理"便逐渐体现在政治、经济、教育等不同领域。

作为教育强国的双翼，教育国际化与教育现代化在推动中国教育平衡与加速腾飞，以及奠基全球治理的参与方面，有着举足轻重的作用。20 世纪 90 年代，全球教育治理还处于萌芽时期，其核心任务是为实现全民教育发展目标而不断努力。在此背景下，中国积极参与到全民教育大会之中，在中国共产党的领导下，通过对九年义务教育的普及，实现了全民教育的期许与承诺，从而使得中国教育无论是在公平方面还是质量方面都实现了质的飞跃。在九年义务教育普及的进程中，中国确立并采用了逐步推进、"普九"攻坚、免费普及的三步走战略（滕珺、吴诗琪，2021），为推动世界全民教育发展贡献了重要力量。与此同时，中国在发展过程中，凝心聚力，稳扎稳打，分类分步，实事求是地开展工作，为广大发展中国家全民教育工作的开展提供了借鉴与参考，贡献了中国方案。在当前全球教育治理热潮的有力推动下，深入全球教育治理方面的研究，对于中国从"参跑"到"并跑"，再到"领跑"全球教育事务、进行全球教育治理，有着十分重要的现实意义。因此，伴随着中国进入教育对外开放的新时代，厘清全球教育治理与教育大数据的现状与内涵、梳理适合全球教育治理的量化研究方法，无论是对科研人员及其他相关人员深化对全球教育治理方面的认识、把握全球教育治理的发展契机，还是对于深入该领域的研究、提高中国在全球教育事务方面的参与度，都具有十分重要的意义。

第一节　数据方法总结

一、人工智能机器学习算法与教育数据挖掘

从多种主体参与到教育治理实践的结果来看，数据在全球教育治理领域起着十分关键的作用。同时，放眼全球教育规制的形成及其发展轨迹，数据与数字治理在全球教育治理中亦有着不可或缺的重要地位。由于目前全球教育治理数据的海量、多层和多维等特殊性，传统的研究方法逐渐难以无法满足数据分析的要求，于是将机器学习的方法引入全球教育治理逐步受到了教育界的广泛关注。由于机器学习应用是一个系统工程，包括算法应用在内的诸多环节与步骤，本书于第二单元"机器学习算法与教育数据挖掘"中阐明陈述机器学习的基本概念、原理及用途后，着力对决策树、分类与回归树、提升树、梯度提升决策树及 K 均值聚类算法等不同算法进行了详细对比；此外，以支持向量机为重点，以期为利用机器学习算法对 PISA 数据集等进行分析提供借鉴参考。

机器学习的总体工作流程可以概括为：首先，将研究的问题抽象，在收集相关数据并对数据进行相应的处理后，便可进行模型的训练和优化；其次，评估和分析优化模型，如果评估和分析达到标准，就可以用该模型来预测结果，否则要对模型进行改进。机器学习建模依赖于数据，想要将机器学习加以应用，离不开前期在数据层面的工作，包括了解数据、数据选择及数据处理等方面。数据处理是进行数据挖掘的基本环节，主要是从数量庞大且具有复杂性的数据中抽取数据，进而推导出对某些特定或者希望探究的细分领域或情况有价值的结果。可以说，数据处理近乎贯穿于社会生产及生活的各个领域。通常来说，经过选择后的数据应用到学习算法当中之前，需要进行很多处理，能否准确妥当地把握数据的全貌对于数据预处理的成功而言至关重要。基本统计描述可以用来识别数据的性质及其分布特点，比如离散点的识别问题等。领域内在对 PISA 相关数据进行基本统计描述以识别其性质与分布特点时，常用的描述包括平均差（Mean Deviation, MD）和标准差（Standard Deviation, SD）。至于数据生成、数据拆分、数据情理、数据汇总、标准化、缺失值处理、数据离散化、噪声数据集离群点的处理、数据泛化等，则被视为常用于机器学习的数据处理方法。考虑到机械或人为等因素，数据缺失

值的产生有时是在所难免的。如若在数据集中只有几条数据的某几列中存在缺失值，可直接删除含有缺失值的数据；然而考虑到诸多复杂情况，除直接删除外，"缺失值插补"不失为一种策略。

数据处理完成后，通过将训练数据应用到模型训练当中，对模型进行评估及性能度量。从数学的语言出发，模型可以看作一种输入到输出的映射关系 $f(x)=y$，每种可能的映射关系为一种假设（Hypothesis）。其中，训练的整个过程可以被构想为一个在由所有假设组成的空间（亦称为假设空间）中进行搜索的过程，而这个过程的目标就是找到可以与训练集"匹配"（Fit）的假设。在模型对训练样本学习的过程中，"过拟合"与"欠拟合"的情况时有发生，甚至有时不可避免。通过对候选模型的泛化误差进行评估，进而筛选泛化误差最小的模型来处理机器学习当中的"模型选择"（Model Selection）问题，是在发生"过拟合"与"欠拟合"时较为理想的应对对策与解决方案。但是由于准确的泛化误差难以测得，由此，可以从实验测试出发，评估模型的泛化误差，并通过性能度量的方式来具体衡量模型泛化能力的评价标准，最后再做出选择。

"决策树"以树形结构为呈现方式，主要通过随机变量 X 的给定输入来实现随机变量 Y 的输出，如"分类与回归树"模型；而"提升树"的基分类器多以分类树或者回归树为主，通过"提升树"树线性相加的集成模型"梯度提升树"，或以迭代方式进行求解的聚类分析算法"K 均值聚类算法"及机器学习的 Python 程序语言实现。上述机器学习的常见方法对于全球教育治理及其相关研究具备相当的优势与广阔的应用前景。

大型教育数据库不仅逐步成为国际组织和世界各国进行教育治理和教育质量监测的重要手段，也为全球教育治理"顶层设计"的科学决策提供了强有力的助力。基于此，对全球国际权威大型教育数据库进行分析也逐渐被提上议事日程。然而，该分析包含对数据进行提取、合并、清洗及分析等环节，十分复杂。本书着重介绍了由作者使用 Python语言开发的基于教育大数据的学生核心素养评估软件（EBDCES），旨在对国际权威大型数据库 PISA 数据提供二次分析步骤和流程。除此之外，EBDCES 还能够对学生核心素养高通量复杂维度的相关特征选择进行多角度评价，并提供最佳特征选择方法。

二、结构方程模型、多层中介分析方法及多层线性模型

数据在全球教育治理领域内的重要性不言而喻，除了使用机器学习算法及对教育数据进行挖掘外，寻找适切的研究方法科学地分析和解读数据，对于各参与治理的主体及利益相关者而言亦十分重要。作为近些年来领域内应用较多的方法，量化研究和质性研究等实证研究方法一直备受关注。其中，伴随着量化研究方法与技术的不断更新迭代与

充实完善，其应用范围也日趋广泛。近些年来，伴随着计算机技术的进步发展与普及，及对于教育研究领域科学性的探讨摸索，量化研究已然成为当前教育研究的主流范式（韩双淼、谢静，2021）。

有学者分析指出，描述性统计与推论性统计可谓是目前在教育领域量化方法方面得到广泛使用的经典统计方法。推论性统计利用样本信息对总体内某些特征进行的推断及预测既可以探寻研究变量之间的差异，又可以辅助寻找变量之间的关联。然而伴随着全球治理的参与主体的愈发多样化，全球治理的教育方面也逐步呈现出治理主体及治理方式多元化的特征。以治理方式为例，在各教育利益相关主体参与教育领域的全球治理时，国际法与国际公约、教育新理念与新思想、国际会议与多边论坛、国际教育指标和标准成为其参与治理的主要行动基础。以基于国际教育指标和标准的全球教育治理为例，其参与治理的过程必然离不开数据的支持；很显然，在这一过程中，科研工作者很难仅仅靠单个指标对于同一事物的不同方面进行刻画和描述。考虑到其变量众多且关系错综复杂这一现实情况，传统的推断统计方法已然不能完全满足全球教育治理的需要，多元统计分析方法由此崛起，并迅速在领域内占据一席之地。其中，结构方程模型（Structural Equation Modeling, SEM）是一种多元统计分析技术。运用结构方程模型主要因为其可以建立、估算推测及检验查验变量之间的关系。除了可以容许自变量和因变量中测量误差的存在，SEM 也可以同时处理包括观测变量、潜在变量等的多个因变量及误差项。SEM 主要有两种基本类型，即测量模型（Measurement Modal）和结构模型（Structural Modal）。通过结构方程模型，潜在变量之间的关系可以以较直观的方式呈现，也可对理论模型和实际数据间的拟合程度进行估计。由于其在处理显变量和潜变量，以及在同时对多个自变量、因变量及中介变量的关系进行分析等方面的优势，SEM 也常用在中介分析方法中。

经合组织的国际学生评价项目（PISA）旨在为各国（地区）教育决策的有效制定提供成功经验的借鉴参考，以及为推动教育改革而提供国际参照数据，通过其发展轨迹，不难看出其参与全球教育事务管理、实践全球教育治理的决心与强有力的实际行动。如今，PISA 也在积极地扩大其评估范围及规模，通过各领域专家学者对其测试结果进行研究从而增强其解释力。在这一过程中，由于参考因素复杂程度的增加，以及数据的海量、多层与多维等的特点，在研究中需要运用多个中介变量来分析解释自变量对因变量作用的情况已屡见不鲜，多重中介（Multiple Mediation）模型应运而生。然而科研工作者在对全球大型教育数据库进行分析时，所要分析的数据通常具有层级结构，在这种情况下，多层线性模型与中介效应模型的结合，即多层中介效应模型或可成为研究的行动思路。

在全球教育治理研究领域与数字治理实践探索领域，无论是国际权威大型教育数据库还是调查得到的数据，经常具备层级结构。然而传统的回归分析方法往往无法很好地考虑到数据间分层的特点，这种情况下，很容易产生对数据结果不合理甚至是错误的解释。由于传统回归分析方法的这一局限性，多层线性模型作为社科研究中常用的高级统计方法之一，也逐步在全球教育治理研究领域崭露头角。和着力于变量的优先程度的分层多元回归不同的是，多层线性模型关注的重点是多层嵌套数据，追本溯源，其落脚点更侧重数据结构，这非常符合在全球教育治理中对海量且多层、多维的教育大数据进行分析和解释的要求。通过这种多水平的分析方法，可以同时考虑到不同水平的差异，从而能够在模型假设与现实情况更吻合的情况下，对事物关系进行更为合理的揭示。

其实，无论是使用机器学习算法、教育数据挖掘，还是使用结构方程模型、多层中介分析方法及多层线性模型等，其根本原因在于在全球教育治理过程中相关主体和调查得来数据的多维性与复杂性，考虑到传统的研究方法无法完全满足专家学者、科研人员及相关工作人员对现有数据进行分析和解读的要求，同样也考虑到传统的统计分析方法和量化研究手段更多着力于普遍性、宏观性的结论。正因如此，研究方法不断地进行更新迭代，以期满足目前全球教育领域的现实需求。结构方程模型作为近十年来利用率增长最快的量化方法（王树涛、顾建民，2020），有助于在一定程度上弥补包括 t 检验、方差分析等回归分析在无关变量控制、多变量同时分析等方面的不足。

当然，对于研究方法的选取而言，过分追求高级、复杂的分析模型并非是十分妥帖可取的。近些年来，随着研究方法的日益多元化，部分高级复杂的统计分析模型的使用频率也有不同程度的下降。根据所要研究的现实情况选取合适的工具和操作程序，利用合适的手段，对研究对象可量化部分进行合适的处理等，对于数字治理领域的深入实践与全球教育治理的科学研究是十分必要的。

小节练习

一、单项选择题

测试题 1：目前，全球教育治理数据呈现（　　）。

A. 海量、多层和多维等特殊性

B. 线性、杂乱和无序等特殊性

C. 海量、无序和多维等特殊性

D. 多层、有序和多维等特殊性

测试题 2：机器学习建模依赖于（　　）。

A. 数据

B. 开展国际评估

C. 模型

D. 以上均是

测试题 3：想要将机器学习加以应用离不开前期在数据层面，就要对包括（　　）等方面展开工作。

A. 数据建模、数据筛选

B. 了解数据、数据选择及数据处理

C. 机器学习、数据处理

D. 了解数据、机器学习及数据运算

测试题 4：数据处理作为数据挖掘的（　　），贯穿于社会生产及生活的各个领域。

A. 重要环节

B. 基本环节

C. 一项内容

D. 处理流程

测试题 5：如若在数据集中只有几条数据的某几列中存在缺失值，（　　）可视为处理方法。然而考虑到诸多复杂情况，除了可以采取直接删除含有缺失值数据的策略外，（　　）不失为一种策略。

A. "缺失值插补"；删除

B. 选择；"缺失值自主添加"

C. 删除；"缺失值插补"

D. "缺失值自主添加"；选择

测试题 6：数据处理完成过后，通过将训练数据应用到模型训练当中，从而对模型进行（　　）。

A. 评估及性能度量

B. 测量及拟合

C. 选择及运算

D. 运算及拟合

测试题 7：从数学的语言出发，模型可以看作是一种由输入到输出的映射关系（　　）。那么在这种映射关系中，我们将每种可能的映射关系称之为是一种（　　）。

A. 假设（Hypothesis）；$f(x)=y$

B. $x=y$；理论（Theory）

C. $f(x)=y$；假设（Hypothesis）

D. 理论（Theory）；$x=y$

测试题 8：在模型对训练样本学习的过程中，（　　）的情况时有发生甚至有时不可避免。

A. 过拟合与欠拟合

B. 数据缺失与数据乱序

C. 数据杂乱与拟合

D. 数据缺失与运算错误

测试题 9：大型教育数据库的产生不仅逐步成为国际组织和世界各国进行教育治理和教育质量监测的重要手段，也为全球教育治理（　　）的科学决策提供了强有力的助力。

A. 量化研究

B. 科学分析

C. 顶层设计

D. 未来发展

二、简答题

测试题 10：请尝试概括机器学习的总体工作流程。

测试题 11：在进行 PISA 相关数据的基本统计描述时，领域内常用的描述都有哪些？

测试题 12：试列举并描述对于模型对训练样本学习的过程中的"过拟合"与"欠拟合"情况的处理方案。

测试题 13：科研工作者在对全球大型教育数据库进行分析时，时常会遇到数据具有层级结构的情况。请描述针对此情况的处理方案。

三、开放式论述题

测试题 14：通过对本书前面单元的学习，试对使用 Python 语言开发的基于教育大数据的学生核心素养评估软件（EBDCES）进行简单介绍。

测试题 15：寻找适切的研究方法，科学地分析和解读数据是非常重要的。结构方程模型、多层中介分析方法及多层线性模型都是本书着重介绍的研究方法，请尝试对以上三种方法进行简单对比并分析。

测试题 16：通过对本书的学习，请分析表述你对于高级、复杂的分析模型在全球教育治理方面的应用的看法。

第二节　利用有效研究方法及工具深入全球教育治理研究

一、加强国际交流，因地制宜借鉴先进研究经验

积极参与国际教育规则的制定与应用，对于中国参与全球教育治理的实践、增强中国教育对外开放力度及提高教育对外开放水平，具有十分深远的重大意义。见贤思齐焉，对目前全球教育治理领域内发展较快较好的治理主体进行深入研究剖析是十分重要且必要的。以经合组织为例，虽发起于经济领域，但经合组织充分运用其包括教育测评体系等在内的教育治理工具，深度且全面地参与到全球教育事务中，为全球教育的发展提供了治理工具与数据共享平台。在深度参与全球教育治理的过程中，经合组织注重利用调查得来的数据作为参考依据形成其教育研究。此外，经合组织不断增强其创新能力，这也为治理的深度参与提供了助力。以数据开放共享政策为例，经合组织认识到开放获取研究数据对于促进科学进步、研究者培训及公共投资获取方面的重要意义（尤霞光、盛小平，2017）。虽然部分学者对经合组织将教育与经济相关联的方式提出质疑，但是不可忽视长期以来经合组织在全球教育领域的强有力的影响使其逐步立于全球教育治理的历史舞台这一事实，其背后的实践与发展方式亦是极有可借鉴之处的。联合国教科文组织作为全球化浪潮中参与教育治理的重要主体，在教育理念倡导、教育纲领颁布等方面在一定程度上影响着各国的教育政策制定与实施。理顺溯源经合组织在教育领域全球治理的行动路径，不难看出其在教育规则与标准的制定方面发挥着重要的国际作用（段世飞、刘宝存，2019），其教育理念与政策范式在全球范围内的传播或多或少地影响着各国的教育事务管理。然而，当下全球教育治理的主要话语权仍然主要把握在西方国家手中，多元文明的代表性仍然十分不足。中国在对内力求教育公平促进、教育质量提升的同时，在对外交流与合作上也秉持积极参与的理念，积极在拓宽双边合作、强化多边合作方面不断努力，彰显了重铸再塑世界教育格局的意愿。2013 年，中国提出了"一带一路"重大国家合作倡议，自此之后，不断推动人类命运共同体的建构，"一带一路"教育行动计划的逐步推进也推动中国的教育交流合作范围的拓宽，使得中国的对外教育交流与和合作进入了新阶段。与此同时，秉持着合作、共建、共赢的理念与原则，中国积极理

顺并创新全球教育治理的新逻辑、新方法。重要国际教育组织的发展路径敦促各参与治理主体、利益相关者及相关科研工作人员拓宽视野，注意加强交流与合作，在深入认识并研究教育国际规则政策发展及动态的基础上，深化双边、多边教育合作。深挖决策之前的研究路径，以事实证据为依据的实证性研究不在少数，这也从侧面反映出全球教育研究领域对于科学性、实用性的需求。无论是各相关治理主体及利益相关者，抑或是领域内的专家学者及科研人员，都应该在交流合作中探寻宝贵研究经验，对本领域进行深入的分析认识和挖掘研究。

二、通过学科交叉融合，吸纳新的研究方法与技术工具

人是教育的研究对象，教育亦是各民族各学科都避不开的永恒话题。如今教育问题的全球性特征不断凸显，加强学科之间的交叉融合、促进数据平台的建设，有助于推进全球教育治理方面的研究。通过学科交叉，可以从不同学科吸纳研究方法与可利用的技术工具，通过对其的探索研究，可以强化教育科学项目的研究。正如本书第二单元论述的利用机器学习算法对教育数据进行深度挖掘，这一方式在全球教育治理研究领域内逐步受到广泛关注。这一现象说到底还是由于目前教育问题的复杂程度较以往有了很大程度的加深，教育领域内的传统研究方法不能够完全满足目前科研工作的全部需要。通过学科之间的交叉融合，打破学科次元壁，可以从不同角度、不同方面对于学科研究方法与技术工具加以研究并以合适的方式利用，从而使目前全球教育治理领域的研究受益。同时，在这一过程中，局部且分散孤立的理念也可通过自然科学研究方法与社会科学研究方法的有效融合得到探索尝试，从而推动科学研究的发展与深入。

三、选取适切研究方法与技术工具辅助研究

若整理与挖掘国际组织在教育领域内治理的行动思路，可以发现在人文主义思路下对工具进行考量是其行动的一大出发点。传统的非此即彼的争论也伴随着全球化程度的加深、国际交流与合作程度的不断发展而不断弱化。例如在国际教育愿景的制定上，联合国教科文组织在十分注重对人道主义进行价值关涉的同时，也考量了教育质量方面的评估。而经合组织出具的教育指标，虽基于调查及数据证据，然而也对社会融合和人的公平发展予以了关切。因而在针对不同的研究问题时，结合自身需求选取适切的研究方法与技术工具以促进问题的分析与解决是十分有必要的。本书之所以分不同单元进行分类讨论与分析，亦是由于对不同研究方法与技术工具的适切性的重视与考量。而本书之所以着眼于全球教育治理的量化研究方法，其中一个因素也是为了对标目前领域内发展

较快较好的治理主体。在游戏规则中，数据占据着非常重要的成分，全球教育治理过程中数据的重要性不言而喻，因而，不仅要利用数据，更要科学地分析数据，以加强参与数字治理的能力。在这一过程中，要充分利用国际权威大型教育数据库及全球共享数据库，以提高数字治理能力、探索全球教育治理的本质与发展规律。

四、探究新方法新思路，推动全球教育治理领域量化研究方法的迭代更新

本书为在交流学习中探寻选取适切的研究方法与技术工具、进行全球教育治理研究进行了有益探索。同时，出于对现阶段研究的现实考量，研究方法的迭代更新亦是一次崭新的尝试。由于相对而言较为初级的统计方法，诸如独立样本 t 检验、方差分析等的不足，作为补充，回归分析逐渐得到领域的认可，尤以结构方程模型使用率的增加见长。本书对几类方法与技术工具进行了比较与分析，以期为未来研究提供借鉴性参考。今后，对新方法新思路的继续探索，教育的全球治理领域量化研究方法的不断更新与数字治理能力的提升将成为深化研究的趋势。

小节练习

一、单项选择题

测试题 1：参与在全球教育治理领域的国际教育规则的（   ），对于增强中国教育对外开放力度、提高教育对外开放水平方面有着深远意义。

A. 制定与应用

B. 决策与制定

C. 理解与应用

D. 规划与理解

测试题 2：经济合作与发展组织组织充分运用其包括教育测评体系等在内的教育治理工具，深度且全面地参与到全球教育事务中，为全球教育的发展提供了（   ）。

A. 治理平台

B. 治理空间与平台

C. 治理工具与数据共享平台

D. 数据共享渠道

测试题 3：联合国教科文组织作为全球教育治理领域内的重要主体，在（   ）等方面在一定程度上或多或少地影响着各国的教育政策制定与实施。

A. 教育政策制定、教育计划颁布

B. 教育理念倡导、教育纲领颁布

C. 教育理念宣传、教育政策制定

D. 教育法规颁布、教育计划制定

测试题 4：目前，在全球教育治理领域内，以事实证据为依据的实证性研究不在少数，这也侧面反映出全球教育研究领域对于（　　）的需求。

A. 数据性、理论性

B. 事实性、研究性

C. 实证性、事实性

D. 科学性、实用性

测试题 5：伴随着教育问题全球性特征的凸显，（　　），有助于推进全球教育治理方面的研究。

A. 加强行业内交流，促进教育政策的制定

B. 加强学科之间的交叉融合，促进数据平台的建设

C. 加强国家间交流，促进国家间规划的实施

D. 加强学科之间的交叉融合，促进数据的收集与选取流程

测试题 6：通过学科之间的交叉融合，局部且分散孤立的理念也可通过（　　）的有效融合得到探索尝试，从而推动科学研究的发展与深入。

A. 自然科学研究方法与社会科学研究方法

B. 自然科学研究方法与实证性研究方法

C. 社会科学研究方法与数据性研究方法

D. 自然科学研究方法与理论性研究方法

测试题 7：在探寻国际组织全球教育治理参与路径的过程中，（　　）是不可避免的行动理据。

A. 以事实为依据与教育数据

B. 人文主义与工具理性

C. 学科间合作与实证性

D. 工具理性与建构主义

二、填空题

测试题 8：全球教育治理过程中数据的重要性不言而喻，因而不仅要利用数据，_____。在这一过程中，充分利用国际权威大型教育数据库及全球共享数据库，以此

_____、_____与_____。

测试题 9：在九年义务教育普及的过程中，中国采用了_____、_____、_____，为推动世界全民教育发展贡献了重要的力量。

测试题 10：_____与_____作为教育强国的双翼，在助力中国教育平衡与加速腾飞及奠基全球治理参与方面起着至关重要的作用。

三、简答题

测试题 11：请列举经合组织在 2007 年发布的《关于公共资助研究数据获取的原则与指南》中有关研究数据的开放共享的 13 条原则。

测试题 12：试表述通过学科交叉融合，吸纳新的研究方法与技术工具对于全球教育治理研究发展的意义。

四、开放式论述题

测试题 13：有学者分析，"参与全球教育治理是教育对外开放发展到一定阶段的必然选择，也是改革开放事业进一步发展的必然要求"。对此，请说明你的理解。

测试题 14：通过对本书前面单元的学习，试分析是否有必要对于目前全球教育治理领域内发展较快较好的治理主体进行深入研究剖析。

测试题 15：试对中国于 2013 年提出"一带一路"重大国家合作倡议后在教育领域尤其是全球教育治理领域的崭新变化进行说明。

测试题 16：请对"利用有效研究方法及工具深入全球教育治理研究"进行论述。

第三节　全球教育治理量化研究的建议与展望

一、深刻认识全球教育治理对于发展的重要意义，准确把握教育全球治理的新形势与新要求

我们身处世界之百年未有之大变局当中，时代潮头势不可当。伴随全球化的纵深发展而来的，是全球性问题的逐日增加。在此基础上，全球治理超越了传统意义上的治理范围，已然成为国际社会的普遍共识。在这一过程中，教育作为国际社会广泛关注的普遍利益，是应时代所需。伴随着教育问题的全球化，全球教育治理逐步发展为全球治理的重要组成部分。可以说，目前的全球教育治理，既是现象，又是实践。在教育发展进程中，各相关治理主体通过相应的国际活动与项目，逐步建立对教育观念及原则的价值态度与公理，为各国教育政策及国际教育发展与改革建言献策，贡献借鉴性良方。

中国综合国力不断增强，对外开放水平不断提高，具有大国应有的责任担当。伴随这一大国崛起之势而来的是国际社会对于中国声音、智慧与力量与日俱增的期待。"推进国家治理体系与治理能力的现代化"，十八大以来，"两个一百年"的伟大目标和中华民族伟大复兴的实现是教育对外开放的核心，中国在教育领域的对外开放程度与参与全球治理的力度在以往基础上有了更深广的发展。《国家中长期教育改革和发展规划纲要（2010—2020 年）》的颁布，标志着中国迈入了全球教育治理参与的新时代，开启了崭新篇章。十年来，路径多元化是中国参与全球教育治理的一大特征。随之而来的，是中国参与全球教育治理意愿、定位，以及方式的变化。《国家中长期教育改革和发展规划纲要（2010—2020 年）》对于加强各方面的教育合作提出了新的要求，包括要在教育研究领域方面注重加强国际交流与合作。中共中央办公厅、国务院办公厅印发的《关于做好新时期教育对外开放工作的若干意见》中也将双边、多边教育合作拓展的有效性作为工作目标之一，对教育对外开放程度提出了更高要求。

与此同时，在科学数据共享方面，继 2002 年提出科学数据共享工程后，中国科学数据开放与管理逐步拉开了帷幕。"数据开放、共享、管理（治理）"的相关实践探索与学术研究也逐步蓬勃发展起来。中国政府在教育大数据方面予以充分重视，《促进大数据发展行动纲要》在 2015 年 9 月提出了"建设教育文化大数据"的战略；2016 年 6 月《教育信息化"十三五"规划》提出"制订出台教育数据管理办法""实现教育基础数据的有序开放与共享""利用大数据提升教育治理能力"，大数据崭露头角；《国家教育事业发展"十三五"规划》提出"鼓励学校利用大数据技术开展教育教学活动""综合利用互联网、大数据、人工智能和虚拟现实技术探索未来教育教学新模式"；2019 年 2 月，《中国教育现代化 2035》《加快推进教育现代化实施方案（2018—2022 年）》亦对教育现代化在"大力推进教育信息化、构建基于信息技术的新型教育教学模式、教育服务供给方式及教育治理模式"等方面做出了重要部署。

对外开放是我国的一项基本国策，而教育对外开放一直都是对外开放的重要组成部分。中国教育对外开放走过 40 余年，实践证明，顺应潮流、坚持教育对外开放是大势所趋，中国深刻认知到全球教育治理的重要意义。在构建人类命运共同体的今天，更要深化教育合作，利用中国经验积极参与到教育领域国际规则的制定当中。改革开放事业与教育对外开放的发展势必要求中国参与到全球教育治理当中，正因如此，更需要在深刻认知到参与全球教育治理的重要性的基础之上深入研究，正确把握其发展趋势，为提高中国数字治理能力、强化中国全球教育治理能力贡献力量。

二、深入推动全球教育治理的科学发展，为参与教育全球治理发出中国声音

回归本旨，本书对于全球教育治理领域内的量化研究方法进行描述讲解与对比分析是旨在通过研究的深入，促进教育的全球治理朝着更加科学化的方向发展前进。正因如此，出于对现实与科学的考量，科研人员需要相应的适切量化研究方法来辅助实现全球教育治理研究，通过研究的不断深入，辅助深化对于国际形势及我国教育现状与未来发展趋势的见解与认识，为未来参与治理与发展改革提出借鉴性与建设性的建议。立足中国视角，放眼全球，积极参与数字治理与全球教育治理，利于中国优秀教育经验的传播，让世界听到中国声音，看到中国智慧。同时，于中国而言，从"被动"到"主动"，从"跟跑"到"领跑"，从"参与"到"主导"，中国在全球教育治理的不断实践中逐步实现国际事务话语权的扩大与影响力的提升。

小节练习

一、单项选择题

测试题 1：伴随着教育问题的全球化，教育的全球治理作为时代所需，逐渐发展为全球治理的重要组成部分。可以说，目前的全球教育治理，既是（　　），又是（　　）。

A. 现象；影响

B. 现象；实践

C. 理论；现实

D. 机遇；挑战

测试题 2：在教育发展进程中，各相关治理主体通过相应的国际活动与项目逐步建立对（   ），为各国教育政策及国际教育发展与改革建言献策，贡献借鉴性良方。

A. 教育政策及原则的价值态度与公理

B. 教育观念及原则的价值态度与公理

C. 教育观念及原则的思维态度与理念

D. 教育政策及原则的思维态度与理念

测试题 3：伴随着《国家中长期教育改革和发展规划纲要（2010—2020 年）》的颁布，十年来，（   ）是中国参与到全球教育治理的一大特征。

A. 方针推进化

B. 路径单一化

C. 路径多元化

D. 方针统一化

测试题 4：中共中央办公厅、国务院办公厅印发的《关于做好新时期教育对外开放工作的若干意见》中也将（   ）作为工作目标之一，对教育对外开放程度提出了更高要求。

A. 双边、多边教育合作拓展的有效性

B. 双边、多边教育合作拓展的协调性

C. 双边、多边教育合作拓展的统一性

D. 双边、多边教育合作拓展的积极性

测试题 5：量化研究正是通过对于事物（   ）把握的期望，自 20 世纪初被应用于教育领域后，逐渐在国际教育科学研究领域占据主流。

A. 现象

B. 事实

C. 本质

D. 理论

测试题 6：近些年来，伴随着计算机技术的普及与应用，研究方法不断地更新迭代，在科学化的同时兼顾（   ）也愈发成为趋势。

A. 统一化和复杂化

B. 统一化和多元化

C. 多元化和精细化

D. 复杂化和精细化

测试题 7：由于在分析和处理全球教育问题上必须存在相应的"事实证据"，全球教育治理领域对于科学性的探索和需求逐步成为（　　）的一大趋势。

A. 分析各国教育政策、力图解释解决全球教育问题

B. 分析教育客观规律、力图解释解决全球教育问题

C. 分析教育客观规律、力求管理全球教育事务

D. 分析各国教育政策、力求管理全球教育事务

测试题 8：随着世界各国（地区）在全球教育治理领域合作的不断深化，（　　）成为实现全球教育现代化的必由之路。

A. 现代教育管理

B. 现代教育治理

C. 量化教育管理

D. 量化教育治理

二、填空题

测试题 9：十八大以来，教育对外开放的核心就是使教育致力于＿＿＿＿的实现。

测试题 10：于中国而言，在全球教育治理领域，中国经历了从＿＿＿＿到＿＿＿＿，从＿＿＿＿到＿＿＿＿，从＿＿＿＿到＿＿＿＿的过程。

三、简答题

测试题 11：PISA 是经合组织进行"数字治理"的重要项目之一，现正逐渐在全球教育治理方面扮演着重要角色。请简述其实施全球教育治理的路径表现。

测试题 12：试列举目前全球教育治理领域内发展较快较好的治理主体，并浅谈其实施全球教育治理的路径表现。

四、开放式论述题

测试题 13：试列举并分析中国在积极探索中从参与全球教育治理到承担国际责任、履行国际义务和引领全球教育治理方面参演了哪些重要角色，做出了哪些贡献。

测试题 14：谈谈对于全球教育治理量化研究的理解及如何通过研究促进教育治理以解决全球教育问题。

测试题 15：通过对本书的学习及对本单元内容的理解，试对全球教育治理量化研究提出建议，并对其未来发展进行分析与论述。

本单元小结与习题测试

本单元小结（略）。

一、单项选择题

测试题 1：在全球教育治理领域，被称为全球教育治理"三驾马车"的国际组织是（   ）。

A. 世界银行、国际货币基金组织和关税及贸易总协定

B. 联合国教科文组织、经济合作与发展组织及欧洲联盟

C. 联合国儿童基金会、欧洲联盟及世界银行

D. 联合国教科文组织、联合国儿童基金会及经济合作与发展组织

测试题 2：国际组织对世界教育产生的重大影响主要体现在（   ）。

A. 重视人力资本，倡导教育平等，发动全民教育

B. 开展国际评估

C. 统一大学学制，构建学习化社会

D. 以上均是

测试题 3：联合国教科文组织的全民教育全球监测报告从（   ）三个方面全方位地阐述了实现男女教育平等的基本要求。

A. 受教育的权利、教育中的权利及教育后的权利

B. 儿童受教育权利、成人受教育权利及老年人受教育权利

C. 学前教育权利、受教育的权利及不受教育的权利

D. 教育前的权利、教育中的权利及教育后的权利

测试题 4：国际学生评估项目（Programme for International Student Assessment, PISA）是由（   ）发起的。

A. 经济合作与发展组织（简称经合组织, Organization for Economic Co-operation and Development, OECD）

B. 欧洲联盟（European Union, EU）

C. 联合国教科文组织（United Nations Educational, Scientific and Cultural Organization,

UNESCO）

　　D. 世界卫生组织（World Health Organization, WHO）

　　测试题 5：科学数据，又名科学研究数据或研究数据，是指被收集起来且被视为（　　）基础的所有信息。

　　A. 统计、分析或推理

　　B. 推理、统计或计算

　　C. 推理、讨论或计算

　　D. 计算、推理或统计

　　测试题 6：数据治理（Data Governance）是对（　　）的活动集合。

　　A. 数据管理

　　B. 数据量化与分析

　　C. 数据收集与管理

　　D. 数据资产管理行使权力和控制

　　测试题 7：2002 年科技部提出的科学数据共享工程，拉开了我国科学数据开放与管理的大幕。在十八届三中全会首次提出国家治理体系和治理能力现代化之后，我国（　　）的实践探索与学术研究，呈现出欣欣向荣的局面。

　　A. "数据治理与实践"

　　B. "数据探索与管理"

　　C. "数据开放、共享、管理（治理）"

　　D. "数据开放、实践、现代化"

二、填空题

　　测试题 8：_____第二十六条规定："人人都有受教育的权利，教育应当免费，至少在初级和基础阶段应当如此。初等教育应属义务性质。技术和职业教育应当普遍设立。高等教育应当根据成绩而对一切人平等开放。"

　　测试题 9：目前，许多国际组织如_____都制定了相关的科学数据开放共享政策。

　　测试题 10：中国政府非常重视教育大数据，相继出台了一系列国家政策文件，规划教育大数据的建设，指导教育大数据的管理和利用。2015 年 9 月，_____提出"建设教育文化大数据"战略；2016 年 6 月。_____提出"制订出台教育数据管理办法""实现教育基础数据的有序开放与共享""利用大数据提升教育治理能力"；2017 年 1 月，_____提出"鼓励学校利用大数据技术开展教育教学活动""综合利用互联网、大数据、人工智能和虚拟现实技术探索未来教育教学新模式"；2019 年 2 月，_____、_____做出了面向教育现代化"大力推进教育信息化、构建基于信息技术的新型教育教学模式、教育服务供给方式及教育治理模式"的重要部署。

测试题 11：_____是我国的一项基本国策，而教育对外开放一直都是对外开放的重要组成部分。中国教育对外开放走过 40 余年，其内涵发生了深刻的变化，它不仅意味着要积极学习国外，而且意味着要积极走向世界舞台。中国教育更因对外开放走上了世界舞台，并不断走向舞台中央。

三、简答题

测试题 12：开展国际评估已逐步成为全球教育治理的重要组成部分。请简述联合国教科文组织、经济与合作发展组织等政府间的国际机构对于全球范围的国际比较的实施措施。

测试题 13：实证比较研究是近年来在全球教育治理领域发展较为迅速的研究方式。请简述目前经济合作与发展组织在实证比较研究方面的举措。

测试题 14：请简述目前国际组织科学数据开放共享政策的鲜明特征。

测试题 15：请简述中国参与全球教育治理所秉持的共商共建共享的全球治理观也是中国参与全球教育治理应秉持的价值观和理念。

测试题 16：数据治理已成为全球教育治理领域中不可或缺的研究方法之一。考虑到数据治理的重要意义，请对如何树立正确的"数据观"做出简要分析。

四、开放式论述题

测试题 17：通过既有知识与对本书的解读，试从概念、主体、机制等角度定义"全球教育治理"。

测试题 18：通过本书的学习，试论述机器学习算法、结构方程模型、多层中介分析方法、多层线性模型等量化研究手段在全球教育治理领域各自的特点。

测试题 19：立足中国现状，请你谈谈对于我国参与全球教育治理的理解及较其他治理主体及利益相关者而言我国参与全球教育治理的特点。

测试题 20：近年来，国内人士逐渐重视科学数据共享政策，同时开始关注国际组织如欧盟科学数据的开放获取实践。试讨论国际组织科学数据开放共享政策对我国的启示。

测试题 21：2012 年 7 月，联合国发布了大数据白皮书——《大数据促发展：挑战与机遇》（*Big Data for Development: Challenges & Opportunity*），数据已成为一种战略资源。试分析数据及数据治理的重要意义。

　　测试题 22：有学者分析指出大数据在全球教育治理领域的应用还处于萌芽与发展阶段。考虑到一些数据的隐私性与安全性问题，数据分析方法并不是目前全球教育治理领域的万能药。基于此，请谈谈你对全球教育治理领域数据治理的机遇与挑战的看法。

参考文献

陈纯槿, 郅庭瑾. 信息技术应用对数字化阅读成绩的影响——基于国际学生评估项目的
　　实证研究. 开放教育研究, 2016(4): 57-70.

陈法宝, 曾杭丽. PISA "官方立场" 及政策意蕴——基于扎根理论的文本探究. 比较教育
　　研究, 2021(2): 82-89.

崔伟东, 周志华, 李星. 支持向量机研究. 计算机工程与应用, 2001(1): 58-61.

丁瑞常. 经合组织国际教育指标的演变及其全球教育治理功能. 清华大学教育研究,
　　2019(5): 69-74, 90.

杜婧敏, 方海光, 李维杨, 等. 教育大数据研究综述. 中国教育信息化, 2016(19): 1-4.

杜越. 联合国教科文组织与全球教育治理——理念与实践探究. 北京: 教育科学出版社,
　　2016: 140.

段世飞, 刘宝存. 联合国教科文组织参与全球高等教育治理的历程、途径与影响. 国家教
　　育行政学院学报, 2019(1): 83-89.

付达杰, 唐琳. 基于大数据的精准教学模式探究. 现代教育技术, 2017, 27(7): 12-18.

付睿, 周洪宇. G20 与全球非正式教育治理. 清华大学教育研究, 2019, 40(4): 71-79.

韩家慧. 人民日报评论员: 大力推进教育体制改革创新——论学习贯彻习近平总书记全
　　国教育大会重要讲话. (2018-09-16) [2022-02-14]. http://www.xinhuanet.com/politics/
　　2018-09/16/c_1123437941.htm.

韩双淼, 谢静. 国际高等教育研究方法现状与演进的定量研究. 高教探索, 2021(2): 5-13.

何清, 李宁, 罗文娟, 等. 大数据下的机器学习算法综述. 模式识别与人工智能, 2014,
　　27(4): 327-336.

黄如花, 周志峰. 近十五年来科学数据管理领域国际组织实践研究. 国家图书馆学刊,
　　2016(3): 15-27.

黄晓磊，邓友超．"背景板"的转换——我国教育对外开放之路．清华大学教育研究，2019，40(1)：40-49.

姜萍萍，秦华．习近平主席在联合国"教育第一"全球倡议行动一周年纪念活动上发表视频贺词．(2013-09-27)［2022-02-14］．http://cpc.people.com.cn/n/2013/0927/c64094-23052930.html.

教育部．国家中长期教育改革和发展规划纲要(2010—2020年)．(2010-07-29)［2022-02-14］．http://www.moe.gov.cn/jyb_xwfb/s6052/moe_838/201008/t20100802_93704.html.

阚阅，陶阳．向知识银行转型——从教育战略看世界银行的全球教育治理．比较教育研究，2013(4)：76-82.

孔令帅，武凯．经合组织全球教育治理政策的价值取向和保障路径．外国中小学教育，2018(9)：8-14.

李凤霞，徐玉晓．国际教育大数据研究综述．软件导刊(教育技术)，2019(12)：83-85.

李星树．经合组织在跨国教育治理中的作用——以其国际学生评估计划为例．国际公关，2021(1)：121-122.

刘帅兵，孙铭泽，隋新．教育大数据在高等教育中的应用研究．电脑知识与技术，2021(8)：127-128，148.

刘影，张优良．"一带一路"倡议与中国高等教育国际化的新图景．清华大学教育研究，2020，41(4)：81-87.

陆宏．量化研究的理论、方法与案例．现代教育技术，2010，20(4)：20-23.

乔鹤，徐晓丽．国际组织全球教育治理的路径比较研究——基于核心素养框架的分析．比较教育研究，2019(8)：52-58.

邱春艳．欧盟科学数据开放存取实践及启示．情报理论与实践，2016(11)：138-144.

孙进，燕环．全球教育治理：概念·主体·机制．比较教育研究，2020，42(2)：39-47.

滕珺，吴诗琪．党领导下的中国对全球教育治理的三大贡献．比较教育研究，2021，43(8)：12-20，39.

王卷乐，孙九林．世界数据中心（WDC）回顾、变革与展望．地球科学进展，2009，24(6)：612-620.

王树涛，顾建民．国际教育科学研究范式的演变与趋势——基于2010—2019年文献计量的分析．教育研究，2020，41(9)：135-145.

温忠麟，叶宝娟．中介效应分析：方法和模型发展．心理科学进展，2014，22(5)：731-745.

吴传荣，尹华意，何昊，等．教育大数据的应用探索．科教导刊，2021(12)：7-9.

邵江波. PISA 与全球教育治理：路径、影响和问题. 全球教育展望，2016(8)：102-109.

新华社. 习近平发表贺词：中国将加强同世界各国的教育交流. (2013-09-26) [2022-04-18].
    http:// www.gov.cn/ldhd/2013-09/26/content_2495491.htm.

熊中敏，郭怀宇，吴月欣. 缺失数据处理方法研究综述. 计算机工程与应用，2021, 57(14)：
    27-38.

许晓东，王锦华，卞良，等. 高等教育的数据治理研究. 高等工程教育研究，2015(5)：
    25-30.

尤霞光，盛小平. 8 个国际组织科学数据开放共享政策的比较与特征分析. 情报理论与实
    践，2017(12)：40-45.

俞可平. 从统治到治理. 学习时报，2001：1-22.

袁利平，师嘉欣. 全球教育治理机制复合体：类型、机理及价值. 比较教育研究，2021(2)：
    25-32.

翟军，梁佳佳，吕梦雪，等. 欧盟开放科学数据的 FAIR 原则及启示. 图书与情报，2020(6)：
    103-111.

张俊宗. 教育国际化：构建人类命运共同体的重要力量. 高校教育管理，2020(2)：21-
    28，36.

张雷，雷雳，郭伯良. 多层线性模型应用. 北京：教育科学出版社，2003.

张志刚. 教育数据挖掘研究与探索. 长春师范大学学报，2020，39(2)：34-36.

郑佳. OECD 核心素养概念的生成原则、方法与特征——基于 DeSeCo 项目质性研究过程
    的分析. 外国教育研究，2021，48(3)：21-33.

中共中央办公厅、国务院办公厅. 关于做好新时期教育对外开放工作的若干意见. (2016-
    04-29) [2019-12-20]. http://www.moe.gov.cn/jyb_xwfb/s6052/moe_838/201605/t20160503_
    241658.html.

周光礼. 人类命运共同体与高等教育全球治理. 探索与争鸣，2019(9)：22-25.

周洪宇，付睿. 参与全球教育治理：从教育大国走向教育强国的必由之路. 世界教育信息，
    2018，31(3)：3-4.

周洪宇，付睿. 国际经济组织的全球教育事务参与——以经济合作与发展组织（OECD）
    为例. 中国高等教育，2017(9)：60-63.

周志华. 机器学习. 北京：清华大学出版社，2016.

Abdous, M., He, W. & Yen, C. J. Using data mining for predicting relationships between online
    question theme and final grade. *Educational Technology & Society,* 2012, 15(3): 77-88.

Adams, R. J., Wilson, M. & Wu, M. Multilevel item response models: An approach to errors in variables regression. *Journal of Educational and Behavioral Statistics,* 1997, 22(1): 47-76.

Ainley, M. & Ainley, J. Student engagement with science in early adolescence: The contribution of enjoyment to students' continuing interest in learning about science. *Contemporary Educational Psychology*, 2011, 36(1): 4-12.

Ansari, A. & Jedidi, K. Bayesian factor analysis for multilevel binary observations. *Psychometrika*, 2000, 65: 475-496.

Areepattamannil & Shaljan. International note: What factors are associated with reading, mathematics, and science literacy of Indian adolescents? A multilevel examination. *Journal of Adolescence*, 2014, 37(4): 367-372.

Arnold, C. L. An introduction to hierarchical linear models. *Measurement and Evaluation in Counseling and Development*, 1992, 25: 58-90.

Aronszajn, N. Theory of reproducing kernels. *Transactions of the American Mathematical Society*, 1950, 68: 337-404.

Asif, R., Merceron, A. & Ali, S. A. et al. Analyzing undergraduate students' performance using educational data mining. *Computers & Education*, 2017, 113: 177-194.

Barbosa, M. F. & Goldstein, H. Discrete response multilevel models for repeated measures: An application to voting intentions data. *Quality and Quantity*, 2000, 34: 323-330.

Barnett, V. *Comparative Statistical Inference*. New York: Wiley, 1999.

Baron, R. & Kenny, D. The moderator-mediator variable distinction in social psychological research: Conceptual, strategic, and statistical considerations. *Journal of Personality and Social Psychology,* 1986, 51: 1173-1182.

Bauer, D. J. & Cai, L. Consequences of unmodeled nonlinear effects in multilevel models. *Journal of Educational and Behavioral Statistics*, 2009, 34: 97-114.

Bauer, D. J. & Curran, P. J. Probing interactions in fixed and multilevel regression: Inferential and graphical techniques. *Multivariate Behavioral Research*, 2005, 40: 373-400.

Bechger, T. M., van Schooten, E. & de Glopper, C. et al. The validity of international surveys of reading literacy: The case of the IEA reading literacy study. *Studies in Educational Evaluation*, 1998, 24(2): 99-125.

Bentler, P. M. & Bonett, D. G. Significance tests and goodness-of-fifit in the analysis of covariance structures. *Psychological Bulletin*, 1980, 88: 588-606.

Berkey, C. S., Hoaglin, D. C. & Antczak-Bouckoms, A. et al. Meta-analysis of multiple outcomes by regression with random effects. *Statistics in Medicine*, 1998, 17: 2537-2550.

Berkhof, J. & Snijders, T. A. B. Variance component testing in multilevel models. *Journal of Educational and Behavioral Statistics*, 2001, 26: 133-152.

Biggerstaff, B. J., Tweedy, R. L. & Mengersen, K. L. Passive smoking in the workplace: Classical and Bayesian meta-analyses. *International Archives of Occupational and Environmental Health,* 1994, 66: 269-277.

Bollen, K. & Pearl, J. Eight myths about causality and structural equation models. In Morgan, S. L. (ed.). *Handbook of Causal Analysis for Social Research.* Dordrecht: Springer, 2013: 301-328.

Bollen, K. A. & Barb, K. H. Pearson's *r* and coarsely categorized measures. *American Sociological Review,* 1981, 46: 232-239.

Bollen, K. A. *Structural Equations with Latent Variables*. New York: Wiley, 1989.

Bonett, D. G. Sample size requirements for testing and estimating coefficient alpha. *Journal of Educational and Behavioral Statistics*, 2002, 27: 335-340.

Braun, H., Jones, D., Rubin, D. & Thayer, D. Empirical bayes estimation of coefficients in the general linear model from data of deficient rank. *Psychometrika*, 1983, 48(2): 171-181.

Breiman, L., Friedman, C. & Olshen, R. *Classification and Regression Trees*. Boca Raton, FL: Chapman & Hall/CRC, 1984.

Breslow, N. & Clayton, D. Approximate inference in generalized linear mixed models. *Journal of the American Statistical Association*, 1993, 88(421): 9.

Brockwell, S. E. & Gordon, I. R. A comparison of statistical methods for meta-analysis. *Statistics in Medicine*, 2001, 20: 825-840.

Browne, M. W. & Cudeck, R. Alternative ways of assessing model fifit. *Sociological Methods and Research*, 1992, 21: 230-258.

Browne, W. J. *Applying MCMC Methods to Multilevel Models*. Bath: University of Bath, 1998.

Browne, W. J. & Draper, D. Implementation and performance issues in the Bayesian and likelihood fifitting of multilevel models. *Computational Statistics*, 2000, 15: 391-420.

Bryk, A. S. & Raudenbush, S. W. Application of hierarchical linear models to assessing change. *Psychological Bulletin*, 1987, 101: 147-158.

Bryk, A. S. & Raudenbush, S. W. *Hierarchical Linear Models.* Newbury Park, CA: Sage, 1992.

Burchinal, M. & Appelbaum, M. I. Estimating individual developmental functions: Methods and their assumptions. *Child Development*, 1991, 62: 23-43.

Burgos, C., Campanario, M. L. & de la Peña, D. et al. Data mining for modeling students' performance: A tutoring action plan to prevent academic dropout. *Computers and Electrical Engineering,* 2018, 66: 541-556.

Burton, P., Gurrin, L. & Sly, P. Extending the simple regression model to account for correlated responses: An introduction to generalized estimating equations and multi-level mixed modeling. *Statistics in Medicine*, 1998, 17: 1261-1291.

Busing, F. Distribution characteristics of variance estimates in two-level models. Unpublished manuscript. *Leiden: Department of Psychometrics and Research Methodology*, Leiden University, 1993.

Camstra, A. & Boomsma, A. Cross-validation in regression and covariance structure analysis: An overview. *Sociological Methods and Research*, 1992, 21: 89-115.

Carlson, D. & Carin, L. Continuing progress of spike sorting in the era of big data. *Current Opinion in Neurobiology*, 2019, 55: 90-96.

Chen, J., Zhang, Y. & Hu, J. Synergistic effects of instruction and affect factors on high- and low-ability disparities in elementary students' reading literacy. *Reading and Writing: An Interdisciplinary Journal*, 2021a, 34(1): 199-230.

Chen, J., Zhang, Y. & Wei, Y. et al. Discrimination of the contextual features of top performers in scientific literacy using a machine learning approach. *Research in Science Education*, 2021b, 51(suppl. 1): 129-158.

Chen, X. & Hu, J. ICT-related behavioral factors mediate the relationship between adolescents' ICT interest and their ICT self-efficacy: Evidence from 30 countries. *Computers & Education*, 2020, 159: Article 104004.

Cheung, M. Comparison of approaches to constructing confidence intervals for mediating effects using structural equation models. *Structural Equation Modeling—A Multidisciplinary Journal,* 2007, 14: 227-246.

Cohen, J. *Statistical Power Analysis for the Behavioral Sciences*. Hillsdale: L. Erlbaum Associates, 1988.

Cortes, C. & Vapnik, V. Support-vector networks. *Machine Learning*, 1995, 20(3), 273-258.

Cover, T. M. Geometrical and statistical properties of systems of linear inequalities with applications in pattern recognition. *IEEE Transactions on Electronic Computers,* 1965, 3: 326-334.

Cristianini, N. & Shawe-Taylor, J. *An Introduction to Support Vector Machines and Other Kernel-based Learning Methods.* Cambridge: Cambridge University Press, 2000.

Cukier, K. & Mayer-Schönberger, V. Learning with big data: The future of education. *Stanford Social Innovation Review*, 2014, 565: 209-217.

Daniel, D. K. & Butson, R. Technology enhanced analytics (TEA) in higher education. In *Proceedings of the International Conference on Educational Technologies.* Kuala Lumpur: Malaysia, 2013: 89-96.

Dansereau, F., Alutto, J. & Yammarino, F. *Theory Testing in Organizational Behavior.* Englewood Cliffs: Prentice-Hall, 1984.

Darling-Hammond L. Teacher education and the American future. *Journal of Teacher Education*, 2010, 61(1-2): 35-47.

David, R. & Sonia, B. Gender, culture, and sex-typed cognitive abilities. *PLOS ONE*, 2012, 7(7): Article e39904.

Dempster, A. P., Laird, N. M. & Rubin, D. B. Maximum likelihood from incomplete data via the EM algorithm. *Journal of the Royal Statistical Society: Series B (Methodological)*, 1977, 39(1): 1-22.

Dempster, A. P., Rubin, D. B. & Tsutakawa, R. K. Estimation in covariance components models. *Journal of the American Statistical Association*, 1981, 76: 341-353.

Depren, S. K. Prediction of students' science achievement: An application of multivariate adaptive regression splines and regression trees. *Journal of Baltic Science Education*, 2018, 17(5): 887-903.

Duda, R. O. & Hart, P. E. *Pattern Classification and Scene Analysis.* New York: Wiley, 1973.

Everitt, B. S. Fifty years of classification and regression trees. *International Journal of Public Health*, 2012, 57(1): 243-246.

Filiz, E. & Oz, E. Finding the best algorithms and effective factors in classification of Turkish science student success. *Journal of Baltic Science Education,* 2019, 18(2): 239-253.

Fisher, R. A. The use of multiple measurements in taxonomic problems. *Annals of Eugenics*,

1936, 7: 179-188.

Glass, G. V. Primary, secondary, and meta-analysis of research. *Educational Researcher*, 1976, 5: 3-8.

Goldstein, H. Multilevel mixed linear model analysis using iterative generalized least squares. *Biometrika*, 1986, 73: 43-56.

Goldstein, H. Nonlinear multilevel models with an application to discrete response data. *Biometrika*, 1991, 78: 45-51.

Goldstein, H. *Multilevel Statistical Models*. 2nd ed. New York: John Wiley, 1995.

Goldstein, H. *Multilevel Models in Educational and Social Research*. 3rd ed. London: Edward Arnold, 2003.

Gorostiaga, A. & Rojo-Álvarez, J. On the use of conventional and statistical-learning techniques for the analysis of PISA results in Spain. *Neurocomputing*, 2016, 171: 625-637.

Grek, S. Governing by numbers: The PISA 'effect' in Europe. *Journal of Education Policy,* 2009, 24(1): 23-37.

Guyon, I. Weston, J. & Barnhill, S. et al. Gene selection for cancer classification using support vector machines. *Machine Learning*, 2002, 46(1): 389-422.

Hahnel, C., Goldhammer, F. & Naumann, J. et al. Effects of linear reading, basic computer skills, evaluating online information, and navigation on reading digital text. *Computers in Human Behavior*, 2016, 55: 486-500.

Harris, C. W. *Problems in the Measurement of Change*. Madison: University of Wisconsin Press, 1963.

Heagerty, P. J. & Zeger, S. L. Marginalized multilevel models and likelihood inference. *Statistical Science*, 2000, 15(1): 1-26.

Hedeker, D. & Gibbons, R. MIXOR: A computer program for mixed-effects ordinal probit and logistic regression analysis. *Computer Methods and Programs in Biomedicine*, 1996, 49: 157-176.

Hedeker, D. & Gibbons, R. Application of random effects pattern mixture models for missing data in social sciences. *Psychological Methods*, 1997, 2(1): 64-78.

Hedges, L. v. & Olkin, I. O. Regression models in research synthesis. *American Statistician*, 1983, 37: 137-140.

Ho, E. Family influences on science learning among Hong Kong adolescents: What we learned from PISA. *International Journal of Science & Mathematics Education*, 2010, 8(3): 409-428.

Hsu, H. Y., Kwok, O. M. & Lin, J. H. et al. Detecting misspecified multilevel structural equation models with common fit indices: A monte carlo study. *Multivariate Behavioral Research,* 2015, 50: 197-215.

Hu, J. & Yu, R. The effects of ICT-based social media on adolescents' digital reading performance: A longitudinal study of PISA 2009, PISA 2012, PISA 2015 and PISA 2018. *Computers & Education*, 2021, 175: Article 104342.

Hu, J., Peng, Y. & Chen, X. et al. Differentiating the learning styles of college students in different disciplines in a college English blended learning setting. *PLOS ONE,* 2021, 16(5): Article e0251545.

Hu, X., Leung, F. & Yuan, T. The influence of culture on students' mathematics achievement across 51 countries. *International Journal of Science & Mathematics Education*, 2018, 16(1): 7-24.

Huttenlocher, J. E., Haight, W. & Bryk, A. S. et al. Early vocabulary growth: Relation to language input and gender. *Developmental Psychology*, 1991, 27(2): 236-249.

Imai, K., Keele, L. & Tingley, D. A general approach to causal mediation analysis. *Psychological Methods,* 2010, 15: 309-334.

Jeffries, D., Curtis, D. D. & Conner, L. N. Student factors influencing stem subject choice in year 12: A structural equation model using PISA/LSAY data. *International Journal of Science and Mathematics Education*, 2019, 18(1): 36-37.

Jennrich, R. & Schluchter, M. Unbalanced repeated-measures models with structured covariance matrices. *Biometrics*, 1986, 42: 805-820.

Joachims, T. Text classification with support vector machines: Learning with many relevant features. In Proceedings of the 10th European Conference on Machine Learning (ECML). Chemnitz, 1998: 137-142.

Jose, J. & Cody, J. Teacher-pupil interaction as it relates to attempted changes in teacher expectancy of academic ability achievement. *American Educational Research Journal*, 1971, 8: 39-49.

Juhaňák, L., Zounek, J. & Záleská, K. et al. The relationship between the age at first computer use and students' perceived competence and autonomy in ICT usage: A mediation analysis. *Computers & Education,* 2019, 141: 103.

Kalaian, H. & Raudenbush, S. A multivariate mixed linear model for meta-analysis. *Psychological Methods*, 1996, 1: 227-235.

Kang, J. & Keinonen, T. The effect of inquiry-based learning experiences on adolescents' science-related career aspiration in the Finnish context. *International Journal of Science Education,* 2017, 39(12): 1669-1689.

Karim, M. Generalized linear models with random effects. Baltimore: Johns Hopkins University (Doctoral Dissertation), 1991.

Kenny, D. A., Kashy, D. A. & Bolger, N. Data analysis in social psychology. In Gilbert, D. T., Fiske, S., & Lindzey, G. (eds.). *The Handbook of Social Psychology*. New York: McGraw-Hill, 1998: 233-265.

Keskin, H. Programme for International Student Assessment (PISA) reading competencies: A study of the factors in academic reading. *Anthropologist*, 2014, 18: 171-181.

Kester, S. W. & Letchworth, G. A. Communication of teacher expectations and their effects on achievement and attitudes of secondary school students. *Journal of Educational Research*, 1972, 66: 51-55.

Kılıç Depren, S., Aşkın, Ö. E. & Öz, E. Identifying the classification performances of educational data mining methods: A case study for TIMSS. *Educational Sciences: Theory and Practice*, 2017, 17(5): 1605-1623.

Kim, S. Examining common and differential influences of factors on low reading performers in PISA 2012 results: Cases of Korea, Japan and Singapore. *Korean Language Education Research*, 2017, 52(5): 93-119.

Klein, K. & Kozlowski, S. From micro to meso: Critical steps in conceptualizing and conducting multilevel research. *Organizational Research Methods*, 2000, 3(3): 211-236.

Klerides, E. The notions of power and change in the historiography of education in Cyprus: Simplifications and possibilities for new directions. *Bildung und Erziehung,* 2021, 74(1): 84-104.

Kowalski, J. & Tu, X. M. *Modern Applied U Statistics*. New York: Wiley, 2007.

Kramer, A. D., Guillory, J. E. & Hancock, J. T. Experimental evidence of massive-scale emotional contagion through social networks. *Proceedings of the National Academy of*

Sciences of the United States of America, 2014, 111(24): 8788-8790.

Kriegbaum, K. & Spinath, B. Explaining social disparities in mathematical achievement: The role of motivation. *European Journal of Personality,* 2016, 30(1): 45-63.

Kuroda K. Globalization and development of global governance in education: Implications for educational development of developing countries and for Japan's international cooperation. In *Proceedings of the 11th Japan Education Forum: International Cooperation Toward Self-reliant Educational Development*, Hiroshima, Japan, 2014.

Laird, N. & Ware, J. Random-effects models for longitudinal data. *Biometrics*, 1982, 38(4): 963.

Lam, T. & Lau, K.-C. Examining factors affecting science achievement of Hong Kong in PISA 2006 using hierarchical linear modeling. *International Journal of Science Education,* 2014, 36: 2463-2480.

Lau, R. & Cheung, G. Estimating and comparing specific mediation effects in complex latent variable models. *Organizational Research Methods,* 2012, 15: 3-16.

Lee, S. Multilevel analysis of structural equation models. *Biometrika*, 1990, 77(4): 763-772.

Lee, Y. & Bryk, A. A multilevel model of the social distribution of educational achievement. *Sociology of Education*, 1989, 62: 172-192.

Lee, Y.-H. & Wu, J.-Y. The effect of individual differences in the inner and outer states of ICT on engagement in online reading activities and PISA 2009 reading literacy: Exploring the relationship between the old and new reading literacy. *Learning and Individual Differences,* 2012, 22: 336-342.

Lee, Y.-H. & Wu, J.-Y. The indirect effects of online social entertainment and information seeking activities on reading literacy. *Computers & Education,* 2013, 67: 168–177.

Lenkeit, J., Schwippert, K. & Knigge, M. Configurations of multiple disparities in reading performance: Longitudinal observations across France, Germany, Sweden and the United Kingdom. *Assessment in Education: Principles, Policy & Practice,* 2020, 25: 52-86.

Li, H., Fortner, C. K. & Lei, X. Relationships between the use of test results and us students' academic performance. *School Effectiveness & School Improvement*, 2015, 26(2): 258-278.

Lindley, D. V. & Smith, A. F. M. Bayes estimates for the linear model. *Journal of the Royal Statistical Society, Seires B*, 1972, 34: 1-41.

Liou, P.-Y. Students' attitudes toward science and science achievement: An analysis of the differential effects of science instructional practices. *Journal of Research in Science Teaching,* 2021, 58(3): 310-334.

Liu, X. & Whitford, M. Opportunities-to-learn at home: Profiles of students with and without reaching science proficiency. *Journal of Science Education and Technology,* 2011, 20(4): 375-387.

Longford, N. A fast scoring algorithm for maximum likelihood estimation in unbalanced mixed models with nested random effects. *Biometrika,* 1987, 74(4): 817-827.

Macho, S. & Ledermann, T. Estimating, testing, and comparing specific effects in structural equation models: The phantom model approach. *Psychology Methods,* 2011, 16(1): 34-43.

Mackinnon, D. P. *Introduction to Statistical Mediation Analysis.* New York: Lawrence Erlbaum Associates, 2008.

Mak, S. K., Cheung, K. C. & Soh, K. et al. An examination of student- and across-level mediation mechanisms accounting for gender differences in reading performance: A multilevel analysis of reading engagement. *Educational Psychology,* 2017, 37(10): 1206-1221.

Marks, G. N. & Pokropek, A. Family income effects on mathematics achievement: Their relative magnitude and causal pathways. *Oxford Review of Education,* 2019, 45(6): 769-785.

Márquez-Vera, C., Cano, A. & Romero, C. et al. Early dropout prediction using data mining: A case study with high school students. *Expert Systems,* 2016, 33(1): 107-124.

Martin, A. J., Liem, G. A. D. & Mok, M. M. C. et al. Problem solving and immigrant student mathematics and science achievement: Multination findings from the Programme for International Student Assessment (PISA). *Journal of Educational Psychology,* 2012, 104(4): 1054-1073.

Mason, W. M., Wong, G. M. & Entwistle, B. Contextual analysis through the multilevel linear model. In Leinhardt, S. (ed.). *Sociological Methodology.* San Francisco: Jossey-Bass, 1983: 72-103

McKenny, S. & Mor, Y. Supporting teachers in data-informed educational design. *British Journal of Educational Technology,* 2015, 46(2): 265-279.

Meng, L., Qiu, C. & Boyd-Wilson, B. Measurement invariance of the ict engagement construct and its association with students' performance in China and Germany: Evidence from PISA 2015 data. *British Journal of Educational Technology*, 2019, 50(6): 3233-3251.

Mundy, K. Educational multilateralism and world (dis)order. *Comparative Education Review*, 1998(2): 448-478.

Mundy, K. Global governance, educational change. *Comparative Education*, 2007, 43(3): 339-357.

Nagengast, B. & Marsh, H. W. Big fish in little ponds aspire more: Mediation and cross-cultural generalizability of school-average ability effects on self-concept and career aspirations in science. *Journal of Educational Psychology*, 2012, 104(4): 1033-1053.

Niehues, W., Kisbu-Sakarya, Y. & Selcuk, B. Motivation and maths achievement in Turkish students: Are they linked with socio-economic status? *Educational Psychology*, 2020, 40(8): 981-1001.

Ning, B., Damme, J. V. & Wim, V. et al. The influence of classroom disciplinary climate of schools on reading achievement: A cross-country comparative study. *School Effectiveness & School Improvement*, 2015, 26(4): 586-611.

Notten, N. & Becker, B. Early home literacy and adolescents' online reading behavior in comparative perspective. *International Journal of Comparative Sociology*, 2017, 58: 35-38.

OECD. Exploring *Data-driven Innovation as a New Source of Growth: Mapping the Policy Issues Raised by "Big Data", OECD Digital Economy Papers, No. 222*. Paris: OECD Publishing, 2013.

OECD. *OECD Science, Technology and Industry Outlook 2014*. Paris: OECD Publishing, 2014.

OECD. *Data-driven Innovation: Big Data for Growth and Well-being*. Paris: OECD Publishing, 2015.

OECD. *Making Open Science a Reality, OECD Science, Technology and Industry Policy Papers, No. 25*. Paris: OECD Publishing, 2015.

OECD. *Oecd Science, Technology and Industry Outlook*. Paris: OECD Publishing, 2019.

OECD. *PISA 2018 Assessment and Analytical Framework*. Paris: OECD Publishing, 2019.

Peña-Ayala, A. *Education Data Mining: Applications and Trends*. New York: Springer, 2014.

Pinheiro, J. & Bates, D. Approximations to the log-likelihood function in the nonlinear mixed-effects model. *Journal of Computational and Graphical Statistics*, 1995, 4(1),

12-35.

Poggio, T. & Girosi, F. Regularization algorithms for learning that are equivalent to multilayer networks. *Science*, 1990, 247: 978-982.

Preacher, K. J. & Hayes, A. F. Asymptotic and resampling strategies for assessing and comparing indirect effects in multiple mediator models. *Behavior Research Methods,* 2008, 40(3): 879-891.

Rajchert, J., Żółtak, T. & Smulczyk, M. Predicting reading literacy and its improvement in the Polish national extension of the PISA study: The role of intelligence, trait- and state-anxiety, socio-economic status and school-type. *Learning and Individual Differences*, 2014, 33.

Raudenbush, S., Yang, M. & Yosef, M. Maximum likelihood for generalized linear models with nested random effects via high-order, multivariate laplace approximation. *Journal of Computational and Graphical Statistics*, 2000, 9(1): 141-157.

Rodríguez-Planas, A. & Nollenberger, N. Let the girls learn! It is not only about math, it's about gender social norms-sciencedirect. *Economics of Education Review*, 2018, 62: 230-253.

Romero, C. & Ventura, S. Educational data mining and learning analytics: An updated survey. *WIREs: Data Mining and Knowledge Discovery*, 2020, Article e1355.

Rubin D. *Multiple Imputation for Non-response in Surveys*. New York: John Wiley and Sons, Inc., 1987.

Saeys, Y., Inza, I. & Larraaga, P. A review of feature selection techniques in bioinformatics. *Bioinformatics,* 2007, 23(19): 2507-2517.

Scherer, R. & Gustafsson, J. E. The relations among openness, perseverance, and performance in creative problem solving: A substantive-methodological approach. *Thinking Skills & Creativity*, 2015, 18: 4-17.

Scherer, R. & Siddiq, F. The big-fish-little-pond-effect revisited: Do different types of assessments matter? *Computers & Education,* 2015, 80:198-210.

Schoor, C. Utility of reading—Predictor of reading achievement? *Learning and Individual Differences*, 2015, 45.

Shahiri, A. M., Husain, W. & Rashid, N. A. A review on predicting student's performance using data mining techniques. *Procedia Computer Science,* 2015, 72: 414-422.

Shawe-Taylor, J., Bartlett, P. L. & Williamson, R. C. et al. Structural risk minimization over data-dependent hierarchies. *IEEE Transactions on Information Theory*, 1998, 44: 1926-1940.

Shin, J., Lee, H. & Kim, Y. Student and school factors affecting mathematics achievement: International comparisons between Korea, Japan and the USA. *School Psychology International*, 2009, 30(5): 520-537.

Singer, J. D. Using SAS PROC MIXED to fit multilevel models, hierarchical models, and individual growth models. *Journal of Educational and Behavioral Statistics,* 1998, 23(4): 323-355.

Skryabin, M., Zhang, J. & Liu, L. et al. How the ICT development level and usage influence student achievement in reading, mathematics, and science. *Computers & Education*, 2015, 85: 49-58.

Smith, A. The symbol-digit modalities test: A neuropsychological test of learning and other cerebral disorders. *Learning Disorders*, 1968(2): 83-91.

Stiratelli, R., Laird, N. & Ware, J. Random-effects models for serial observations with binary response. *Biometrics*, 1984, 40(4): 961.

Strenio, J. L. F., Weisberg, H. I. & Bryk, A. S. Empirical Bayes estimation of individual growth curve parameters and their relationship to covariates. *Biometrics*, 1983, 39: 71-86.

Swan, A. Policy guidelines for the development and promotion of open access. UNESCO, 2012.

Tan, C. & Liu, D. What is the influence of cultural capital on student reading achievement in confucian as compared to non-confucian heritage societies? *Compare,* 2018, 3: 1-19.

Thissen, D. Marginal maximum likelihood estimation for the one-parameter logistic model. *Psychometrika,* 1982, 47: 175-186.

Tikly, L. Education for all as a global regime of educational governance: Issues and tensions. In Yamada, S. (ed.). *Post-Education-Forall and Sustainable Development Paradigm: Structural Changes with Diversifying Actors and Norms.* Chanai: Emerald Publishing Group Limited, 2016: 37-65.

Torppa, M., Eklund, K. & Sulkunen, S. et al. Why do boys and girls perform differently on PISA Reading in Finland? The effects of reading fluency, achievement behaviour, leisure reading and homework activity. *Journal of Research in Reading,* 2018, 41(1): 122-139.

Tsutakawa, R. Estimation of cancer mortality rates: A Bayesian analysis of small frequencies. *Biometrics*, 1985, 41: 69-79.

Tucker, M. *Surpassing Shanghai: An Agenda for American Education Built on the World's Leading Systems*. Cambridge, MA: Harvard Education Press, 2011.

Vapnik, V. N. & Chervonenkis, A. Y. A class of algorithms for pattern recognition learning. Avtomat. *i Telemekh*, 1964, 25(6): 937-945.

Vapnik, V. N. & Lerner, A. Pattern recognition using generalized portrait method. *Automation and Remote Control*, 1963, 24: 774-780.

Wei, G. & Tanner, M. A Monte Carlo implementation of the EM algorithm and the poor man's augmentation algorithms. J*ournal of the American Statistical Association*, 1990, 85: 669-704.

Willett, J. & Sayer, A. Using covariance structure analysis to detect correlates and predictors of individual change over time. *Psychological Bulletin*, 1994, 116(2): 363-380.

Willms, J. D. Social class segregation and its relationship to pupils' examination results in Scotland. *American Sociological Review,* 1986, 55: 224-241.

Wineburg, S. The self-fulfillment of the self-fulfilling prophecy. *Educational Researcher*, 1987, 16(9): 28-37.

Wolfinger, R. Laplace's approximation for nonlinear mixed models. *Biometrika*, 1993, 80: 791-795.

Wong, G. & Mason, W. The hierarchical logistic regression model for multilevel analysis. *Journal of the American Statistical Association*, 1985, 80(39): 513-524.

World Bank. Education sector strategy update: Achieving education for all, broading our perspective, maximizing our effectiveness. (2005-11-17) [2021-07-20]. http:// siteresources. worldbank.org/EDUCATION/Resources/ESSU/Education_Sector_Strategy_Update.pdf.

Wright, B. & Masters, G. *Rating Scale Analysis: Rasch Measurement*. Chicago: MESA Press, 1982.

Wu, H., Shen, J. & Zhang, Y. et al. Examining the effect of principal leadership on student science achievement. *International Journal of Science Education,* 2020, 42(6): 1017-1039.

Wu, J.-y. Gender differences in online reading engagement, metacognitive strategies, navigation skills and reading literacy. *Journal of Computer Assisted Learning*, 2014, 30(3):

252-271.

Wu, X., Kumar, V. & Quinlan, J. R. et al. Top 10 algorithms in data mining. *Knowledge and Information Systems*, 2008, 14(1): 1-37.

Yi, P. & Kim, H. J. Exploring the relationship between external and internal accountability in education: A cross-country analysis with multi-level structural equation modeling. *International Journal of Educational Development,* 2019, 65: 1-9.

Yosef, M. A comparison of alternative approximations to maximum likelihood estimation for hierarchical generalized linear models: The logistic-normal model case. East Lansing: Michigan State University (Doctoral Dissertation), 2001.

Zeger, S., Liang, K.-Y. & Albert, P. Models for longitudinal data: A likelihood approach. *Biometrics*, 1988, 44: 1049-1060.

Zhang, Z., Zyphur, M. J. & Preacher K. J. Testing multilevel mediation using hierarchical linear models: Problems and solutions. *Organizational Research Methods*, 2008, 12(4): 695-719.

后　记

　　我们正处于百年未有之大变局，经济全球化、政治多极化、文化多样化不可逆转，如何正确把握时代形势、昂首立于时代潮头成为时代课题。全球价值观逐步形成并成为国际社会共识，旨在应对人类共同面对的挑战。教育的研究对象是人，教育在人的一生中都扮演着极其重要的角色。作为国际社会普遍认可的共同利益，教育问题的全球性趋势逐渐凸显，全球教育治理提上议事日程。对国际教育理念及规则进行研究以敦促其有效制定，通过加强与国际组织及各治理主体的合作，深化对全球教育事务管理的参与，成为全球化时代的必需。身处人类命运共同体当中，作为发展中国家阵营中崛起的新兴大国，在走向教育强国的路上，参与全球教育治理，中国势在必行。伴随着"全球治理"理念的提出、"一带一路"教育行动及高级别的人文交流机制的不断创新，中国教育对外开放进入了崭新阶段。作为世界教育大国，中国的教育普及水平及整体质量已达到世界水平，在此基础上对全球教育治理深入研究，积极参与国际规则的制定，有助于推动人类命运共同体的构建。时代在召唤，中国作为负责任的大国，要做全球教育治理的积极践行者与引领者，为全球教育治理的不断完善提供中国智慧，贡献中国方案。而这一过程的实现离不开对全球教育治理领域的深入研究。在探寻中参考借鉴，在对比中取长补短，综观目前国际教育组织的全球教育治理路径，人文主义与工具理性可谓是两大行动理据。身处大数据的时代，科研的新特征尽显，想要把握时代的脉搏，提升领域内研究的力度，对研究方法进行探寻、实践创新势在必行。正是在这样的背景下，本书立足现实需要，对全球教育治理领域的量化研究方法进行可能性与可行性的探讨，以期为未来全球教育治理的参与提供借鉴性方法参考。

　　本书第一单元着力于全球教育治理与教育大数据，通过对国际组织科学数据比较分析、PISA 与全球教育治理发展的介绍，厘清现实发展情况与思路；第二单元立足于目前教育数据的海量、多层、多维等特点，从人工智能机器学习算法视角入手，分析对于教育数据的挖掘；第三单元针对目前国际权威大型数据库在挖掘与处理过程中相对复杂的情况，引入本书作者开发设计的基于教育大数据的学生素养评估软件 EBDCES，为 PISA 的二次分析提供解决方案；第四单元基于传统统计手段在处理多变量及复杂关系时的局限性，采用结构方程模型和多层中介分析方法，以期为全球教育治理的数据统计分析提供参考；第五单元结合了目前社科研究内常用的高级统计方法，即多层线性模型，聚焦多层嵌套数据，以期在模型假设与现实情况更吻合的情况下，对事物关系进行更合理的揭示；第六单元为全书的总结和展望，从数据方法总结入手，探讨全球教育治理领域的量化研究的必要性与可行性，并对中国参与全球教育治理、增强在国际教育环境中的影响力进行了美好展望。

　　本书在编写过程中参考的有关全球教育治理、教育对外开放、量化研究方法等方面的著作、论文、研究报告等，为本书的撰写提供了宝贵的线索和理据。在此，向相关科研人员表示衷心的感谢！最后，向为此付出努力的每一位同仁致以诚挚的谢意！

图书在版编目(CIP)数据

全球教育治理量化研究方法导论 / 胡洁著. —杭州：
浙江大学出版社，2022.4
ISBN 978-7-308-22496-3

Ⅰ. ①全… Ⅱ. ①胡… Ⅲ. ①教育管理—研究—世界
Ⅳ.①G51

中国版本图书馆 CIP 数据核字(2022)第 057889 号

全球教育治理量化研究方法导论

胡 洁 著

责任编辑	诸葛勤	
封面设计	周 灵	
责任校对	宁 檬	
出版发行	浙江大学出版社	
	(杭州市天目山路 148 号　邮政编码 310007)	
	(网址: http://www.zjupress.com)	
排　版	浙江时代出版服务有限公司	
印　刷	浙江新华数码印务有限公司	
开　本	787mm×1092mm　1/16	
印　张	23	
字　数	448 千	
版 印 次	2022 年 4 月第 1 版　2022 年 4 月第 1 次印刷	
书　号	ISBN 978-7-308-22496-3	
定　价	88.00 元	